수사 제국

수사학총서 · 16

수사 제국

수사와 논증

카임 페렐만 지음 | 이영훈 · 손장권 옮김

L'empire rhétorique

Rhétorique et argumentation

Chaïm Perelman

KOREA UNIVERSITY PRESS
고려대학교 출판문화원

서문

"수사학rhétorique"이라는 단어가 공허하고 장식적인 말들과 이상하고 이해 불가능한 이름의 말무늬들figures을 연상시킨다고 생각하는 20세기의 교양인은 나름의 이유를 대며 어찌하여 철학자, 특히 논리학자가 논증argumentation과 수사학을 결부시킬 필요를 느끼는지 자문해 볼 수 있을 것이다. 일세기 전 프랑스에서 수사학은 '수사학반'에서 강의가 이루어졌으나 그 후 교육적 가치가 결여되었다는 이유로 교과 과정에서 제외되었다.

개인적으로, 수사학과의 짧은 만남은 약 50년 전으로 거슬러 올라가는데, — 이 시기에 벨기에에서 수사학 교육은 아직 필수였다 — 삼단논법syllogisme 학습과 문체 무늬figures de style 학습을 합쳐 놓은 짧은 교재를 이용한 공부가 그 전부였다. 대학에서의 철학 공부 시절에도 아무도 필자에게 수사학에 대해 긍정적으로 말한 바 없으며, 나 자신도 플라톤이 그의 몇몇 〈대화〉에서 소피스트들과 수사학 교사들이 소크라테스가 강조하는 '진리'를 가르치지 않고 청중에게 아첨하는 데 사로잡혀 있다는 이유에서 이들을 공격하였다는 것을 알고 있었다. 더구나, "수사"라는 용어는 유명한 랄랑드Lalande의 《철학 용어집Vocabulaire philosophique》에 들어 있지 않으므로, 이 용어가 철학자에게 아무런 흥미의 대상이 되지 않는다는 그의 생각을 우리는 분명히 알 수 있다.

그러나 본인이 오늘날 수사학의 역할을 강조하고 싶은 것은, 여러 연구를 통해 현대 사상에 있어서 이 분야의 중요성을 절감하였기 때문이다.

약 삼십여 년 전 실증적 정신에서 시도한 정의에 관한 본인의 연구는 "동일 본질 범주의 존재들은 동일하게 다루어져야 한다"[1]는 정의의 형식화된 규칙을 이끌어 내게 해주었다. 그러나 어떻게 본질적인 것과 비본질적인 것, 중요한 것과 무시할 만한 것을 구별한단 말인가? 본인은 그 당시 완벽히 자의적이고 논리적으로 불명확하게 보였던 가치판단들에 의존하지 않고는 이러한 구분이 불가능하다는 것을 깨달았다.[2]

그렇다면 어떻게 가치에 대한 추론이 가능할까? 악보다는 선, 불의보다는 정의, 독재보다는 민주주의를 선택하게 할 수 있는 합리적으로 수용 가능한 방법이 존재할까? 이에 대한 실증주의자들의 회의적 대답에 만족하지 못한 본인은 가치판단의 논리를 찾아 나섰다. 1927년 《가치판단의 논리Logique des jugements de valeur》라는 제목으로 출간된 고블로Goblot의 저작은 단지 비본질적 가치판단, 즉 목적에 대해 수단이나 애

1 «De la justice», *Justice et Raison*, Éditions de l'Université de Bruxelles, 1972, p. 26 참조(1945년 발간된 연구 논문을 재록).

2 위의 책, p. 75.

로 사항을 평가하는 가치판단, 다시 말해 기술적 가치판단을 다루는 데 적합한 것으로 보였고, 특정 목적에 대한 선호도를 정당화하는 추론을 제시하지는 못하였다. 그런데 만일 목적과 관련된 수용 가능한 추론 기술이 없다면, 실천 철학philosophie pratique은 그 전통적 대상인 — 이성으로 행동을 이끄는 — 지혜의 탐구를 포기하여야 할 것이며, 윤리철학, 정치철학, 법철학 등은 주요 학문으로 발전될 수 없을 것이다. 바로 이러한 결론에 도달한 실증주의자들은 가치판단이 어떠한 인식적 가치, 검증할 만한 의미를 갖지 못한다고 생각하였다. 그런데 바로 그렇게 생각하는 순간, 실천 철학에 대한 단죄에 이르게 된 실증주의자들의 추론 또한 무가치하게 되거나, 그들의 추론을 받아들인다 하더라도 이것은 실천적 중요성을 갖는 결론들을 철학적으로 정당화할 수 있다는 사실을 예증하는 셈이 되었다. 따라서 본인은, 가치판단이 사실판단에만 근거할 수 없다는 사실이 인정된다고 본 만큼, 철학자의 입장에서 역설적이며 절망적인 그들의 결론에 굴복할 수 없었다. 기본적 가치판단, 도덕과 행동의 원리들은 순전히 비합리적이며 우리의 전통, 편견, 정념의 표현이란 말인가? 의견 불일치의 경우, 폭력만이 갈등을 해소할 수 있고 강자의 논리가 최상의 것이란 말인가? 그게 아니라면, 가치판단의 논리가 존재하는가, 그리고 이 가정하에서 어떻게 그 논리가 구축된다는 말인가?

본인은 이 사명에 헌신하기로 결심하였고 이 임무를 잘 수행하기 위해 예전에 연구한 바 있는 독일의 논리학자 고틀로프 프레게Gottlob Frege를 모방해 보았는데, 그는 거의 한 세기 전에 수학자들이 운용하는 논리학에 대해 유사한 질문을 스스로 제기한 바 있다. 이 논리를 추출해 내기 위해, 그는, 마치 현미경 아래에서 작업하듯이, 수학자들에게 그들의 정리들théorèmes을 증명하도록 해주는 모든 연산들을 분석하였다. 이러한 분석의 결과는 형식 논리학logique formelle의 쇄신으로 이어져 이것은 아리스토텔레스의 논리학처럼 분류의 논리학logique de classification이 아니라 여러 가지 계산을 가능하게 하는 연산 논리학logique opératoire으로 인식되었다. 이 같은 방법들을 원용하여, 이번에는 가치나 규칙을 부각시켜 특정 행위나 특정 선택의 우월성을 입증하려는 텍스트들에 적용할 수는 없을까? 특정 행동 지침을 권유하는 연사들인 도덕론자들과 정치가들의 글들, 신문·잡지의 주요 기사, 온갖 종류의 정당화하는 글들을 분석함으로써, 당시 그 부재가 가혹하게 느껴졌던 가치판단의 논리학을 추출해 낼 수 없을까?

올브레히츠-티테카 선생Mme L. Olbrechts-Tyteca과 더불어 시도한 이 장고의 작업은 우리를 매우 예기치 않은 일종의 계시와도 같은 결론으로 이끌었는데, 그것은 가치판단의 특별한 논리가 존재하지는 않으며, 우리가 찾던 것은 매우 오래되어 오늘날 잊혀지고 멸시받는 학문인, 이른바 설득하기persuader와 납득시키기convaincre의 오랜 기술인 수사학에서 계발되어 왔다는 것이다. 이러한 계시는 우연히도 장 폴랑Jean Paulhan의 《타르브의 꽃들Les Fleurs de Tarbes》을 읽는 가운데 이루어졌다. 저자는 이 책의 부록에서 단테의 스승인 브루네토 라티니Brunetto Latini의 수사학서의 일부를 발췌하여 소개하고 있다. 이 책으로부터 아리스토텔레스의 수사학, 그리고 수사학과 말터론topique의 그리스·로마식 전통까지 거슬러 올라가는 것은 쉬운 일이었다.[3] 어떤 것이 우선적이냐, 무엇이 수용 가능하고 합리적인지를 결정하는 분야에서 추론은 형식적으로 정확한 연역이나 특수에서 일반으로 가는 귀납도 아니며, 오히려 동의를 구하기 위해 제기되는 주장들에 대해 상대방의 지지를 확보하는 것을 목적으로 하는 온갖 종류의 논증에 해당된다는 것을 우리는 확인하였다.

모든 숙고된 결정에 선행하는 토론에서 필수적인 이 설득적 연설의 기술은 고대인들에 의해서 말과 이성의 중의적 의미를 갖는 용어인 **로고스***logos*를 이용하여 타인에게 영향을 미치는 기술, 최상의 **기술**로서 오랜 기간 발전되어 왔다.

이런 가운데, 본인은 고대 그리스·로마 시대에 수사학자와 철학자들 간의 대립 관계를 이해하게 되었다. 이들은 경쟁적으로 청소년을 교육할 권한을 주장하여, 철학자가 진리 탐구와 내적 성찰을 권장하였던 반면에, 수사학자들은 적극적 삶, 특히 정치에서 필수적인 말을 통해 사람에게 영향력을 행사하는 기술에 우위를 두었다.[4]

그렇다면 어떻게 해서 이 설득적 연설의 기술이 우리의 지적 지평에서 사라졌고, **고대** 수사학과 대립되는 이른바 **고전** 수사학은 말무늬들의 수사학으로 축소되어 문체style를 장식하는 다양한 방식들의 분류에 전념하게 되었는가?

---

3 L. Olbrechts-Tyteca, «Rencontre avec la rhétorique», in *La Théorie de l'argumentation*, Louvain, Nauwelaerts, 1963, pp. 3-18 참조.

4 «Rhétorique et philosophie», in Ch. Perelman, *Le Champ de l'argumentation*, Éd. de l'Université de Bruxelles, 1970, pp. 219-227 참조.

이미 고대에는 웅변술과 문학적 과시를 일삼는 수사학자들이 있었으나 별다른 반향을 얻지 못하였고 에픽테토스Epictetos 같은 철학자들에게 즉각적인 멸시의 대상이 되었다. "그리고 언어를 구사하고 말을 장식하는 이 기술은, 거기에 기술이 있다 한들, 어떤 주제에 관해 말을 할 때 미용사가 머리를 가지고 하는 것과 마찬가지로 우리 언어를 멋있게 하고 가다듬는 일 외에 하는 일이 무엇이 있는가?"[5]

어찌하여, 아리스토텔레스, 키케로, 퀸틸리아누스와 같은 위대한 저자들이 설득의 기술로서의 수사학에 역작들을 할애한 반면에, 고전 수사학은 문체 무늬 연구에만 몰두하였고, 18, 19세기에 가장 알려진 수사학 저작들이 수사학을 단지 장식과 기교로만 파악하였던 뒤마르세Dumarsais의 《전의轉義 또는 동일 언어 내에서 동일 단어를 이해할 수 있게 해주는 다양한 의미Des tropes ou des différents Sens dans lesquels on peut prendre un même mot dans une même langue》(1730)와 퐁타니에Fontanier의 저작(1821년과 1827년 출판되었고, 주네트에 의해 《담론의 무늬들Les figures du discours》라는 제목으로 재간행된 서적)이었단 말인가? 이러한 전망은 고전 수사학에 대한 낭만주의자들의 증오심을("수사에는 전쟁을, 문법에는 평화를guerre à la rhétorique, paix à la grammaire"), 그리고 단순함과 자연스러움을 즐겨 찾는 우리 현대인들의 경멸을 가져왔다. 그러니 어떻게 수사학의 복권이, 이른바 **신수사학**이 말무늬 수사학의 쇄신으로 그칠 수 있고 "고전 수사학의 본질적으로 분류론적 시도를 개선하는 데"[6] 만족할 수

5 Epictète, *Entretiens*, L. II, XXIII, 14, in *Les Stoïciens*, trad., E. Bréhier, coll. Pléiade, Paris, Gallimard, 1962, p. 950.

있다고 생각한단 말인가?

고대 수사학을 단지 역사적 대상, 즉 이제는 낡아 빠진 물건으로 보는 롤랑 바르트Roland Barthes는 그럼에도 수사학을 단지 말무늬들로 한정시키는 것은 몰상식한 짓이라고 단언한다.[7] 잡지 《코뮈니카시옹Communications》에 실린 〈줄어든 수사학La rhétorique restreinte〉이라는 한 빼어난 글에서 제라르 주네트Gérard Genette는 바르트와 마찬가지로 이런 경향에 반발하고 있다. 물론 그 자신이 여러 저작들을 통해 이러한 경향의 심화에 공헌했건만, 여기서 그는 일종의 자기 비판을 시도하고 있는 셈이다.[8] 좀 길지만 중요한 이 글의 내용을 인용하자면 다음과 같다.

> 1969–70년에는 저작의 규모는 서로 다르지만 제목이 일제히 어떤 징후를 나타내는 세 개의 텍스트가 거의 동시에 빛을 보았다. 원제가 《일반화된 수사학Rhétorique généralisée》이었던 리에주 대학 연구진의 《일반 수사학Rhétorique générale》과 미셸 드기Michel Deguy의 〈일반화된 말무늬 이론을 위하여Pour une théorie de figure généralisée〉, 자크 소셰Jacques Sojcher의 〈일반화된 은유La métaphore généralisée〉가 바로 그것이다. 수사학–말무늬–은유라고 할 때는, 사이비 아인슈타인식 일반화를 흉내 내어 자기 부정 혹은 보상이라도 한다는 듯이, 수세기에 걸쳐 마치 줄어드는 마법 가죽처럼 그 능력 범위 아니 적어도 그 행동 반경이 줄어든 한 학문의 역사적 궤적을 (대략적으로) 큰 줄기만 요약한 셈이 된다. 아리스

6 P. Ricœur, *La Métaphore vive*, Paris, Seuil, 1975, p. 173.
7 R. Barthes, « L'Ancienne rhétorique », in *Communications*, nº 16, Paris, 1970, p. 223.
8 위의 책, p. 158, 주 4.

토텔레스의 《수사학Rhétorique》은 스스로 '일반화되기'를 원하기는커녕 '일반적'이기를 바라지 않았었다. 이 《수사학》은 그 자체로 일반적이었고 그 목표의 반경 면에서 매우 일반적이어서 말무늬 이론은 이 책에서 언급될 가치조차 없었다. 총 세 권 가운데 문체와 구성에 할애된 한 권에서 비교와 은유에 관한 부분은 단지 몇 쪽에 불과하며, 이것은 마치 거대한 제국의 영토 중 옹색한 공간, 어긋난 길에 지나지 않는 셈이다. 그런데 오늘날에 와서, 우리는 사실상 말무늬론에 해당되는 것을 일반 수사학이라 명명하기에 이르렀다. 우리가 그토록 일반화하려는 까닭은 그간 너무나 축소해 왔기 때문이다. 코락스Corax에서 오늘날에 이르기까지 수사학의 역사는 **일반화된 축소**의 역사이다.

아리스토텔레스의 저작과 특히 퀸틸리아누스의 저작이 입증하는 고대 수사학에 고유한 균형이 필경 중세 초엽부터 무너지기 시작한다. 무엇보다 장르상(정치 연설délibératif, 법정 연설judiciaire, 식장 연설épidictique)의 균형이 먼저 깨지기 시작한다. 타키투스Tacitus가 웅변술의 쇠락의 원인 중 하나로 꼽았던 공화국 제도의 몰락은 정치 장르의 소멸로 이어졌고 또한 아마도 시민 생활의 주요 상황들과 연결된 식장 장르의 종말을 야기하였던 것 같다. 마르티아누스 카펠라Martianus Capella와 뒤를 이어 이시도루스Isidore de Sébille가 이러한 탈퇴 상황을 확인해 주고 있다(수사학은 공공의 문제들에 관해 잘 말하는 방법에 관한 지식이다rhetorica est bene dicendi scientia in civilibus quaestionibus). 다음은 연설의 구분(착상*inventio*, 배열*dispositio*, 표현*elocutio*)들 사이의 균형이 깨질 차례이다. **중세 삼과***trivium* 중 수사학은 문법학과 변증학dialectique 사이에서

짓눌려 순식간에 **표현***elocutio*, 연설의 장식들, **수사적 색채들***colores rhetorici*의 연구로 제한된다. 이러한 상황을 이어받아, 고전주의 시기에 특히 프랑스에서는 그리고 보다 명확하게 18세기 프랑스 수사학에서는 실례를 들 때 웅변 관련 자료보다 문학적 (특히 시적) 자료를 중시하는 경향이 두드러진다. 호메로스와 베르길리우스(그리고 곧이어 라신)가 데모스테네스Demosthenes와 키케로를 몰아냄으로써 수사학은 본질적으로 시적 **가상 판단***lexis* poétique의 연구로 점차 제한된다.[9]

은유에 관한 자신의 최근 저작에서 리쾨르Ricœur는 주네트의 분석을 이어받아 다음과 같은 점을 환기시켜 준다.

아리스토텔레스의 수사학은 다음의 세 영역을 포괄하였다. 즉, 수사학의 중심 축을 형성하며 동시에 증명 논리, 그리고 철학과의 연결 고리를 제공하는 논증 이론théorie de l'argumentation(이 이론 혼자 전체 수사학 논저의 2/3를 차지한다), 표현 이론théorie de l'élocution, 그리고 연설의 구성 이론théorie de la composition du discours이 거기에 해당한다. 수사학의 최근 논저들이 제시하는 것은, 주네트의 적절한 표현을 따르자면, 먼저 표현 이론으로 뒤이어 전의 이론으로 "축소된 수사학"이다. 수사학의 역사는 줄어드는 마법 가죽의 역사이다. 수사학의 몰락의 원인 중 하나가 바로 그것이다. 이처럼 그 구분 중 하나로 축소됨으로써, 수사학은 동시에 변증학을 통해 철학과 연결되는 고리를 잃어버렸다. 이 관계가 사

9 위의 책, pp. 158-159.

라지면서 수사학은 불안정하고 경박한 학문이 되었다. 수사학은 말무늬들을 분류하려는 취미가 거대한 수사 제국을 고양시키고, 각 부분들을 하나로 유지하며, 전체를 **논리학***organon*과 형이상학philosophie première에 연결시켰던 철학적 감각을 완전히 몰아낸 순간 숨을 거두었다.[10]

리쾨르는 또한 아리스토텔레스가 "수사rhétorique—증명preuve—설득persuasion"의 삼위에 근거한 수사학과 나란히 "포이에시스poiesis—미메시스mimésis—카타르시스catharsis"의 삼위에 해당하며 연기의 기술이 아니라 창조의 기술인 시학을 개발하였다는 사실을 상기시켜 준다.[11] 그런데 아리스토텔레스는 은유를 두 논저에서 동시에 다루면서 동일한 말무늬가 두 영역에 속하여 한편으론 수사적 연기를 구사하고 다른 한편으론 시적 창조에서 역할을 맡고 있다는 사실을 밝히고 있다. 우리도 마찬가지로 이러한 말무늬들의 이중적 양상을, 수사 말무늬들figures de rhétorique과 문체 말무늬들figures de style을 분명히 구별함으로써 강조한 바 있다.

우리는 하나의 말무늬가 관점의 변화를 야기함으로써 암시된 새로운 상황과 견주어서 그 말무늬의 사용이 정상적인 것으로 보일 때 이를 **논증적인 것**으로 간주한다. 반면, 연설이 이 논증 형식에 대해 청자의 동의를 이끌어 내지 못할 때, 해당 말무늬는 장식, 이른바 **문체** 말무늬로 인지될 것

10 P. Ricœur, *La Métaphore vive*, pp. 13-14.
11 위의 책, p. 18.

이다. 각각의 경우 사용되는 말무늬는 단지 미적 차원에서 혹은 연사의 독창성의 발로로서 경탄을 자아낼 수 있을 것이다.[12]

말무늬들을 그 문맥 밖에서 살펴보면, 마치 식물 도감 속의 말라 버린 꽃들처럼, 이들의 역동적 역할이 눈에 들어오지 않는다. 그야말로 모두 문체 말무늬가 되어 버린 것이다.

말무늬들이 설득하기와 납득시키기의 기술로 인식되는 수사학으로 통합되지 않는 경우, 이들은 더 이상 수사 말무늬이길 그치고 단지 연설의 형식과 관련된 장식들이 되어 버린다. 따라서 심지어 말무늬들의 수사학을 논증적 문맥 밖에서 현대적인 관점에서 계승하려는 시도조차도 결코 진지하지 못한 것이다.

바로 이런 이유에서 수사 말무늬들을 연구할 때, 그에 대한 역동적 이해의 중요성에 관심을 두지 않는다면, 말무늬들의 수사학으로부터 — 설사 이것이 구조주의 언어학과 문학 이론의 전망 속에서 연구된다 할지라도 — 수사학의 부흥을 기대한다는 것은 허망한 일로 생각된다. 이렇게 고안된 연구가 "대부분의 수사학의 현대적 계승들의 주변부에 위치한다"[13]고 단호하게 말하는 것으로는 이 연구에 대해 무관심하게 되는 데 충분하지 않다.

더욱이, 미국에서 영어 수업에 통합되었던 수사학 교육이 60여 년 전

12 Ch. Perelman et L. Olbrechts-Tyteca, *La Nouvelle rhétorique, Traité de l'argumentation*, Paris, P.U.F., 1958; 3e éd. Éditions de l'Université de Bruxelles, 1976, p. 229. 앞으로 우리는 이 책을 *T.A.*로 약해서 부르기로 한다.

13 *Communications*, n° 16, p. 235(수사학 관련 서지 목록에 대한 소개의 글).

에 그로부터 독립하여 의사 전달과 설득적 담화의 기술로서 수사학에 할애된 전문 학과들로 조직되었고, 5천여 명 이상의 교수들이 이 학과들에서 강의를 하고 있다. 이들은 이 분야에 대한 수천여 권의 저서들을 출판하였다. 펜실베이니아에선 9년 전부터 철학자들과 수사학자들이 공동으로 운영하는《철학과 수사학Philosophy and Rhetoric》이라는 잡지가 발간되고 있는데 여기에서 말무늬 연구는 매우 제한된 공간을 차지할 뿐이다.

우리가 오늘날 목격하고 있는 현대 사상에서의 수사학의 부흥과 복권[14]은, 아리스토텔레스에 의해 정립된 이후, 피에르 드 라 라메Pierre de la Ramée에 의해 수사학에 불리한 방향으로 심각하게 변형된 수사학과 변증학 사이의 관계들을 재검토한 후에야, 비로소 가능하게 되었다. 우리가 계획하는 작업이 바로 이러한 재검토이다. 이 작업을 통해 수사학의 쇠락의 원인들이 설명될 것이고 신수사학과 논증 이론 사이의 관계가 규명되게 될 것이다.

14 V. Florescu, «Rhetoric and its Rehabilitation in Contemporary Philosophy», *Philosophy and Rhetoric*, 1970, pp. 193-224 참조. 이 글은 루마니아 인민 공화국 학술원이 1969년 발간한 책(1973년 증보)의 결론을 번역한 것이다. 이 책의 이탈리아어 번역은 *La retorica nel suo sviluppo storico*(Bologne, Il Mulino, 1971, 157페이지)라는 제목으로 출간되었다. 또한 J. Kopperschmidt, *Allgemeine Rhetorik, Einführung in die Theorie des Persuasiven Kommunikation*, Stuttgart, Kohlhammer, 1973, 216p.를 참조할 것.

차례

1장

논리학, 변증학, 철학과 수사학

옛날 수사학에 할애된 비망록에서 롤랑 바르트는 "수사학은 항상 주변 학문들(문법학, 논리학, 시학, 철학)과의 구조적 상호 작용 속에서 읽혀져야 한다"고 정당하게 평하고 있다.[1] 필자로선, 이 말에 덧붙여 수사학을 제대로 자리매김하고 보다 잘 정의하기 위해서는 더불어 수사학과 변증학과의 관계들을 명시해야 한다고 말하고 싶다.

아리스토텔레스는 그의 《논리학Organon》에서 추론의 두 가지 종류, 즉 분석적 추론raisonnement analytique과 변증적 추론raisonnement dialectique을 구별한 바 있다. 그가 《제1차 분석학Premiers Analytiques》과 《제2차 분석학Seconds Analytiques》에서 분석적 추론들에 대해서 시도한 연구는 그로 하여금 철학사에서 형식 논리학의 아버지로 추앙받게 해주었다. 그러나 현대 논리학자들은, 그 중요성을 간과한 까닭에, 그가 《말터론Topiques》, 《수사학Rhétorique》, 《소피스트적 논박Réfutations sophistiques》 등에서 변증적 추론을 연구했으며 이 덕분에 그는 역시 논증

1 *Communications*, 16, 1970, p. 194.

이론의 아버지가 된다는 사실을 잊어버렸다.

《분석학》에서 아리스토텔레스는 타당한 추리inférence 형식들, 특히 몇 가지 가정들이 제기되었을 때, 그로부터 필연적으로 결론을 이끌어 내게 해주는 삼단논법syllogisme을 연구하였다. 즉, 모든 A가 B이고, 모든 B가 C일 때, 그 결과 반드시 모든 A는 C가 된다. 추리는 전제들의 참·거짓과 상관없이 유효하나, 결론은 전제들이 참인 경우에만 참이 된다. 이러한 추론은 동시에 A, B, C항들의 내용과는 무관하게 유효하다(각각의 글자가 나타날 때마다 동일한 가치에 의해서 대체된다는 조건하에서 그렇다)는 점에서 순전히 형식적이라는 사실뿐만 아니라, 전제들의 **진리** *vérité*와 결론의 **진리** 사이의 관계를 설정한다는 사실에 의해서 특징지어진다. 진리가 사람들의 견해와는 무관한 명제들의 속성이므로, 분석적 추론들은 증명적이고 비개인적이다. 그러나 변증적 추론들의 경우는 이와 다르다. 아리스토텔레스가 말하길, 추론은 그 전제들이 일반적으로 받아들여진 의견들로 구성되는 경우 변증적이다.[2] 아리스토텔레스가 정의한 바에 따라 일반적으로 받아들여진 의견들이라 함은 모두, 대부분 또는 철학자들, 다시 말해 모두, 대다수, 혹은 그들 중 가장 주목할 만하고 가장 유명한 사람들에 의해서 받아들여진 의견들을 말한다.[3]

몇몇 경우에, 일반적으로 받아들여진 것은 사실임직하나vraisemblable, 이 사실임직함(개연성)vraisemblance과 산술적 개연성(확률)probabilité calculable을 혼동해서는 안 된다. 즉, 오히려, "일반적으로 받아들여진"

2 Aristote, *Topiques*, 100a 30-31.
3 위의 책, 100b 22-24.

이라고 번역한 "εὔλογς"라는 단어의 의미는 질적인 양상을 갖고 있으며 이 점에서 '확률이 높은probable'보다는 '이치에 맞는raisonnable'이라는 의미에 더 가깝다. 게다가 확률(상의 개연성)은 과거나 미래의 사실들이나 사건들에만 관계되는 반면, 논의 중인 주장들은 "세계는 무한한가 혹은 유한한가?", "민주주의는 최상의 정부 형태인가 아닌가?"와 같은 비시간적 질문들과 관계될 수 있다.

우리는 변증적 추론들이, 논쟁거리이거나 논쟁의 대상이 될 수 있는 다른 주장들을 받아들이게 하는 것을 목적으로 삼고 있는 만큼, 받아들여진 것으로부터 출발한다는 점을 즉각적으로 알게 된다. 그러므로 이 추론들은 설득하거나 납득시키는 것을 목표로 한다. 이들은 타당하고 강제력 있는 추리들로 구성되는 것이 아니라, 다소간 강력한, 다소간 설득력 있는, 따라서 결코 순전히 형식적이지 않은 **논거들***arguments*을 제시한다. 설득적 논거는 자신이 겨냥하는 사람을 설득하는 논거이다.[4] 즉, 분석적 추론과는 반대로, 변증적 추론은 어떤 사람의 정신에 대한 영향에 의해서 평가된다는 점에서 비개인적이지 않다. 그 결과, 분석적 추론들과 변증적 추론들은 한쪽은 진리에 관한 것이고 다른 하나는 의견에 관한 것이므로 서로 분명히 구별지어져야 한다. 각각의 영역은 다른 유형의 진술을 필요로 하므로, 연사에게 과학적 증거들preuves scientifiques을 요구하는 것만큼 수학자들의 입장에서 이치에 맞는 논증들argumentations raisonnables로 만족하는 것은 역시 우스꽝스럽다.[5]

---

4 Aristote, *Rhétorique*, 1356b 28.
5 Aristote, *Éthique à Nicomaque*, Livre I, 1094b, 25-28.

그런데, 바로 이 점에 피에르 드 라 라메의 참신함과, 수사학에 치명적일 수밖에 없었던 그의 오류가 자리 잡고 있다. **연설의 기술들***artes disserendi*인 **학문 삼과***trivium*에서 출발한 그는 문법학을 언어를 잘 구사하는 기술art de bien parler, 즉 정확하게 구사하는 기술로, 변증학을 잘 추론하는 기술art de bien raisonner로, 수사학을 잘 말하는 기술art de bien dire, 즉 언어의 유창하고 장식적인 사용으로 각기 정의한다.[6]

변증학을 "모든 것들을 착상하고 판단하는 일반적 기술"[7]로 간주하면서, 그는 "과거에 플라톤과 아리스토텔레스의 방법이었던 단 하나의 방법만이 존재하고, 이 방법은 베르길리우스와 키케로, 호메로스와 데모스테네스에게서 발견되며, 수학, 철학, 판단들과 인간의 품행을 주관한다"[8]고 주장한다.

그는 분석적 판단들과 변증적 판단들 사이의 아리스토텔레스식 구분을 보란 듯이 거부하며 자신의 태도를 다음과 같이 정당화한다.

> 알려진 사물들 중 어떤 것들은 필연적이고 과학적이며 다른 것들은 우연적이고 의견이 분분한 것들이기는 하지만, 그럼에도 불변하든 변화 가능하든 모든 색깔들을 시각이 공통적으로 볼 수 있게 해주는 것처럼, 마찬가지로 인식하는 기술, 즉 변증학 또는 논리학은 모든 사물들을 파악하기 위한 단일하고 동일한 학설이다.[9]

6 Pierre de la Ramée, *Dialectique*(1555), éd. critique de M. Dassonville, Genève, Droz, 1964, p. 61.
7 위의 책, p. 50(서문의 p. II).
8 위의 책, p. 25, *Scholae in liberales artes*의 서문에서 인용.

이처럼 변증학에 주어진 규모는, 타당한 추리들에 대한 연구뿐만 아니라, 논거들을 찾아내고 판단하는 기술마저 포함하게 되어, 아리스토텔레스의 수사학에서 두 본질적 부분들, 즉 착상invention과 배치disposition를 빼앗고 장식적 언어 형식들에 대한 연구인 표현élocution만을 수사학에 남겨 둔다. 이러한 축소가 철학적으로 정당화된 후에, 동일한 정신에서, 피에르 드 라 라메의 친구인 오메르 탈롱Omer Talon은 쾰른에서 1572년 말무늬들의 연구로 철저히 제한된 최초의 수사학 논저를 출간한다. 탈롱에 따르면, 말무늬는 "연설의 외양이 올바르고 단순한 습관과는 다르게 만드는 표현이다."[10] 이렇게 해서 탄생한 고전 수사학, 말무늬들의 수사학은 수사학을 점차 쇠퇴에서 죽음으로 이끌어갔다.

19세기 말부터 발전되어 온 현대 논리학은 칸트와 수리 논리학자들의 영향하에 논리학을 변증학이 아니라 형식 논리학, 즉 아리스토텔레스의 분석적 추론들과 동일시하였으며 변증적 추론들을 논리학과는 무관한 것으로 간주하여 완전히 무시하였다는 것은 공공연한 사실이다. 이 점에서 현대 논리학은 라무스Ramus의 오류와 대칭을 이루는 오류를 범한 것으로 보인다. 사실, 형식 논리학이 분리되어 수학처럼 연산들과 계산에 적합한 학문 분야를 이룬다는 것은 부인할 수 없지만, 마찬가지로 우리는, 내면의 숙고나 공개 토론 때와 같이 계산을 하지 않을 때조차도, 주장들에 대한 찬반 논거들을 제시함으로써, 비판을 하거나 비판을

9 위의 책, p. 62 (*Dialectique*, Livre I, pp. 3-4).

10 이 점에 관해서는 *T.A.*, p. 227 참조.

반박하면서 추론을 한다는 것 또한 부인할 수 없다. 이 모든 경우에서 우리는 수학에서처럼 증명을 하는 것이 아니라 논증을 한다. 그러므로, 논리학을 모든 형태의 추론에 관한 연구로 구상한다면, 형식 논리학에 의해 발전되어 온 증명 이론théorie de la démonstration을 아리스토텔레스의 변증적 추론들을 연구하는 논증 이론théorie de l'argumentation을 통해 보완하는 것이 당연하다.

변증적 추론들은 논증들로 구성되어 있으며 거론된 주장의 수용이나 거부를 목표로 한다. 즉, 변증적 추론들에 대한 연구는 이 추론들의 제시 조건들에 대한 연구와 마찬가지로 아리스토텔레스의 수사학을 증폭시킴과 동시에 연장하는 신수사학의 대상이다.

사실, 아리스토텔레스는 수사학을 《말터론》에서 살펴본 바와 같은 변증학의 짝pendant(ἀντίστροφος)으로 간주하면서도 이 둘을 서로 대립시켰다.[11] 즉, 변증학은 논쟁이나 두 사람 사이의 일대일 토론에서 사용된 논거들에 관심을 갖는 반면, 수사학은 어떤 전문 지식도 없고 조금이라도 연마된 추론을 따라가는 것이 불가능한, 광장에 모인 군중들을 향해 연설하는 연사의 기교들과 관계가 된다.[12]

그런데 신수사학은, 옛날 수사학과는 달리, 광장에 모인 군중이든, 전문가들의 모임이든, 단 한 사람과 마주하든, 인류 전체와 맞서든 상관없이, **온갖 종류의 청중**에게 제시된 연설들과 관련된다. 신수사학은 심지어 내면적 숙고를 거듭할 때 자기 자신에게 제시된 논거들조차 검토할

---

11 Aristote, *Rhétorique*, 1354a 1.
12 위의 책, 1357a 1-3.

것이다. 비증명적 연설의 연구, 형식적으로 정확한 추리들과 다소간 기계화된 계산들에 그치지 않는 추론들의 분석이 그 대상이라는 점을 고려할 때, 신수사학(혹은 신변증학)으로 구상된 논증 이론은, **대면하는 청중이 누구든, 거론하는 주제가 무엇이든 상관없이**, 납득시키거나 설득하는 것을 목표로 하는 모든 연설의 영역을 포괄한다. 필요하다면, 논증에 관한 일반 연구를 청중의 유형과 대상 분야의 종류에 따라 전문화된 방법론들을 통해 보완할 수 있을 것이다. 이렇게 해서, 신수사학을 법과 철학에 특별히 적용시킨 법률 논리학[13]이나 철학 논리학이 개발될 수 있을 것이다.

철학 논리학을 신수사학에 종속시킴으로써, 필자는 파르메니데스 Parmenides의 훌륭한 시에서 촉발되어 오랜 기간 철학과 수사학을 대립시켰던 논쟁에 참여하게 된다.

파르메니데스와 플라톤, 데카르트 그리고 칸트와 같은 이름들이 선양한 서구 형이상학의 위대한 전통에서는 철학의 공인된 대상인 진리 탐구와, 다양하면서도 오류를 낳는 의견들을 받아들이게 하는 것으로 만족하는 수사학자들과 소피스트들의 기교들이 항상 대립되어 왔다. 파르메니데스는 가상의 길보다는 진리의 길을 선호하고, 플라톤은 지식과 중론을 대립시키며, 데카르트는 부인할 수 없는 증거들évidences 위에 학문의 기초를 세우고 진리임직함에 불과한 것들은 모두 거짓에 가까운 것으로 치부한다. 끝으로, 칸트는 본질적으로 인식론에 해당하며 "선험적 근거를 갖고, 미리부터 절대 필연적인 것으로 간주되어야 하는" 모든

13 필자의 *Logique juridique*, Paris, Dalloz, 1976 참조.

인식들의 목록인, 자신만의 형이상학을 개발함으로써, 철학으로부터 의견들을 쫓아낼 작정이다.

철학자들이 설파한 주장들이 불확실하고 오류투성이인 의견들이 아니라 이론의 여지가 없는 진리들이라는 것을 확신하기 위해서는 이 주장들이 반드시 굳건하고 명백한 기반과 자명한 것으로 파악된 것의 진리 됨을 보장하는 틀림없는 직관의 혜택을 받아야만 했다. 이처럼 이해된 증거는 순간에 따라, 개인에 따라 변화될 수 있는 주관적 상태가 아니다. 즉, 그 역할은 사실상 인식 주체에 의해 자명한 것으로 파악되는 것과 모든 이성적 존재에게 동일한 방식으로 부과되어야 하는 자명한 명제의 진리[14] 사이에 다리를 놓는 것이다.

논증은 결코 증거를 제시할 수 없으며 자명한 것에 대해 논증하는 것은 가당치 않다. 자명한 명제를 진술하는 사람은 이 명제가 모든 대화 상대방들에게 동일한 명증성을 갖고서 부과될 것이라고 확신한다. 논증은 오로지 증거가 인정되지 않는 경우에 비로소 개입할 수 있다. 아리스토텔레스는 이미 이것을 간파하였으며 따라서 학문의 근본 원칙들이, 정상적인 경우에는 자연스레 수용되다가, 이의 제기를 받게 될 때,[15] 필연적으로 변증적 추론들에 의지하게 된다고 인정한 바 있다. 정의définition를 논할 때도 마찬가지이다.

정상적인 경우에는 바로 직관 덕분에 이론적 학문의 단순 개념들과

14 «Evidence et preuve», in Ch. Perelman, *Justice et raison*, Presses Universitaires de Bruxelles, 1972, pp. 140-154와 «De l'évidence en métaphysique», in Ch. Perelman, *Le Champ de l'argumentation*, Presses Universitaires de Bruxelles, 1970, pp. 235-248 참조.

15 Aristote, *Topiques*, 101a, b.

근본 원칙들이 파악되지만, 윤리학과 정치학처럼 취사 선택과 논쟁을 피할 수 없는 실천 학문 분야들에서는, 내면적 숙고의 경우든 공적인 토론의 경우이든, 논증에 대한 의존이 필수적임을 아리스토텔레스는 인정한다. 이러한 이유에서 그의 《논리학》에는 형식적 추론에 매달리는 《분석학》 외에도, 최상의 의견, 이치에 맞는εὔλογς 의견을 정당화시키는 변증적 추론들을 검토하는 《말터론》이 포함되어 있다.

논증과는 독립적으로 진리를 추출할 수 있다고 믿는 사람들은 의견들을 대상으로 하는 수사학에 오로지 경멸감을 느낄 따름이다. 즉, 부득이한 경우에 수사학은 직관이나 증거에 의해 연사에게 보장된 진리들을 전파하는 데 쓸모가 있을 수는 있어도, 진리들을 확립하는 데는 아무 소용이 없을 것이다. 그러나 철학적 주장들이 자명한 직관들에 근거할 수 있다는 점이 인정되지 않는다면, 이 주장들을 파급시키기 위해서 논증 기법들에 의지하여야 할 것이다. 신수사학은 따라서 철학에 필수 불가결한 도구가 된다.[16]

리쾨르처럼 철학에서, 현실의 재구조화를 제안한다는 점에서, 강압적 증거를 내세울 수 없는 은유적 진리들을 인정하는 사람은 정상적이라면 특정 은유에 비해 다른 은유를 돋보이게 하는 수사적 기법들의 중요성을 부인할 수 없다.[17] 즉, 그가 이 수사 기법들을 무시하게 되는 것

16 Ch. Perelman, «Philosophie, rhétorique, lieux communs», in *Bulletin de l'Académie Royale de Belgique. Classe des Lettres et des Sciences morales et politiques*, 1972, pp. 144-156 참조.

17 Ch. Perelman, «Analogie et métaphore en science, poésie et philosophie», in *Le Champ de l'argumentation*, pp. 271-286 참조.

은 오로지 현실에 대해 단 하나만의 시각을 강요하고 사실 그대로 다른 시각들을 배제하는 직관의 존재를 인정하는 경우뿐일 것이다.[18]

16세기 말부터 시작된 수사학의 쇠퇴는, 개신교의 개인적 증거이든, 데카르트주의의 합리적 증거이든, 경험주의의 감각적 증거이든 할 것 없이, 증거의 역할을 일반화시킨 부르주아적 사고의 발흥에서 기인한다.[19]

수사학을 무시하고 논증 이론을 망각함으로써, 행동의 문제들이 때로는 인식의 문제, 다시 말해 진리냐 확률이냐의 문제들로 축소되었고, 때로는 결코 이성과는 무관한 것으로 간주되었으므로, 실천 이성raison pratique의 존재는 부정되기에 이르렀다.

그러나 다양한 해결책들이 비교될 수 있는 심사숙고나 토론들에서 비롯되는 합리적 선택의 존재를 믿는 모든 사람들은, 매 경우 사용된 지적 도구들에 대한 명확한 의식을 갖고자 한다면, 신수사학이 제시하는 논증 이론을 피할 수 없을 것이다.

게다가 실천적 영역에 한정되지 않고 이론들에서 정의, 모형, 유추 등의 선택과, 보다 일반적으로는 탐구 영역과 조화를 이루는 적절한 언어의 개발이 담당하는 역할에 민감한 사람에게는 신수사학이 이론적 문제들의 핵심에 놓이게 될 것이다. 바로 이런 의미에서 논증의 역할은 실천 이성과 연결될 수 있다. 즉, 이것은 실천 이성이 작용하는 모든 영역들

18 P. Ricoeur, *La Métaphore vive*, pp. 310-321 참조.

19 Ch. Perelman et L. Olbrechts-Tyteca, «Logique et rhétorique», in *Rhétorique et philosophie*, Presses Universitaires de France, 1952, p. 30 참조. 또한 R. Barthes, «L'Ancienne rhétorique», in *Communications*, 16, 1970, p. 192 참조.

에서, 심지어 이론적 문제들을 해결해야 할 때조차도, 수행되는 근본적인 역할이다. 필자는 본인이 구상하는 논증의 효력에 관한 모든 오해를 불식시키기 위해 이 점을 분명히 하려고 한다.[20]

20 이에 관해서는 R. Blanché, *Le Raisonnement*, Paris, P.U.F., 1973, pp. 230-231과 M. Villey, «Nouvelle rhétorique et droit naturel», in *Logique et Analyse*, n° 73, 1976, pp. 4-10 참조.

2장

논증, 연사와 청중

형식적으로 정확한 증명과 논증을 구별해 주는 것은 무엇인가?

제일 먼저, 증명에서 사용된 기호들은, 모호성이 사전에 배제되지 않은 자연어로 전개되는 논증과는 달리, 모든 모호성이 결여된 것으로 가정된다. 다음으로, 정확한 증명은 형식화된 체계들 안에서 명시된 규칙들에 부합하는 증명이다. 또한, 바로 이 점을 우리는 강조하는데, 출발점이 되는 공리들, 원리들의 지위는 증명의 경우와 논증의 경우에 서로 다르다.

수학적 증명에서, 공리들은 논의의 대상이 아니다. 공리들을 자명한 것들로 간주하든, 참인 것들로, 또는 단순한 가정들로 생각하든, 이 공리들이 청중에 의해서 받아들여질 것인지 아닌지는 관심거리가 아니다. 게다가, 공리들의 선택을 정당화하기를 원하는 사람은, 아리스토텔레스가 이미 《말터론》에서 지적한 바와 같이,[1] 논증에 의거하여야 할 것이다.

1 Aristote, *Topiques*, 101a-b.

논증의 목적은 몇 가지 전제들로부터 결과들을 도출해 내는 것이 아니라 동의를 구하기 위해 제기되는 주장들에 대해 청중의 지지를 자극하거나 증폭시키는 것인 만큼, 논증은 진공 상태에서 전개되지 않는다. 논증은 사실상 연사와 청중 간의 정신적 교감을 전제로 한다. 즉, 연설은 귀담아 듣게 되어야 하고, 책은 읽혀져야 한다. 그렇지 않으면, 이 같은 행동은 아무런 쓸모가 없을 것이다. 심지어 내면의 숙고 과정에서도, 근거들을 제시하는 사람과 이 근거들을 제시받는 사람이 동일인 경우에도, 정신들 간의 교감은 필수적이다. 이로부터, "네 안의 나쁜 영혼에 귀를 기울이지 마라", "그것을 다시 문제삼지 마라"와 같은 몇 가지 충고들이 생겨난다.

어떤 사회든, 이 같은 교감들을 인정하는 경우, 이것들을 조직하고, 심지어 의무화하려고 애쓴다. 주일 미사는 사제와 교구 내 신자들 간의 주별 만남을 가능하게 하고, 의무 교육은 교사에게 그의 영향하에 놓인 학생들의 출석을 보장하며, 헌법이 보장한, 국회 회기의 연차별 소집은 정해진 날짜에 정부와 나라의 선량들을 한 자리에 마주하게 한다. 법적 절차는 공소인에게, 비록 소송 상대방이 고집을 부리더라도, 재판의 정상적 진행을 약속한다.

제식, 교육 과정, 의회 전통 그리고 절차상의 규칙들이, 다소간의 정확성의 차이를 두고, 의사 전달의 대상이 될 주제들을 규정하게 된다. 이것들에서 벗어나는 행위는 불법 또는 몰상식, 무례, 조소나 추문의 대상으로 간주될 것이다.

필자는 30여 년이 지난 오늘에도 군중 앞에서 죽은 친구를 애도하는 연설을 책임진 연사가 이 같은 기회를 악용하여 일부 참석자들을 공격함으로써 빚어진 고통스러운 결과를 기억한다. 마찬가지로, 공공의 가치들에 부응하여 아이들의 교육을 위임받은 학교 교장 선생님이 자신의 위치를 이용하여 추문을 야기하는 생각들과 가치들을 확산시킨다면 이것은 직권 남용이다.

외교 관계의 수립이나 단절은 상대방과 토론할 준비가 되어 있음을 의미하거나 상대방을 대화 상대로 인정하지 않음을 뜻하는 선결 조건을 구성한다. 논쟁에서 누가 옳은지를 스스로 묻기에 앞서, 협상을 통해서, 다시 말해 논증에 의거하여 이견을 해소할 것인지 아니면 폭력에 호소할 것인지를 아는 것이 중요하다.

논증은 청중에 영향을 미치고, 상대방에게 강압이나 조련을 통해 자신의 의지를 관철시키기보다는 마음으로부터의 지지를 얻고자 전달하는 연설을 통해 그의 신념이나 기분을 바꿔 놓을 작정이므로, 어떤 가치를 부여받는 의견의 소유자라는 것 자체가 이미 무시 못할 자질이다. 마찬가지로, 몇몇 상황들에서 발언 기회를 얻을 수 있고, 어떤 모임, 기관, 국가의 대변인이 되며, 자신의 말이 경청되는 것은 중요하다.

우리는 모든 논증이 사회적·정치적 제도들에 의해 용이해질 수도 있고 방해될 수도 있는 정신적 교감을 전제로 한다는 것을 알았다. 이를 확인하기 위해서는 절대 국가들의 특징인 의사 소통 수단의 독점과 정신적 교감을 보장하거나 방지하는 온갖 수단들을 생각해 보는 것으로 충분하다. 표현 및 언론의 자유는 민주주의의 중요한 승리이지만 심지어 자유 사회에서도 모든 사람이 어떤 상황에서든 발언 기회를 얻고 자신의 말을 경청하게 할 수는 없다. 아무리 공공연한 대화의 옹호자라 할지라도 아무 주제에 대해 아무하고나 토론에 임할 자세가 되어 있지는 않다.

아리스토텔레스는 벌써부터 이 점에 주목하여, 아무나랑 토론을 해서도 안 되고 몇몇 문제들에 대해서는 논쟁을 피해야 한다고 쓴 바 있다. 인용하면 다음과 같다.

> 예를 들어, 반드시 신들을 경배하고 부모를 사랑해야 하는지를 묻는 질문을 제기하는 자들에 대해서는 단단히 버릇을 고쳐 주어야 하고, 눈 색깔이 흰지를 묻는 자들은 직접 쳐다보면 된다.[2]

몇 가지 질문들은 논쟁할 가치가 없으며, 다른 몇몇은 토론의 대상이 될 수 없다. 왜냐하면, 이것들을 토론에 붙이는 것 자체가 불경스럽거나 파렴치한 짓이기 때문이다.

이런 이유에서 아테네에서는 포고령을 통해 위반 시에는 사형에 처한다는 조건하에 도시의 예비 자산의 충당을 변경하는 입법의 도입을 금지하였다.[3] 그리고 파스칼은 신의 존재와 영혼의 불멸을 믿어야 하는 이유들을 제시하기에 앞서 이 문제의 중요성을 설득하고 이를 소홀히 하는 것이 얼마나 몰상식한 일인지를 지적하는 데 많은 부분을 할애하였다.[4]

---

2 Aristote, *Topiques*, 105a.

3 Démosthène, «Première olythienne», §19, in *Harangues et Plaidoyers politiques*, Paris, Belles Lettres, 1924, t. 1 참조.

덧붙여, 논증은 순전히 지적인 찬동만을 목표로 하는 것은 아니라는 점에 주목하자. 논증은 흔히 행동을 유발하거나 적어도 행동할 마음가짐을 불러일으키는 것을 노린다. 이처럼 갖추어진 자세가 잠재적인 장애물들을 극복할 만큼 충분히 강력해야 한다는 것은 더 말할 나위가 없다. 바로 이것을 성 아우구스티누스가 《기독교 교리De la doctrine chrétienne》 제4권 13장에서 매우 섬세하게 지적하고 있다.

> 믿거나 인식하는 것으로 충분한 진리들이 교육되는 경우, 이들은 자신들이 진리임을 인정하는 것 이외의 어떠한 동의도 필요로 하지 않는다. 그러나 교육된 진리가 실천 속에서 적용되어야 하고 이 진리가 실천을 목적으로 교육된다면, 말해진 것이 진리임을 확신하게 된다는 것은 아무런 소용이 없으며 말해진 방식에서 즐거움을 찾는 일은, 이것이 실천을 목표로 교육되지 않는 한, 아무런 쓸모가 없다. 능변의 사제는, 실천적 진리를 제시할 때, 단지 깨우칠 목적으로 가르치거나 주목을 받기 위해 마음을 끌려고 하지 말고, 또한 청중이 자신의 의지를 내맡길 정도로 이들의 정신을 빼앗아야 한다.[5]

성 아우구스티누스는 말하기를, 청중은 오로지, "스스로 당신의 약속들에 이끌리고 당신의 위협들에 겁먹을 때, 당신이 규탄하는 것을 배척하고 칭찬하는 것을 감싸 안을 때, 당신이 비통한 것으로 제시하는 것 앞

4 Pascal, *Pensées*, 315, in *Œuvre complètes*, coll. Pléiade, Paris, Gallimard, 1936, pp. 912-918.
5 Saint Augustin, *Patrologie latine*(Migne), t. XXXIV, Paris, 1887.

에서 비통해하고 즐거운 것으로 소개하는 것에 대해 즐거워할 때, 당신이 불쌍하다고 가리키는 것을 불쌍히 여기고 두려워하고 피해야 할 사람들로 지적하는 자들에게서 멀어질 때"[6] 비로소 진정으로 설득될 것이다.

신자들에게 동족상잔을 끝내도록 호소하면서, 성 아우구스티누스는 그들이 박수로 화답하는 것에 만족하지 않았다. 그는 이들이 눈물로써 태도를 바꿀 준비가 되었음을 입증할 때까지 설교를 멈추지 않았다.

이 같은 예들은, 비록 성 아우구스티누스가 "실천적 진리들"에 대해 말하면서 사용하는 표현들을 탐탁지 않게 생각하더라도, 주장들이 논증적 연설의 형식으로 제시될 때, 이 주장들은 때로는 청중들로부터 순전히 지적인 효과, 주장의 참됨을 인정하려는 자세를 이끌어 내는 것을 노리거나, 때로는 직접적인 혹은 잠재적인 행동을 자극하는 것을 겨냥한다는 것을 입증한다. 논증하는 사람은 능력으로 간주되는 것들, 말하자면 이성, 감정, 의지 등에 호소하지 않는다. 연사는 완전한 인간을 향해 말을 하나, 경우에 따라서, 논증은 다양한 효과를 추구할 것이며 매번 연설의 대상뿐만 아니라 영향력을 미치려는 청중의 유형에 알맞은 방법들을 사용할 것이다. 이처럼 변호사는 상사 분쟁 또는 형사 사건, 정치적 사건이냐에 따라, 보통법, 민법, 국제법이 적용되느냐에 따라, 그리고 설득해야 되는 법원의 심급에 따라 동일한 문체, 동일한 유형의 논거들을 사용하지 않을 것이다. 이 경우에 논증 이론이 해줄 수 있는 유일한 일반적 조언은 연사는 청중에게 맞추어야 한다는 것이다.

6 위의 책, Livre IV, chap. 12.

논증의 초점이 되는 이 청중은 어떤 사람들인가?

때때로 그에 대한 대답은 자명하다. 법정에서 변론하는 변호사는 법정의 재판관들을 납득시켜야 한다. 그렇다면 국회에서 연설하는 정치가는 어떤가? 그에게 청중은, 심지어 그의 연설이 라디오로 중계되는 경우에, 그의 말에 귀를 기울이는 모든 사람들에 해당하는가? 신문 기자와 대담을 나누는 사람은 이 기자에게 말을 하는 것인가, 아니면 그 신문의 독자들에게 혹은 그의 발언들을 접할지 모르는 전국의 여론이나 국제 여론을 두고 말을 하는가? 연사에게 청중은 물리적으로 그의 말을 들을 수 있는 모든 사람들, 하물며 글로 된 그의 연설을 한 번이라도 읽을 기회를 갖게 되는 모든 사람들과 동일시될 수 없다는 것은 즉시로 알게 된다. 더구나, 청중의 일부를 무시하는 연사, 변론에 참여하는 경찰관, 혹은 국회 내에서 여당의 결속을 다지기 위한 정치 연설 중에 마침 자리에 있던 몇몇 야당 의원들을 상상할 수 있다.

청중은 반드시 연사가 특별히 지칭하는 사람들로 구성되는 것은 아니다. 영국 의회에서 연사는 하원 의장을 상대로 연설하는 것으로 상정되나, 실제로 그의 연설은 자기 당의 당원들이나 국가 여론 또는 국제 여론을 두고 행해질 수 있다. 나는 도시의 어느 카페에서 "Brave toutou, ne grimpe pas sur la banquette"("착하지 멍멍아, 의자에 올라가지 마렴")라고 쓴 게시문을 본 적이 있다. 그러나 이것은 이 카페에 들어오는 모든 개들이 글을 읽을 줄 알고 프랑스어를 이해한다는 것을 전제로 하지 않는다. 논증 이론의 발전에 유용한 방식으로 청중을 정의하자면, **연사가 논증을 통해 영향을 미치길 원하는 사람들 전체**라고 말할 수 있다.

이 전체란 무엇인가? 이것은, 미묘한 상황에서 결정을 내려야 할 때 내면의 숙고를 거듭하는 연사 자신으로부터 인류 전체, 적어도 그 구성원들 중 능력 있고 합리적이며 필자가 보편 청중auditoire universel이라 부르는 사람들에 이르기까지 매우 변화무쌍하며, 그 사이에 수많은 다양하고 특별한 청중들이 포함된다.

누구보다 개인주의적이고 동시에 누구보다 합리주의자인 몇몇 사람들에게는, 자기와의 대화는 아무것도 감추려고 할 필요 없고, 아무도 속일 필요가 없으며 자기 자신의 불확실성만 극복하면 되는 성실하고 정직한 추론의 전형을 제공해 줄 것이다. 바로 이런 이유에서 파스칼에게 "자기 스스로에 대한 동의와 자신의 변함 없는 이성의 목소리"[7]는 진리의 최상의 조건이다. 마찬가지로, 데카르트는 《성찰Méditations》의 서문에서 독자에게 다음과 같이 예고한다.

> 나는 이 명상에서 나를 설득시켰던 동일한 근거들을 통해 또한 남들을 설득할 수 있을지 보기 위해서 제일 먼저 내 자신이 진리에 대한 확고하고 명확한 인식에 도달했다는 확신이 드는 데 계기가 되었던 생각들을 제시할 것이다.[8]

쇼펜하우어와 존 스튜어트 밀 같은 저자들에게 변증학은 논증의 기술이고 수사학은 공적 연설의 기술인 반면, 논리학은 자기 자신의 생각을

7 Pascal, *Pensées*, 249, coll. La Pléiade, p. 891. 이에 관해서는 *T.A.*, §9, La délibération avec soi-même 참조.

8 Descartes, *Œuvres philosophiques*, éd. Alquié, Paris, Garnier, t. II, p. 353.

인도하기 위해 적용된 규칙들과 동일시될 것이다.[9] 셰녜Chaignet의 저작 《수사학과 그 역사La rhétorique et son histoire》에 따르면, **설득하기***persuader*와 **납득시키기***convaincre* 사이의 구분은 본질적으로 우리는 항상 스스로 납득하는 반면에 설득은 타인의 과업이라는 차이에 근거한다.[10]

그러나 이것은 어디까지나 정신분석의 기여로 우리는 스스로를 속일 수 있으며, 근거라고 하는 것들은 합리화에 불과할 수 있다는 사실을 납득하기 전이었다. 물론, "지성intellect"은 완전히 불합리할지도 모르는 우리의 행위들의 진정한 동기들을 은폐할 따름이라고 생각한 쇼펜하우어에게서 이 같은 생각이 이미 싹트고 있다.[11]

발화자가 질문과 답변의 기술을 이용하여 타인의 신념들과 태도들에 대해 스스로 갖게 되는 생각을 검사할 수 있다는 점에서, 대화의 유일한 상대로 구성된 청중은 광장에 모인 군중들로 이루어진 청중에 비해 부인할 수 없는 이점을 제시하는 것처럼 보였다. 대화나 논쟁이 전개됨에 따라, 연사는, 대화 상대방이 자신을 속일 의도가 없다고 생각할 권리를 갖고 있는 만큼, 상대방을 점점 더 잘 알게 된다. 생각의 교환의 목적은 토론 참여자들에게 상대방에 대한 보다 나은 인식을 심어 주는 것이므로, 이 경우에 표출된 동의는 논증이 보다 밀도 있게 진행되는 것을 보장한다. 바로 이러한 이유에서 제논Zénon은 대화의 기술인 변증학을 굳게 쥔 주먹에 비유하는 반면, 수사학은 활짝 편 손과 같다고 생각하였다.[12]

---

9 *T.A.*, p. 53 참조.

10 Paris, 1888, p. 93.

11 *T.A.*, p. 55.

12 Quintilien, *De l'institution oratoire*, vol. I, livre II, chap. XX, §7과 *T. A.*, §8,

타당성이 없지 않은 이 구분은 의심의 여지 없이, 적어도 토론의 대상과 관련하여, 대화 상대방에 대한 최상의 인식과 연결되어 있다. 사실, 연사의 입장에서, 필연적으로 수동적 청중에서 토론에 대한 적극적 참여자로 역할을 바꾸게 되는 유일한 대화 상대의 반응에 관심을 갖지 않고 자신의 논증을 전개한다는 것은 어리석은 짓일 것이다. 경청하는 상대방의 반응에 아랑곳하지 않는 예언자는 자신의 신념들을 함께 나누려고 애쓰는 합리적 인간이라기보다는 마음속 악령들에 사로잡힌 광신도로 금새 낙인이 찍힌다. 그러므로, 장광설의 기법이 다수의 청중 앞에서 필요 불가결한 반면, 소크라테스식 질문과 답변의 기술은 이 경우에 단일 혹은 소수의 청중 앞에서의 논증에 적합한 것으로 제시되는 것은 아무런 근거 없는 것이 아니다. 그러나 본질적으로 상황들에 의해 요구되며 오로지 개진된 논거들에 대해 어느 정도 확보된 명시적 지지와 관련된 논증 기술의 차이를 굳이 본성의 차이로 변형시킬 필요는 없다.

게다가, 전문화된 주제에 관해 물리학자, 역사학자 또는 법학자들과 같은 전문가 집단 앞에서 행해진 연설에서 질문과 답변의 기술은 거의 통용되지 않는다. 왜냐하면 각 학문 분야에는 개별 전문가들이 인정하는 것으로 간주되며 예외적인 경우를 제외하곤 결코 이의 제기를 받지 않는 일련의 주장들과 방법들이 존재하기 때문이다. 이 주장들과 방법들을 임의로 부인하는 자는, 이런 행동이 과학적 믿음들의 안정성과 배치되는 까닭에, 어김없이 자신의 무능력을 드러내 보이게 된다.[13] 이 같

« L'Argumentation devant un seul auditeur » 참조.

13 M. Polanyi, *Personal Knowledge*, London, Routledge and Kegan, 1958, pp. 292-294

은 믿음들이 특정 학문 분야에서 핵심적일수록, 이것들을 포기한다는 것은 그만큼 심각한 결과를 초래하고 일종의 과학 혁명[14]으로 이어지므로, 이 분야의 종사자들은 더욱더 고집을 부리게 될 것이다. 이 전문가들은 때로는 한 세대가 지나도록 계속될 논쟁이 있고 난 후에야 비로소 이 혁명적 사고의 근거들에 굴복하게 될 것이다.

이처럼 몇몇 주장들과 방법들은 전문화된 청중 앞에서 새로운 상황이 도래할 때까지 모두에 의해 인정되는 것으로 간주되며, 청중의 명시적 동의를 확보할 필요는 없다. 오히려, 일난의 신리들과 공인된 주장들이 없는 경우, 질문과 답변의 변증학에 의존하는 것이 필요 불가결한 것으로 밝혀질 수 있다.

학회에서 발표하는 전문가와 교회에서 설교하는 사제는 자신들의 연설이 어떤 주장들에 근거를 둘 수 있는지를 알고 있는 반면, 철학자는 훨씬 더 어려운 상황에 처하게 된다. 사실, 철학자의 연설은 원칙적으로 모든 사람들, 즉 그의 말을 들을 준비가 되어 있고 그의 논증을 따라갈 수 있는 사람들로 구성된 보편 청중을 겨냥하므로, 그는 학자나 사제들처럼 청중의 구성원들이 인정하는 일련의 철학적 주장들을 보유하고 있지 않다. 바로 이러한 이유에서, 그는, 비록 — 불가능한 일이기는 하지만 — 내세운 주장들이 보편 청중의 모든 구성원들의 명시적 지지의 대상이 되지 않았더라도, 그럼에도 충분히 분별력 있는 모든 이성적 존재

참고.

14 Th. Kuhn, *La Structure des révolutions scientifiques*, trad. franç., Paris, Flammarion, 1972 참조.

라면 당연히 받아들이는 것으로 간주되는 사실들, 진리들, 보편적 가치들을 찾게 될 것이다. 그러므로, 철학자는 보편 청중의 각 구성원이 연사가 암시하는 이 공동체에 속하고, 각각이 동일한 직관을 보유하며, 동일한 증거들을 공유한다고 추정함으로써, 상식이나 중론, 직관이나 자명한 이치에 호소할 것이다. 철학자의 연설이 수용 가능하고 대체로 납득할 만한 것으로 보이는 경우, 고집불통인 사람은 중론에 반대하는 자가 정신 나간 사람이 아니라 자신의 반대 의사, 아니 적어도 자신의 의심을 떠받칠 만한 상당한 근거들을 갖고 있음을 입증하여야 할 것이므로, 단순히 부인하는 말을 놓고 상대방이 이견을 표시한다고 판단하기에는 충분하지 않을 것이다. 따라서, 비록 이 경우가 단 한 사람이나 소수를 향한 연설이 아니라 이성, 다시 말해 보편 청중에 대한 호소이긴 하지만, 모든 쟁점들을 대상으로 할 대화의 필요성이 나타난다. 이런 이유에서 변증법 또는 논쟁의 기법은, 소크라테스의 대화들과 그에 영향을 받은 철학자들이 입증하듯이, 철학 논증에 극히 핵심적이다.

몇몇을 겨냥한 연설들과 모두에게 유효한 연설들 사이의 구분은 설득적 연설과 납득시키기를 원하는 연설이 서로 대립되는 부분을 보다 더 잘 이해하게 해준다. 설득persuasion은 상상력, 감정, 요컨대 자동 인형에 호소하는 반면, 납득시키는 연설discours convaincant은 이성에 호소한다[15]고 생각하여, 두 연설을, 주관 대 객관처럼,[16] 상호 대립시키기보

15 Pascal, *Pensées*, 470, coll. La Pléiade, p. 61 참조.

16 Kant, *Critique de la raison pure*, trad. Tremsaygues et Pacaud, Paris, P.U.F., 1927, pp. 634-635.

다는, 특수 청중을 겨냥하는 연설은 설득을 목적으로 하고 보편 청중에게 바쳐진 연설은 납득시키는 것을 목표로 한다고 말함으로써, 이 둘을 보다 전문적이고 또한 보다 정확하게 특징지을 수 있다.

이처럼 설정된 구분이 연사의 말을 듣는 사람들의 수와는 무관하고 오히려 그의 의도들에(몇 사람들의 지지를 원하는가, 아니면 모든 이성적 존재의 동의를 구하는가?) 달려 있으므로, 연사는 심지어 내면적 성찰의 경우에도 그가 마음속에서 마주하는 사람들을 보편 청중의 화신으로 생각할 수 있다.[17] 납득할 만한 연설은 그 전제들과 논거들이 보편화할 수 있는, 즉 원칙적으로 보편 청중의 모든 구성원들이 수용 가능한 연설이다. 이 같은 전망 속에서, 전통적으로 진리와 이성이라는 개념들과 연결되는 철학자의 독창성 자체는 보편 청중과의 관계, 그리고 철학자가 보편 청중을 구상하는 방식을 통해 가장 잘 이해될 것임은 즉각적으로 분명해진다.

아리스토텔레스는, 청중의 특성에 따라 연사가 연설을 통해 불러일으킬 수 있는 정념들과 감정들[18]을 검토한다는 점에서, 청중이라는 관념을 《말터론》이 아닌 《수사학》의 중심에 놓았고 방청자들에게 부과되는 기능에 따라 연설의 세 가지 종류를 구분하였다. 그는 아테네의 관습에서 영감을 얻음으로써, 방청자에게 약속된 역할에 따라 이 종류들을 나누어 놓았다.

17 *T.A.*, §6에서 9까지 참조.
18 Aristote, *Rhétorique II*, 1389에서 1391까지.

그런데, 반드시 방청자는 관객이거나 재판관이어야 하고, 재판관은 과거나 미래에 대해 판결을 내려야 하는데, 미래에 대해 의사를 표현하는 자는 예를 들어 의회의 구성원이고, 과거에 대해 발언하는 자는 재판관이며, 연사의 재능에 대해 느낌을 말하는 자는 관객이다. 그러므로, 수사학에는 필수적으로 정치형délibératif, 법정형judiciaire, 식장형épidictique이라는 세 가지 종류의 연설들이 존재한다.[19]

정치 연설에서, 연사는 충고하거나 만류하며, 그의 의견은 가장 유용하게 보이는 것이 무엇인지로 결론을 맺는다. 법정 연설에서, 그는 무엇이 옳은지를 밝히기 위해 누군가를 공격하거나 옹호한다. 식장 연설에서, 그는 칭찬하거나 나무라는데 그의 연설은 미와 추에 관련된다.[20]

아리스토텔레스가 정치 연설을 기술하기 위해 정치 결사들에서 착상을 얻었고 법정 연설을 특징짓기 위해 법원들에서 영감을 얻었다면, 올림픽 경기 동안 열렸던 웅변 대회들이 그에게 식장 연설의 특징들을 암시해 주었다. 사실, 이 같은 경기가 열리는 가운데, 청중은 관객들로 구성되며, 경우에 따라서 관객들에게 맡겨진 역할이 있다면, 그것은 오로지 승자, 즉 종려나무를 차지할 만한 연설을 한 자를 지정하는 것이다.

연설은 마치 참가자들을 주목받게 하는 데 목적이 있는 것으로 보이는 연극이나 운동 경기들처럼 조명을 받았다. 그 특별한 성격들로 말미암

19 위의 책, I, 1358b 2-7.
20 위의 책, 1358b 28.

아 수사학자들은 식장 연설을 연구하는 일을 문법 선생들에게 맡기고 당시 실용 웅변에 속하는 것으로 간주된 다른 두 종류의 연설들의 교육을 담당하였다. 식장 연설은, 이론가들이 보기에, 오로지 마음에 들려고 하고, 확실하거나 아니 적어도 반박되지 않은 사실들을 장식을 통해 부각시키는 것만을 추구하는 연설의 퇴화된 형식을 나타냈다. 이 점에서, 식장 연설은 논증보다는 문학에 속하는 것으로 보였다.[21]

그런데, 우리에게 식장 연설은, 행동을 겨냥하는 연설들이 방청자들을 움직이고 감동시키는 데 필요한 지렛대로서, 가치들에 대한 동의를 증폭시키는 역할을 맡는다는 점에서 중심에 속한다. 게다가, 정치적 살인의 희생자를 추모하기 위한 장례의식이 범인들의 처벌을 요구하면서 폭동으로 변질되는 경우가 있다. 셰익스피어의 〈줄리어스 시저〉(2막, 2장)에서 안토니우스Antonius의 유명한 연설을 분석해 보면, 추모사와 같은 식장 연설에서 몇 가지 가치들을 중심으로 일치communion를 이루려고 애쓰는 연설자가 그 순간의 감동을 이용하여 연설이 있기 전까지는 고인의 유해 주변에서 슬픔을 함께 나눌 생각밖에 없었던 사람들을 행동으로, 폭동으로 몰아갈 수 있는 것으로 보아, 이 같은 종류의 구별이 얼마나 인위적인지 명확히 드러난다.

식장 연설은 직접적인 행동을 유발하는 것보다는 적절한 순간까지 기다렸다가 행동에 대한 마음가짐을 불러일으키는 것을 목적으로 한다는 점에서 정상적이라면 교육적 장르에 속한다. 이 연설의 목표가 마치

21 *T.A.*, pp. 63-64.

연사의 영광인 것으로 간주한다면, 그것은 이 연설의 본성도, 그 중요성도 이해하지 못하는 셈이 된다. 연사의 영광이 실제로 이 같은 연설에서 유래할 수 있지만, 연설의 결과와 목적을 혼동해서는 안 된다. 즉, 식장 연설은 주변에 파급시키려고 애를 쓰고 미래의 행동에 방향을 부여하게 될 몇몇 가치들을 중심으로 정신적 일치를 강화하는 것을 목적으로 한다.

3장

논증의 전제들

연사는 자신의 연설을 통해 효과적으로 영향을 미치길 원한다면 반드시 청중에게 맞추어야 한다.

논증의 특별한 요구 사항인 이 적응 작업은 어떻게 이루어지는가? 본질적으로, 연사는 오로지 자신이 목표로 하는 사람들에 의해서 받아들여진 주장들만을 논증의 출발점으로 선택할 수 있다.

사실, 논증의 목적은 증명과는 달리 전제들의 진리됨으로부터 결론의 진리됨을 증명하는 것이 아니라 전제들에 부여된 **지지***adhésion*를 결론으로 이체시키는 것이다. 임무 완수에 실패할 위험을 무릅쓰고, 연사는 오로지 충분한 지지를 받는 전제들로부터 출발해야 할 것이다. 즉, 만일 전제들에 대한 지지가 충분하지 않을 경우, 설득하려는 사람의 첫 번째 관심은 마땅히 자신이 보유한 모든 수단들을 동원하여 지지를 강화하는 것이어야 할 것이다. 사실, 지지의 전이transfert는 전제들과 인정하도록 애쓰는 주장들 사이에 유대 관계의 설정에 의해서만 실현된다. 그러나 결론이 방청객의 신념들과 너무 배치되는 까닭에, 방청객이 전제들 중 하나를 포기하길 원하고 따라서 연사의 온갖 노력이 아무런 효과가 없게 될 수가 있다. 이 같은 결과는, 거짓된 결론으로 이끄는 바람에, 전제들 중 하나를 거짓인 것으로 파기하게 만드는 귀류법에 의한 논증raisonnement par absurde과 비교될 수 있다. 논증에서도 마찬가지로 파기의 문제가 제기되지만, 전제들 중 하나를 파기하게 되는 것은 이 전제에서 끌어내는 결론이 거짓이기 때문이 아니라 결론 자체를 받아들일 수 없기 때문이다.

논증에서 자신의 연설의 전제들에 대한 청중의 지지에 아랑곳하지 않는 사람은 **논점 회피***pétition de principe*라는 가장 심각한 실수를 범하게 된다. 이 실수는 전통적으로 논리상의 잘못으로 간주되지만 추론을 구성하는 명제들의 진리됨이나 거짓됨과는 무관하다는 점에서 증명상의 오류가 아니다. 하나의 명제가 자신을 내포한다는 것을 말하는 **P이면 따라서 P이다**라는 단언은 참일 뿐만 아니라 논리학의 기본 법칙인 **동일성의 원칙***principe d'identité*에 해당된다. 그러나 논증의 관점으로 옮겨가면, 논증을 통해 p라는 주장에 대한 지지를 얻는 것이 중요하므로, 모든 것이 바뀌게 된다. 즉, 우리는 이제 처음부터 p를 방청자들이 이미 받아들인 주장으로 제시할 수 없게 된다.

헤로데스Herodes의 암살에 대한 안티폰Antiphon의 연설에서 빌려 온 논점 회피의 전형적인 예는 다음과 같다. "나는 여러분으로부터 처벌보다는 동정을 받을 자격이 있다는 것을 잘 알아 두십시오. 처벌은 사실상 죄인들의 몫이고 동정은 부당하게 기소된 사람의 몫입니다."[1]

---

1 O. Navarre, *Essai sur la rhétorique grecque avant Aristote*, Paris, 1900, p. 141, n. 1 참조;

서두에 주어진 결론은, 생략된 소전제mineure "나는 결백하다"가 받아들여진다면, 당연히 인정될 것이다. 이 경우 소송에 대한 판결이 있을 것이고 피고는 무죄 석방될 것이다. 소송이 진행 중이고 판결이 아직 내려지지 않았다는 사실은 바로 이것이 논점 회피에 해당됨을 명백히 입증하고 있다.

이 예를 통해, 우리는 어떤 주장의 진리와 그 주장에 대한 찬동은 구별될 필요가 있다는 것을 알게 된다. 비록 이 주장이 참이라 하더라도, 논쟁의 대상인 주장을 인정된 것으로 가정하는 것은 전형적인 논점 회피의 오류를 구성한다.

이것과 동일 선상에서, 벤담Bentham 그리고 이어서 쇼펜하우어가 하나의 현상을 기술하는 데 이것을 평가 절상하거나 평가 절하시키는 표현들을 사용하는 것을 "단 한 단어 속에 감춰진 논점 회피"라고 지적한다는 것에 주목하자. 이런 식으로, 중립적인 관찰자가 "종교 현상"으로 간주하는 것을 우호적인 사람은 이것을 "신앙심의 표현"이라고 칭할 것이며 이것을 반대하는 사람은 "미신"이라고 부를 것이다.[2]

벤담과 쇼펜하우어의 잘못은, 마치 모든 입장 표명이 그 자체로 비판될 수 있다는 듯이, 유리하거나 불리한 평가를 궤변, 즉 논점 회피라고 규정하는 데 있다. 사실 논점 회피는 오로지 청중에 의해서 공유된 것으로 간주되는 이러한 태도 표명이 청중에 의해 인정받지 못할 때 비로소 이루어진다. 이렇게 명시함으로써 모든 논증과 마찬가지로 청중의 지지

T.A., p. 152에서 재인용.

2 T.A., p. 153 참조.

와 관련되는 논점 회피의 상대성이 확인된다.

청중에게 맞춘다는 것은 무엇보다 청중이 받아들인 주장들을 논증의 전제로 선택하는 것이다.

연사가 연설의 출발점을 얻게 되는 의견일치의 대상들 가운데, **현실** *le réel*에 영향을 미치는 것들, 다시 말해 사실, 진리 그리고 추정과, **선호** *le préférable*와 관계되는 것들, 즉 가치, 서열, 선호의 말터들을 구별할 필요가 있다.

언어와 상식은 "사실들faits"과 "진리들vérités"이라는 표현을 써서 모두에게 당연시되는 객관적 요소들을 가리키는 반면, 논증적 관점에서 시도된 분석은 우리가 이것들에 대한 청중의 태도를, 논점 회피에 말려들지 않는 한, 소홀히 하도록 놔두지 않는다.

푸앵카레H. Poincaré의 말에 따르면, "몇몇 사고하는 존재들에 공통되고 모두에게 공통될 수 있을",[3] 다시 말해 보편 청중이 받아들이는 것으로 상정된 객관적 요소에 "사실" 또는 "진리"의 지위를 부여하면, 우리는 굳이 사실들과 진리들에 대한 청중의 지지를 강화할 이유 없이 마치 안정된 자료들에 근거하듯 이것들을 기초로 결정을 내릴 수 있을 것이다. "개인에게 사실에 대한 동의는 모두에게 당연시되는 무엇인가에 대한 주관적 반응에 불과하게 될 것이다."[4]

그러나 하나의 사실이나 진리가 청중에 의해 부인되는 순간부터, 연사는, 이의 제기자가 틀렸다는 사실을 입증하거나 아니면 적어도, 그

3 H. Poincaré, *La Valeur de la science*, Genève, 1946, p. 65.

4 *T.A.*, p. 90.

를 실격시키고, 그에 대해 능력 있고 합리적인 대화 상대자의 자질을 인정하지 않음으로써, 그의 의견을 참작할 필요가 없음을 보여 주지 않는 한, 더 이상 이것들을 들먹일 수 없게 된다.

우리는 이렇게 해서 사실이나 진리의 지위는, 사실들과 진리들을 보증해 줄 틀림없는 권위나 반박의 여지가 없는 단언들과 계시들을 하달하는 신성의 존재를 인정하지 않는 한, 무한히 확립되는 것이 아님을 알게 된다. 그러나 이러한 절대적 보장, 자명함, 모든 이성적 존재에게 당연시될 필연성이 없다면, 공통의 의견이나 전문가들의 견해에 의해 있는 그대로 인정된 사실들과 진리들은 다시 문제삼을 수 있을 것이다. 그렇지만 이 사실들과 진리들에 대한 의견의 일치가 충분히 일반적이라면, 어느 누구도, 이들에 대한 회의론을 정당화할 수 있는 근거들을 제시하지 않는 한, 우스꽝스럽게 될 위험을 무릅쓰고 이것들을 배제할 수 없다는 점에 유의하자. 데카르트가 권장하는 것과 같은 일반화된 의심은 특수한 사실을 배격하는 경우에 타당한 의심으로 간주되지 않을 것이므로 아무런 쓸모가 없을 것이다. 비트겐슈타인은 이 점에 대해 적절한 고찰을 제시한 바 있다.[5]

어떻게 하나의 사실이나 진리를 격하시키는가? 이들을 반박하는 가장 효과적인 방법은 이들이 보다 확실한 것으로 밝혀진 다른 사실들이나 진리들과, 심지어 될 수 있으면 포기할 준비가 되어 있지 않은 한 묶음의 사실이나 진리들과 모순됨을 입증하는 것이다. 이 같은 시험하기는 때때로 별다른 정성 없이 치러진 실험의 결과를 문제삼는 것에 한정

5 L. Wittgenstein, *Über Gewissheit. On Certainty*, Oxford, Blackwell, 1969 참조.

될 수 있다. 그러나 때로는 이러한 시험하기가 과학적, 철학적 또는 종교적 성격의 지적 혁명으로 귀결될 수 있다. 게다가 각자가 자신의 입장에서 벗어나지 않음으로써, 이 같은 대질 심문이 결정적 결과를 낳지 못하는 경우가 있다. 즉, 이런 경우가 과학에서는 매우 드물지만, 철학적 혹은 종교적 성격의 토론에서는 흔히 일어난다.[6]

사실들과 진리들과 나란히, 이것들만큼 확실한 것으로 제시되지는 않지만, 그럼에도 합리적인 신념을 확립하는 데 충분한 기초를 제공하는 추정들présomptions에 우리는 자주 기대를 건다. 추정들은 보통 정상적으로 일어나는 일, 그리고 당연히 기대할 수 있는 것과 연결된다.

이 추정들이 공통의 경험, 상식과 연결되어 인생의 방향을 잡게 해주지만, 그럼에도 이것들은 사실들에 의해 반박될 수 있다. 즉, 예기치 못한 상황을 배제할 수 없기 때문이다.

일반적 부류의 추정들을 제시하면 다음과 같다.

> 행위의 질은 그 행위를 책임지는 사람의 자질을 나타낸다는 추정, 우리의 첫 번째 몸짓이 우리에게 하는 말을 진리로 받아들이게 하는 자연스러운 신뢰에 대한 추정, 우리의 인식에 놓여진 모든 발화가 우리의 관심을 끄는 것으로 간주된다고 결론을 내리게 하는 관심의 추정, 모든 인간적 행동은 분별 있는 행동이라는 추정.[7]

6 K. Polanyi, *Personal Knowledge*, 제3부: The justification of personal knowledge 참조.
7 *T.A.*, p. 94 참조.

추정들은 일어난 일이 정상이라는 생각에 기반을 두고 있다. 그러나 정상이라는 개념은 다양한 해석들을 받을 수 있으므로, 원인 사실들이 주어지면, 일련의 주어진 상황들에 추정이 적용될 수 있는지에 관한 토론이 전개될 수 있다. 이 경우에 토론은 이미 상대방의 주장을 이롭게 하는 추정을 뒤엎으려는 시도에 해당된다. 이것이야말로 추정의 가장 직접적인 효과이다. 즉, 추정은 이것을 적용하는 데 반대하려는 사람에게 입증책임charge de la preuve을 부과한다.

입증책임은, 재판 절차에서 본실적인 개념으로, 몇 가지 종류의 추정들이 구별되는 법으로 우리를 다시 이끈다.

대인 추정*présomption de l'homme*은 논증의 출발점이자 종착점이 될 수 있다. 반면에, **법률 추정***présomption légale*은, 반대 증거를 인정하느냐 (présomption *juris tantum*) 아니면 그 자체로 부인할 수 없느냐(présomption *juris et de jure*)에 따라 법률이나 판례에 의해 수립된 것으로, 이 추정들이 유리하게 작용하는 사람들에게 모든 증거를 면제해 준다는 점에서, 법률상의 추론의 근거가 될 수 있는 주장들의 훌륭한 본보기들을 제공한다.[8]

기지의 현실 혹은 추정된 현실을 표현하는 것으로 간주되는 판단들에 선호(가치들valeurs과 서열들hiérarchies)를 표현하거나 보다 바람직한 것(선호의 말터들lieux du préférable)을 가리키는 판단들을 대립시킬 수 있다.

루이 라벨Louis Lavelle의 정의를 되풀이하자면, 가치라는 단어는 "무

---

8 *Les Présomptions et les fictions en droit*, études publiées par Ch. Perelman, Bruxelles, Bruylant, 1974, pp. 340-341 참조.

관심의 파열이나 사물들 간의 평등의 파기를 접하게 되는 모든 상황에서, 하나의 사물이 다른 것에 비해 앞이나 위에 놓이는 모든 경우에, 하나가 다른 하나보다 우월한 것으로 판단되거나 선호될 만한 모든 곳에서" 적용된다고 말할 수 있다.[9]

이 같은 가치의 정의는 서열화된 요소들이 명백히 지목되는 서열들에 특히 유효하다. 흔히, 가치들은, 긍정적이든 부정적이든, 다른 것과의 비교 없이 스스로 높이 평가하거나 낮게 평가하는 것에 대해 우호적이거나 비우호적인 태도를 나타낸다. 즉, '좋은, 옳은, 아름다운, 참인, 혹은 현실의'라는 표현들을 통해 규정하는 것은 평가 절상되고, '나쁜, 부당한, 추한, 거짓된 혹은 허상의'라는 표현들을 통해 형용하는 것은 평가 절하된다.

이때 "현실" 또는 "실재"라는 표현의 모호함에 유의하자. 현실은, 과학적 탐구의 대상으로서, 단계를 허용하지 않는다. 즉 모든 현실은 동일한 차원에 위치하며 동일한 우주의 요소들로서 상호 양립이 가능하다. 반면에, 존재론 혹은 실재에 대한 철학적 연구는 서슴없이 현실의 한가운데 단계를 설정할 것이고, 현실의 양상들을 서열화할 것이며, 주어진 바donné의 기술에 가치 판단을 결부시킬 것이다.

가치 판단jugement de valeur은, 논쟁거리가 된다는 점에서, 실증주의 철학자들에 의해서 현실 판단jugement de réalité과는 반대로 객관성이 결여된 것으로 간주되어 왔다. 실험과 검증 덕분에 현실 판단에 대한 모든 사람들의 의견일치는 가능할 것인 반면에, 가치 판단은 오로지 특정 무

9 L. Lavelle, *Traité des valeurs*, Paris, P.U.F., 1951, t. 1, p. 13.

리들에게 의사 집결 지점의 구실을 할 것이다. 이런 이유에서 논점 회피의 오류를 범하지 않고 가치들의 객관성을 논증하기란 무척 어려울 것이라는 말이다.

그런데 참, 선, 미, 정의처럼 모든 사람들이 받아들이는 보편적 가치들이 존재하는가? 이 가치들이 보편 청중 간의 의견일치의 대상이 된다고 반박의 위험 없이 주장할 수는 없지 않을까?

사실, 이 가치들은 불확정 상태로 남아 있는 한 보편적 합의의 대상이 된다. 그러나 일단 이 가치들을 구체석 상황이나 행농에 적용함으로써 명확히 해주려고 시도하자마자, 특정 무리들 간의 이견과 대립이 지체없이 드러나게 된다.

뒤프레엘E. Dupréel에게 보편적 가치들은 설득의 도구, "가공되는 재료와는 분리될 수 있고, 사용되는 순간에 선행하며, 사용된 이후에도 온전하게 이전처럼 다른 기회에 다시 사용 가능한 일종의 정신적 도구들"[10]에 불과하다.

보편적 가치들은, 자신들의 보다 한정된 양상으로서 특정 무리들 간의 합의의 기초가 되는 특별한 가치들을 제시하게 해준다는 점에서, 논증에서 중요한 역할을 맡는다. 이처럼 특별한 가치들을 자신들을 뛰어넘는 틀 속에 끼워 넣는 일은 가치들의 보편화의 중요성과 보편 청중 사이의 합의에 부여되는 중요성을 인정함으로써 특별한 합의를 넘어서려는 희망을 나타낸다.

가치들에 관한 논증을 분석할 때 미나 정의 같은 추상적 가치들과 프

10 E. Dupréel, *Sociologie générale*, Paris, P.U.F., 1948, pp. 181-182.

랑스나 교회 같은 구체적 가치들 사이에서 너무나 자주 무시되어 온 구분의 중요성이 강조되어야 된다.

구체적 가치는 **유일성***unicité* 속에서 이해된 특별한 존재, 대상, 무리나 제도에 결부되는 가치이다. 한 존재의 유일성을 강조하는 것은 바로 그 사실만으로도 자체로 이것의 가치를 높이는 일이다. 대체 가능하고 교환 가능한 모든 것은 이런 이유에서 가치가 낮게 평가된다.

> 낭만주의 작가들은 몇몇 존재들, 무리들, 역사적 순간들의 유일한 성격을 밝힘으로써 심지어 철학 사상에서까지 추상적 합리주의에 대한 반발, 인격personne humaine이라는 지고의 구체적 가치에 부여된 드높은 위치에 의해 표출되는 반발을 불러일으켰다.[11]

몇 가지 행동 방식들과 덕목들은 오로지 **성실**, **충성**, **유대**, **명예**와 같은 구체적 가치들과의 관계하에서만 정의되고 이해될 수 있다. 반면에, 합리주의나 고전주의는 추상적 덕목들에 집착하며, 정의, 진실성, 인류애, 도덕적인 것이 보편화될 수 있는 것으로 정의되는 칸트의 정언 명령impératif catégorique, 선을 절대 다수에 가장 유용한 것으로 정의하는 벤담의 공리주의 원칙과 같은 모든 상황에서 모두에게 유효한 규칙들에 애착을 갖는다.

논증은 추상적 가치들 또는 구체적 가치들 없이는 이루어지지 않으나 상황이 주어지면 가치들 간에 종속 관계가 형성된다. 이런 이유에서,

---

11 *T.A.*, p. 103.

아리스토텔레스에게 진리애(추상적 가치)는 플라톤이 말하는 우정(구체적 가치)보다 우월하다. 에라스무스Erasmus에게 구체적 가치인 정의롭지 못한 평화는 추상적 가치인 정의보다 바람직하다.

신과 관계된 추론들은 전망들이 이처럼 왔다 갔다 하는 양상을 드러낸다. 모든 가치들은 지고의 구체적 가치인 신으로부터 파생되는가? 아니면 신은 진리, 선 그리고 정의의 화신이기 때문에 완벽한 존재인가? 신을 모범으로 삼아 어떤 행동이 신성하다고 하여 그 행동이 현명하고 정당하다고 결정을 내려야 할 것인가? 아니면 오히려 어떤 행동이 높이 평가받는다는 점에서 잘못 행동할 리 없는 신에게 그 행동의 은덕을 돌려야 하는가? 이런 이유에서 데카르트는 서슴없이 "내 본성의 능력 범위에서 신의 본성을 알기 위해서, 내 마음 속으로 생각하는 모든 것들에 대해 이것들을 갖고 있다는 것이 완벽함인지 아닌지를 고찰해 보기만 하면 되었다. 그 결과 나는 조금이라도 불완전한 어느 것도 그 분 안에 있지 않고 이것을 제외한 모든 것이 그 분에게 있다는 것을 확신하게 되었다".[12]

구체적 가치들에 근거한 추론들은 보수적 사회들의 특징으로 보인다. 반면에, 추상적 가치들은 보다 쉽게 사회적 비판의 구실이 되고 변혁의 정당화와 혁명 정신에 연결될 것이다.

가치들과 나란히, 논증은 때로는 구체적이고, 때로는 추상적인, 동질적이거나 이질적인 서열 관계들에 의지한다.

수많은 논증들이 사람들은 동물들보다 우월하고 신들은 인간들보다

12 Descartes, *Discours de la méthode*, 4e partie, *in fine*.

뛰어나다는 생각에서 출발한다. 셸러Scheler에게 가치들은 그 기반에 따라 서열화될 수 있다. 즉, 인간들과 관련된 가치들은 사물들과 관련된 가치들보다 우월하다.[13]

조금전 예를 든 구체적 서열 관계들과 나란히, 이로운 것에 대한 옳은 것의 우월성처럼, 추상적 가치들과 관련된 서열 관계들이 존재한다. 결과에 대한 원인의 우월성과 같은 추상적 원칙은 수많은 구체적 현실들 사이에 서열 관계를 수립할 수 있다. 다수에 대한 홀수의 우월성은 플로티노스Plotinus의 존재론 전체를 떠받친다. 이질적 서열 관계들이 상이한 가치들을 관련짓는("진실에 대한 경외심은 플라톤의 우정보다 우월하다") 반면에, 동질적 서열 관계들은 수량에 기초한 서열 관계들이다. 최다량의 긍정적 가치가 선호될 것이고, 이와 대칭적으로 최소량의 부정적 가치에 우선권이 부여될 것이다(작은 고통, 차악은 큰 고통이나 최악과 비교할 때 선호됨에 틀림이 없다).

실재와 진실에 대립되는 것이 허상, 환영 혹은 오류에 불과할 수 있는 반면에, 가치들의 충돌은 반드시 희생된 가치의 평가 하락을 야기하지 않는다. 즉, 사람들이 오히려 희생되는 것에 애착을 갖기 때문에 희생은 고통스럽다. 다시 말해, 최소한의 가치는 어쨌든 가치로 남는다.

결국, 가장 일반적인 것으로 물러나다 보면 가치 영역 내에서 추정의 역할과 유사한 역을 맡게 될 선호의 **말터들***lieux*에 도달하게 된다. 우리는 이 말터들에 대해서 고대인들, 특히 아리스토텔레스가 공통 말터lieux

13 Max Scheler, *Le Formalisme en éthique*, trad. de M. de Gandillac, Paris, Gallimard, 1955, p. 121 참조.

communs와 특수 말터lieux spécifiques(τοποί)[14]라고 불렀던 것들을 구별할 수 있다.

그런데 우리는 우연의 말터들lieux de l'accident 가운데 아리스토텔레스가 검토하는 선호의 말터들에 국한하여 연구를 진행할 것이다.[15] 공통 말터들은 그 어떤 영역에서든 우월한 가치를 갖는 것으로 추정되는 것과 관련된 매우 일반적 단언들인 반면, 특수 말터들은 특별한 영역들에서 선호할 만한 것과 관계된다.

최대 다수에게 유익한 것이 오직 소수에게 유익한 것보다 바람직하고, 보다 견고한 것이 보다 허약한 것보다 선호할 만하며, 각양각색의 상황들에서 쓸모 있는 것이 특별한 상황들에서 쓸모 있는 것보다 낫다고 말할 때, **수량**_quantité_의 말터를 진술하는 것이다. 무엇인가를 선호하는 이유로서 그것이 유일하고 희귀하고, 대체가 불가능하며, 다시는 돌아오지 않을 기회, 즉 놓쳐서는 안 될 순간carpe diem이라는 사실을 제시하는 경우, **품질**_qualité_의 말터를 진술하는 셈이 된다. 이것은 무리들보다는 정예, 정상적인 것보다는 예외적인 것에 유리한 말터이며, 어려운 것, 그 순간에 행해져야 하는 것, 긴급함에 가치를 부여하는 말터이다. 수량의 말터들이 고전주의 정신을 특징짓는다면, 품질의 말터들은 낭만주의 정신을 일깨운다.[16]

가장 널리 쓰이는 수량과 품질의 말터들 외에도, 우리 문화에서는 순

14 Aristote, _Rhétorique_, 1358 a, 12-24.

15 Aristote, _Rhétorique_, 1362a-1365b, _Topiques_, 116a-119a.

16 « Classicisme et romantisme dans l'argumentation », in _Le Champ de l'argumentation_, pp. 397-406 참조.

서의 말터lieux de l'ordre(선행의 후행에 대한 우위, 원인의 결과에 대한 우위), 실존의 말터lieux de l'existant(존재하는 것의 단순히 가능한 것에 대한 우위), 본질의 말터lieux de l'essence(종류의 본질을 가장 잘 드러내는 개체들에 부여되는 우월성), 인격의 말터lieux de la personne(인격의 위엄과 자율성과 결부된 우월성) 등이 발견된다.

본질의 말터에 대한 두 가지 예를 들기로 하자. 프랑수아 1세에게 바쳐진 마로Marot의 이 시구들은 잘 알려져 있다.

> 영예로 둘러싸인 마르스 군신보다 위대한 왕이시여
> 이제까지 즉위한 어떤 왕보다 가장 왕다운 왕이시여

프루스트도 게르망트 공작 부인duchesse de Guermantes을 높게 평가하기 위해 동일한 수법을 사용한다. "사실상 그 자신이 게르망트인 까닭에 어느 정도는 다른 무엇, 가장 상냥한 무엇이 되어 버린 게르망트 공작 부인…"[17]

한편, 자율성의 말터lieu de l'autonomie는 파스칼로 하여금 오락을 비난하게 해준다. "오락에 의해 즐거울 수 있다면 행복하지 않겠는가? 그렇지 않다. 이유인즉, 오락은 다른 곳, 밖으로부터 오기 때문이다…"[18]

이 장을 끝내기 위해, 몇 가지 논증들에 고유하며, 때로는 마주하는

17 Proust, *À la recherche du temps perdu*, t. 8, *Le côté de Guermantes*, Paris, Gallimard, 1946-1947, p. 74.

18 Pascal, *Pensées*, 216, coll. La Pléiade, p. 884.

청중들의 유형에서, 때로는 토론의 진행 자체에서 연유하는 의견일치들에 대해 다시 주의를 요청하기로 하자.

자신들의 직업이나 서약 때문에 몇몇 주장들에 동의하는 것으로 간주되는 무리들에게 말을 걸 때, 저자는 이 주장들에 대한 동의에 기대를 걸 수 있다. 이리하여 변호사는 재판관이 나라의 법제와 판례에 의해 인정된 모든 법률적 규범을 준수할 것으로 간주된다는 사실에 의지할 수 있다. 동료들과의 토론에 임하는 학자는 이들이 자기 분야의 핵심을 구성하는 지식에 동의한다고 가정할 수 있다. 마찬가지로, 사제는 교회 안에서 설교하면서, 신자들이 성서의 권위를 존중할 것이라고 상정할 수 있다.

대화에서, 논증하는 사람은, 대화가 진행됨에 따라, 상대방이 추론의 연결 고리들에 찬동할 것이라고 확신할 수 있다. 소크라테스는 칼리클레스Callicles와의 논쟁에서 이 같은 기법을 암시하고 있다.

> 그러므로 이렇게 해서 한 가지 문제가 해결된 셈이지. 즉, 매번 우리가 어떤 점에 대해 의견의 일치를 볼 때마다, 이 점은 다시 살펴볼 필요 없이 이래저래 충분히 시험된 것으로 간주될 거야. 자네는 사실, 지혜가 부족하거나 지나치게 소심했더라면, 나와 의견의 일치를 볼 수 없었을 것이고, 나를 속일 의도로 내게 동의할 수도 없었던 거지. 왜냐하면, 자네 말대로, 우리는 친구이니까.[19]

19 Platon, *Gorgias*, 487d-e, trad. Croiset et Bodin, *Œuvres complètes*, Paris, 1923, Collection des Universités de France, t. III.

우리는 어떻게 소크라테스가 상대방의 명시적 동의를 이끌어 내면서 대화를 이끌어 나갈 수 있으며 자신의 적수를 스스로 모순에 빠지게 함으로써 궁지에 몰아넣을 수 있는지 알게 된다. 이것이 바로 소크라테스식 반어법ironie socratique의 특징이다.

그러나 소크라테스는 상대방의 지지로 만족하지 않고 그 이상을 원하는 까닭에 칼리클레스에게 다음과 같이 말을 함으로써 자신의 대화를 끝맺는다.

> 그 결과 우리의 의견일치는 실제로 우리가 진리에 도달하였음을 입증할 거야.[20]

그들 모두 하나의 주장에 의견의 일치를 보고 있다는 사실로부터 이 주장이 진리라는 약간은 성급한 결론을 이끌어 냄으로써, 소크라테스는 수사학자가 갈망하는 동의에 만족하지 않고 철학자의 야심인 진리에 도달하기를 바란다는 것을 보여 주려고 애쓴다. 그러나 이러한 움직임은 널리 인정되지 않은 일반화, 즉 그들 간의 합의가 객관적 진리의 표현, 따라서 보편 청중 사이의 의견일치의 표현과 다름없다는 일반화의 대가를 치른 경우에만 오직 가능하다.

---

20 위의 책.

4장

선택, 현존, 제시

증명에 대한 현대적 발상들은 엄밀성의 증가를 추구함으로써 모든 요소들이 명시적으로 공식화되고 사실 자체에 의해 일반적 사고에서 유리된 것으로 나타나는 체계와 관련된 것으로 증거를 이해하기에 이르렀다. 게다가 바로 이 같은 형식화와 고립화의 노력이 체계를 기계화하고 계산기나 컴퓨터로 하여금 지시된 연산들을 인간 사고의 개입 없이 정확하게 실행하게 해준다. 반면에, 논증은 다양한 요소들이 상호 간에 유대관계를 맺고 있는 사고의 틀 속에 위치한다.

사람들은 물리학이나 법학처럼 비형식적인 학문 분야들을 보다 엄밀하게 만들기 위해 이들을 체계화하려고 애썼다. 이러한 시도들은 구체적 상황들에 추상적 공식들을 대응시키는 과정에서 예상을 뒤엎는 경험들, 사전 설정된 도식들에서 벗어나는 예기치 못했던 상황들과 마주치지 않았다는 점에서 성공할 수 있었다. 체계를 경험에 맞추고, 사용된 공식들을 완화시키기 위해, 우리는 논증에 의존할 수밖에 없으며, 그 결과 체계를 우리의 전체적 인식들과 열망들 안에 재삽입하고 우리가 고립시키려고 했던 영역과 우리의 전체적 믿음과 신념들 사이의 접촉을 되살릴 수밖에 없다. 어느 정도 다듬어지고, 어느 정도 유동적인 이 전체는 상식에서 비롯된 것이든, 아니면 철학적으로 보다 정교한 것이든 포괄적 시각에 해당된다.

바로 이러한 전체 안에서, 청중에 의해 용인된 주장들 사이에서, 논증하는 연사는 자신의 전제들을 끌어와야 할 것이다. 즉, 그는 어쩔 수 없이 선택을 행해야 할 것이다.

모든 논증은 사실들과 가치들의 사전 선별sélection과 특별한 방식을 따라, 특정 언어로 표현되며, 부여되는 중요성에 따라 강조에 변화를 주는 묘사description를 내포한다. 요소들의 선택, 묘사 및 제시 양식의 선택, 가치나 중요성 판단, 이 모든 요소들이 하나의 입장 표명을 나타내는 것으로, 어떤 다른 선택, 어떤 다른 제시, 어떤 다른 가치 판단과 대립될 수 있을지를 보다 명백히 알게 되는 만큼 더욱더 정당한 것으로 간주된다. 첫눈에 객관적이고 불편 부당하게 보이는 단언과 제시présentation는 반대 방향에서 다른 증거들과 비교해 보면 의도적이든 비의도적이든 그 경향성caractère tendancieux을 드러내 보인다. 다원성은 비판 감각을 날카롭게 만든다.[1] 타인들의 거듭되고 다양한 간섭 덕분에, 새로운 상황이 전개될 때까지, 주관적인 것과 객관적인 것이 가장 잘 분별될 수 있다.

바로 이 기준에 의거하여 칸트는 설득persuasion과 확신conviction을 각기 단지 주관적 근거만을 가진 것과 객관적 기반을 소유한 것으로 구별

1 Ch. Perelman, «À propos de l'objectivité de l'information», in *Publics et techniques de la diffusion collective*, Ed. de l'Université de Bruxelles, 1970, pp. 81-88 참조.

짓는다. 그러나, 그는 덧붙여 말하기를, "주체가 믿음을 자기 정신만의 단순한 현상으로 본다면, 사실상 설득은 주관적으로 확신과 구별될 수 없다. 그러나 우리에게 타당한 원칙들이 다른 이성에게 우리 이성에 대한 효과와 정확히 일치하는 효과를 낳는지 알아보기 위해서 실행하는 타인들의 오성entendement에 대한 실험은, 단지 주관적이면서도, 확신을 심어 주는 구실을 하는 것이 아니라 오히려 판단의 특별한 가치, 다시 말해 그 자체로는 단순한 설득에 불과한 것을 발견하는 데 도움이 되는 수단이다".[2]

칸트의 이 같은 성찰은 소크라테스가 칼리클레스 앞에서 한 말[3]을 상기시키며 동일한 비판을 받을 수 있다. 즉, 사실상, 우리만큼 자격이 있어 보이는 다른 누군가와의 의견불일치가 우리 의견의 주관성, 아니면 적어도 우리 의견이 모두에게 당연히 받아들여지는 것은 아니라는 사실을 강조한다면, 타인과의 의견일치는 우리 의견의 객관성, 아니 적어도 보편성을 보장하는 데 충분하지 않다. 왜냐하면 이것이 단순히 어느 환경, 어느 시대에 공통된 의견일 가능성이 있기 때문이다. 객관성과 보편성의 시험은 결과적으로 끊임없이 쇄신되어야 한다. 즉, 결과는, 심지어 우호적인 경우에도, 필연성이나 자명함이 아닌 추정된 것을 밝히는 것에 불과하다.

연설에서 제시할 목적으로 채택하는 몇몇 요소들의 선택은 이들을 의식의 전면에 위치시키며, 이런 사실로 인해 이들에게 무시할 수 없는

2 Kant, *Critique de la raison pure*, trad. Tremesaygues et Pacaud, p. 635.
3 이 책의 제3장 참조.

현존*présence*을 부여한다.

맹자가 전하는 다음과 같은 중국의 일화는 현존의 효과를 입증하고 있다.

> 한 왕이 제물로 바쳐진 소가 지나가는 것을 보고, 측은하게 생각하여 소 대신에 양을 바치도록 명령한다. 그는 자신이 그렇게 한 이유가 소는 눈으로 보았지만 양은 보지 않았기 때문이라고 고백한다.[4]

현존은 우리의 감수성에 직접적으로 작용한다. 그리고 실제적으로, 안토니우스가 치켜든 카이사르의 피 묻은 겉옷 또는 희생자나 피고의 아이들과 같은 대상의 제시는 방청객들이나 배심원들을 감동시킬 수 있다. 그러나 실제적 현존은 또한, 방청자들의 시선을 딴 곳으로 돌릴 수 있을 뿐만 아니라 연사가 바랐던 방향과는 다른 방향으로 이끌 수 있다는 점에서, 장애가 될 수도 있다. 바로 이런 이유에서 청중을 감동시키기 위해서 유형의 현실들에 의존하길 권장하는 몇몇 수사학의 대가들의 충고를 항상 따를 필요는 없다.

그러나 그것뿐이 아니다. 현존을 창조해 내는 제시의 기술들은 특히 시간상으로나 공간상으로 떨어져 있는 현실들을 환기시킬 때 필수적이다. 이런 이유에서 우리가 구상하는 것과 같은, 의식에 존재하는 현존과 실제적 현존을 동일시하지 않는 것이 중요하다. 언어의 효과들과 이들의 환기 능력에 의존함으로써 설득 기술로서의 수사학과 문학적 표현

4 Pauthier, *Confucius et Mencius*, Paris, 1852, livre I, §7에서 인용; *T.A.*, p. 156 참조.

기법으로서의 수사학 사이에 중간 과정이 설정된다. 베이컨 경에게 수사학이 "의지를 보다 잘 변화시키기 위해 이성을 상상력에 적용하는" 기술이라면, 이것은 수사학이 우리의 감수성에 대한 우리 주변의 영향을 물리친다는 이유에서 특히 그러하다.

> 감정은 특히 현재를 바라보고, 이성은 미래와 시간의 연속을 바라본다. 그리고 바로 이것 때문에, 현재가 상상력을 더 채우는 반면, 이성은 보통 패사가 된다. 그러나 웅변과 상상력의 힘이 멀리 떨어져 있고 미래의 것들을 현재인 것들로 나타나게 한 후에 비로소 이성은 상상력의 반항에 대해 우위를 점하게 된다.[5]

조지 캠벨George Campbell은 흄의 관념 연합론associationisme에 영향을 받아 자신의 《수사학의 철학Philosophy of Rhetoric》(1776)에서 한 사건이 우리에게 영향을 미치고 우리 의식 앞에 놓이게 만드는 시간, 공간, 연결, 개인적 관심의 조건들에 많은 부분을 할애하였다. 그러나 연사의 노력은 자신의 제시 능력 덕분에 그의 개입 없이는 무시되었을 사건들이 우리 시야의 중심을 차지하게 만들 때 칭찬받을 만하다. 우리가 보건대, 현존하는 것은 우리 의식의 전면에 위치하며 중요하게 된다. 게다가, 재미있는 심리적 효과에 의해, 중요성이 감소하는 것은 사실 그대로 추상적이 되고, 거의 존재하지 않게 된다. 스펜더Stephen Spender나 쾨슬러

5 Lord F. Bacon, *Of the advancement of learning*, Oxford University Press, 1944, 1er livre, pp. 156-157.

Köestler 같은 몇몇 작가들은 사람들이 현실을 지각할 때 어떻게 자신들의 감정적 혹은 정치적 투사에 의해 영향을 받는가에 주목하였다. 이에 관한 스펜더의 지적은 다음과 같다.

> 거의 모든 인간 존재들은 현실에 대해 매우 불연속적인 이해를 갖고 있다. 그들 자신의 관심을 보여 주는 소수의 사물들만이 그들에게 실재하며, 사실상 마찬가지로 실재하는 다른 것들은 그들에게 추상물들로 나타난다. 당신의 친구들은 당신의 동조자이므로 진정한 인간 존재들이다. (…) 당신의 적수들은 따분할 뿐이며, 별로 합리적이지 않고, 당신이 총알 한 발로 지워 버리고 싶을 거짓된 판단들이 그 유일한 생명줄인 불필요한 주장들이다.[6]

이처럼 의식 앞의 몇몇 요소들의 존재와 그들에 부여되는 중요성 사이에 설정되는 연결 관계는 수사학을 단지 제시의 기법들을 사용한 현존을 창조하는 기술로만 생각하게 하였다. 리처드 위버Richard Weaver는, 미국 수사학 이론의 고전으로 간주되는 글에서, "수사학은 포괄적으로 볼 때 돋보이게 하기의 기술art de l'emphase이다"[7]라고 말할 수 있었다.

연사는 논리학자처럼 추론의 모든 연결 고리들을 열거할 필요가 없

6 S. Spender, *The God that failed*, éd. par Crossmann, London, 1950, pp. 253-254; *T.A.*, p. 159에서 재인용.
7 C.R. Weaver, «Language is sermonic», in R. Johannesen, *Contemporary theories of Rhetoric*, New York, Harper and Row, 1970, p. 173.

다. 즉, 그는 모두가 아는 전제들을 생략된 상태로 놔둘 수 있다. 이로부터 수사적 삼단논법으로서의 생략 삼단논법enthymème에 대한 아리스토텔레스의 정의가 나온다.[8] 그렇지만, 현존을 창조하기 위해서 의심스럽지 않은 몇몇 요소들을 오랫동안 강조하는 것이 유용하다는 것은 의심할 여지가 없다. 즉, 이들 요소들에 부여되는 시선을 붙잡아 둠으로써, 방청자들의 의식 앞에 이들의 존재를 강화시키게 된다.[9] 오직 한 주제에 오래 천착함으로써 목표로 하던 감동을 불러일으키게 된다.[10]

이러한 효과를 내기 위해 다양한 기법들이 수사학의 대가들에 의해 추천되었다. 즉, 반복, 세밀한 사실들의 축적, 몇몇 구절들을 부각시키기 등으로부터 강조insistance의 효과가 비롯될 수 있다. 하나의 주제가 처음에는 종합적으로, 다음에는 부분들의 열거를 통해 다루어질 수 있다. 플레시에Fléchier는 튀렌Turenne 자작인 앙리 드 라 투르 도베르뉴Henri de la Tour d'Auvergne에 대한 추모사에서 원수元帥의 죽음이 불러일으킨 반응들을 다음과 같이 묘사하고 있다.

> 얼마나 많은 탄식과 비명, 찬사가 도시에서, 농촌에서 울려 퍼지는가! 누구는 수확이 늘어나는 것을 보고는 이 사람에 대한 기억을 축복하고, 다른 어떤 이는 이 사람에게 영원한 평화를 기원한다네. 여기서는 이 사람의 영혼을 위해 성찬의 전례를 봉헌하고, 저기서는 그를 위한 장례 의식을 치른다네. 이렇게 온 왕국이 그 수호자의 죽음을 애도하느니 (…)[11]

---

8 Aristote, *Rhétorique*, L, I, 1357 a.

9 *T.A.*, p. 194.

10 Vico, *Delle instituzioni oratorie*, p. 87 참고.

한 주제를 전개시키는 이 같은 기법은 수사 이론에서 **과장법***amplification*이라는 호칭을 수여받았다. 이것은 **현존**을 창조할 목적으로 전체를 부분들로 나누는 수사 말무늬figure de rhétorique이다. 이것은 나중에 논증 도식으로서 다시 언급될 것이다.

집결*congérie*이라는 또 다른 말무늬에서 부분들을 열거하는 것으로 시작해서 종합으로 끝난다. 다음은 비코에게서 빌려 온 예이다.

> 네 눈은 파렴치함에 익숙해 있고 얼굴은 뻔뻔스러움에, 혀는 거짓 맹세에, 배는 탐욕에, 발은 도망에 길들여져 있다. 그러므로 너는 악의 그 자체이다.[12]

마찬가지로, **동형이의***synonymie* 또는 **환어법***métabole*은 사고를 계속해서 바로잡는 것처럼 보이는 특정 의미의 서로 다른 단어들을 이용하여 동일한 생각을 반복한다. 코르네유의 다음 구절이 그 예이다.

> 가라, 뛰어라, 날아라, 그리고 우리의 원수를 갚아라.[13]

동일한 단어의 반복이 단순히 강조를 표현한다면, **환어법**은 이런저런 면을 부각시킴으로써 강조를 강화한다. 유사한 효과가 미래를 현재로 대체함으로써 분명한 현존의 효과를 실현하게 되는 **시간 전용***énallage de*

---

11 *T.A.*, pp. 195-196.
12 Vico, *Delle instituzioni oratorie*, p. 81; *T.A.*, p. 237에서 재인용.
13 *T.A.*, p. 238.

*temps*에 의해 발휘될 수 있다.

너는, 말만 하면, 죽은 목숨이야.

이 수사 말무늬들의 몇몇 예들은 말무늬들과 논증 이론의 관계에 대해 강조하게 해준다.

사실, 이것은 정상적이며, 우리는 이 책의 서론에서 설득을 창출할 목적으로 상궤에서 벗어나는 말투들을 사용한다는 사실에 주의를 요청한 바 있다. 이처럼 **생생한 묘사***hypotypose*는, 《헤렌니우스를 위한 수사학 *Rhétorique à Herennius*》에 따르면, "마치 사건이 진행 중인 듯이, 일이 우리 눈앞에서 벌어지고 있는 것처럼 사물들을 설명하는"[14] 말무늬이다.

말무늬가 있기 위해서는 평범하지 않고 특별한 구조에 의해 그 형태가 식별 가능한 말투와 마주해야 한다. 이처럼, 반복répétition은 우리의 대화 상대방이 우리의 말을 듣지 못했다는 사실에 의해 요구되지 않는다는 점에서 말무늬가 될 것이고, 질문interrogation은 연사가 질문에 대한 대답을 알고 있다는 점에서 순전히 수사적일 때 역시 말무늬가 될 것이다. 마찬가지로, **예변법***prolepsis*은 연사가 상대방의 반박들을 예상하여 제시하고 즉각적으로 이것들에 대응하고 싶을 때 유용한 말무늬이다.

말무늬는, 그것의 사용이 전망의 변화를 야기하여 이처럼 암시된 새로운 상황에 비해서 정상적으로 보일 경우 논증적이다. 반면에, 연설이 방청객의 지지를 이끌어 내지 못한다면, 말무늬는 설득 수단으로서의

14 *Rhétorique à Herennius*, livre IV, §68.

효력을 상실하게 되어, 장식, 문체 무늬로서 지각될 것이다. 이런 이유에서, 일반적으로 통용되는 은유는 주목받지 못하고 지나치게 될 것이고 심지어 상투적 문구cliché가 될 수 있다. 반면, 베르그송Bergson의 지속durée 같은 이론적 개념은 이것을 부인하는 사르트르에 의해서 단순한 문체상의 장식을 뜻하는 수사 말무늬의 지위로 격하될 것이다.[15]

어떤 맥락에서 정상적인 것은 다른 맥락에서는 그렇지 않다. 즉, 연회복들은 그에 걸맞는 상황들에서는 주목받지 못한다.

> [의擬-롱기누스pseudo-Longinus가 지적하건대,] 완벽히 감춰져, 그것이 말무늬인지 알아보지 못하는 말무늬보다 더 훌륭한 말무늬는 없다. 그런데, 말무늬의 출현을 가로막는 데 숭고le Sublime와 감동le Pathétique만큼 경이로운 원군도 묘약도 존재하지 않는다. 왜냐하면 위대하고 휘황찬란한 무엇의 한가운데 이처럼 갇히게 됨으로써 기술은 자신에게 결여된 모든 것을 갖고 있는 셈이고 더 이상 속임수라는 의심을 받지 않는다.[16]

말무늬들을 연설의 재료 자체에 덧붙여진 장식들로 생각함으로써, 사람들은 수사적 기법에서 오직 화려하고 공허하며, 지나친 과시로 우스꽝스러운 문체만을 보았다.

현실을 묘사하는 데 완벽하게 적합한 방식이 단 하나만 존재하는 것이 아니므로, 다른 모든 방식은 결코 위조나 왜곡이 아니며, 연설의 재

---

15 Sartre, *L'Être et le néant* 참조; *T.A.*, p. 230에서 재인용.

16 Longin, *Traité du sublime*, ch. XV, p. 973, trad. de Nicolas Boileau-Despréaux, *Oeuvres*, Amsterdam, 1789; *T.A.*, p. 231에서 재인용.

료와 형식 사이의 분리는 고전 사상이 상상했던 것만큼 단순하게 실현될 수 없다. 정상적이며 통상적인 표현 방식과 문학적 효과이자 장식에 불과한 것은 대체로 한 순간에 결정적으로 정의될 수 없다. 눈에 띄지 않고 지나치는 표현 방식을 정상으로 간주한다면, 이 방식은 연설의 언어적이며 동시에 문화적인 문맥과는 독립적으로 지시될 수 없다. 묘사하는 현실의 단순한 표현으로 나타나는 많은 발화들은 다른 언어로 번역되는 순간 인위적이고 너무 꾸민 상태가 된다.

또한 중립적 문체style neutre는 실제로 수사적 추구의 결과일 수 있다. 즉, 독자를 결코 자극하지 않는 단조로운 글쓰기를 활용하여 상궤에서 벗어난 충격적인 가치 판단들을 파급시키기 위해 애를 쓰는 지드의 경우가 그렇다.[17]

일상의 평범한 언어는 고정 관념들 그리고 공통의 말터들과 마찬가지로 공동체의 합의의 표출임을 강조하자. 몇몇 사실들을 제시하는 방식에 대한 의견일치, 아니 적어도 이 방식들에 대한 망설임이 없다는 것은 문제의 핵심에 대한 청중의 의견일치를 조장할 수 있다. 우리는 언어의 단순한 사용이 수사적 분석을 오로지 말무늬들에만 한정시킬 경우 못 보고 지나칠 위험이 있는 입장들을 얼마나 많이 내포하는지 보게 될 것이다.

---

17 *T.A.*, p. 205 참조.

5장

의미와 자료들의 해석

연설에서, 연사가 말하는 모든 요소들은 오로지 청중이 반드시 이해하는 언어를 사용해야만 묘사될 수 있다. 따라서 언급된 사실들은 주어진 것 외에도 이들을 해석하고 묘사하는 방식을 포함한다. 이것은 그렇다고 해서 우리가 직접적이고 환원 불가능한 자료들과 이 자료들로부터 개발된 이론적 구축물들을 명백히 갈라놓을 존재론에 동의한다는 것은 아니다. 어린아이 안에서의 세계의 구성에 관한 피아제Piaget의 연구들은 성인에게 주어진 것으로 보이는 것이 얼마나 인생의 초기 몇 년 동안 자리잡은 구성의 결과에 불과한지를 명확히 보여 주고 있다.

주어진 것le donné과 구축된 것le construit 사이의 대립은 논증의 관점에서 볼 때 상대적이다. 즉, 이 같은 대립은 해석에서 비롯되는 요소들로부터, 새로운 상황이 도래하기 전까지 일의적이고 이론의 여지가 없는 합의가 존재하는 요소들을 분리시켜 준다. 그러나, 덧붙여 말하건대, 대체로 상호 모순되지 않는 동일 층위의 해석들 사이의 선택 — 타고 있는 기차가 움직이는 것인지 아니면 반대편 기차가 움직이는 것인지를 묻게 될 때—과 현상을 기술할 일반적 차원의 선택을 구별할 필요가 있다. 동일한 행위가 사실상 나사를 조이고, 차량을 조립하고, 밥벌이를 하며, 수출 물량을 조절하는 등의 다양한 사실들로 기술될 수 있다.[1] 현상을 그 문맥으로부터 고립시켜 기술할 수 있다. 또한 이 현상을 원인 혹은 결과, 수단 혹은 목적, 보다 포괄적인 전체의 상징, 방향 표지로 생각할 수도 있다. 심지어 이 다양한 해석들이 서로 모순되지 않는 경우에도 어느 하나를 제시한다는 사실은 다른 것들을 그늘 속으로 던져 버린다. 그러므로 이 현상에서 단순히 현실의 객관적 표현을 볼 수는 없다. 게다가 해석이 단순한 선별이 아니라는 점에 주목하자. 즉, 해석interprétation은 의미signification의 창출일 수도 있고 새로운 맥락, 독창적 이론에의 삽입일 수도 있다.

가능한 해석들의 다양성을 깨닫지 못하고, 제시되는 해석이 마치 대안 없이 당연시되어야 하는 것처럼 비쳐지는 한, 주어진 것과 구축된 것 각각의 몫을 떼어 놓도록 자극할 여지는 거의 없다. 즉, 이러한 구분은 해석상의 불일치에 의해 야기된 논쟁이 벌어지는 경우에 나타난다.

텍스트의 해석에 대해서도 동일한 현상을 발견할 수 있다. 의미는 텍스트가 명확할 때, 다시 말해 이 텍스트에 대해 오로지 단 하나의 타당한 해석만이 보게 될 때, 주어진 것으로 간주된다. 그러나 텍스트의 특질로 보이는 것은 무지나 상상력의 부족에서 비롯될 수 있다.

이 같은 관점을 확고히 해주는 다음과 같은 로크Locke의 지적을 인용해 보자.

---

1 E. Gellner, «Maxims», *Mind*, July, 1951, p. 393 참조; *T. A.*, p. 162에서 재인용.

복음의 한 구절 또는 법전의 한 조항을 첫눈에 이해한다고 믿었던 수많은 사람들은, 주해자들의 글을 읽은 뒤, 이해력을 상실하였고 그들의 설명으로 인해 오히려 의심이 생기거나 증폭되었으며, 텍스트는 모호함에 빠져들었다.[2]

텍스트의 명확성이 얼마나 해석자들과 관계되고, 관점들의 대조를 거친 후에 확인될 수 있으나 이러한 대조에 선행하는 자질로 간주될 수 없는 속성임이 분명히 드러난다.

의미와 해석의 문제들은 **기호들***signes*과 **지표들***indices*에 대해서 제기된다. **기호**는 환기를 목적으로 지시된 의사 전달 행위에서 자신이 가리키는 것을 환기할 수 있는 현상을 뜻한다. 반면, **지표들**은 말하자면 객관적으로, 어떠한 의사 전달의 의지와는 무관하게 다른 것을 가리킨다.[3] 숲에서 등산객들을 인도하기 위해 나무에 그어진 표시들은 기호들이고, 눈 속에 멧돼지가 남긴 자취들은 지표들이다. 언어 기호들은 우리가 아는 유일한 기호들은 아니지만, 그 중요성으로 말미암아 특별한 연구를 할애받을 만하다.

정보를 전달할 목적으로 발화된 문장은 어조를 통해 발화자의 출신을 드러낼 수 있다. 즉, 이것은 기호이자 동시에 지표이다.

땅에 남겨진 흔적들 앞에서 이것들이 지표들인지 기호들인지 자문해

---

2 J. Locke, *An Essay concerning human understanding*, L, III, ch. IV, §9 참조; T. A., p. 168에서 재인용.
3 *T.A.*, p. 164 참조.

볼 수 있다. 점쟁이들은 우리로선 더 이상 조그마한 의미도 부여하지 않을 일군의 현상들에서 기호들, 다시 말해 신들의 의지의 표현을 보았다.

지표의 거짓된 해석은 오류를 구성하는 반면, 기호의 잘못된 해석은 더욱이 오해나, 메시지의 몰이해를 유발할 수 있다.

수세기에 걸쳐, 수학 언어를 일상 언어가 본받아야 되는 전형으로 간주하였던 합리주의 사상가들의 영향하에 메시지들은 원칙적으로 명확하며, 다양한 해석들은 저자들의 무성의나 해석자들의 잘못된 신념에서 비롯될 것이라는 인상 속에서 우리는 살아왔다. 더군다나, 이로부터 법률가들, 특히 변호사들의 나쁜 평판이 생겨난다. 리차즈I. A. Richards 같은 몇몇 현대 이론가들은 또 다른 극단으로 치달았다. 고전적 전통에서 텍스트의 정신과 문자가 구별되었던 반면에, 그는 문자 자체에서 말하자면 다양한 해석들 사이에서 녹아 없어지는 신기루만을 보았다. 따라서, 그에게 수사학은 장 폴랑에게서처럼 표현의 기술이며, 오해와 이를 해소하는 방식들에 관한 연구로 정의된다.[4]

오늘날, 일반적으로 수학과 모든 형식화된 체계들이 모든 모호성의 제거를 목적으로 수많은 제한을 받은 인공 언어를 구성한다는 사실이 인정되고 있다. 즉, 이것은 모든 상황들에서 추종해야 할 본보기라기보다는 차라리 자연 언어들에 대한 예외에 해당한다. 자연 언어들에서는 사실 모호성, 즉 다양한 해석들의 가능성이 상례일 것이다. 보다 특별하게는, 철학자들의 언어는 명확성의 결여로 말미암아 은유를 배제하기가 무척 어려울 수밖에 없을 것이다. 심지어, 극단적인 경우에는, 표현들이

4 I. A. Richards, *The Philosophy of Rhetoric*, Oxford University Press, 1936, p. 3 참조.

고유한 의미를 갖고 있다는 생각을 포기해야 할 것이다. 즉, 이 고유한 의미란 언어에서 흔히 볼 수 있는 은유에 불과할 것이다.[5]

단어들 단독으로는 메시지의 완벽한 이해를 더 이상 보장할 수 없다는 점에서, 단어 밖에서, 문장에서, 구두 혹은 비구두 문맥에서, 연사와 청중에 대해 아는 바에서 오해를 줄일 수 있게 해주고, 메시지를 발화자의 의지에 맞추어 이해하게 해주는 추가 정보들을 찾아야 한다. 게다가, 때때로 해석은, 무엇보다 종교 텍스트들이나 법률 텍스트들을 해석해야 하는 경우, 또 다른 요구 조건들을 참작해야 할 것이다.[6]

"실제로 참된 신의 말씀은 문자상으로는 거짓이나 정신적으로는 진리이다"[7]라는 파스칼의 생각은 종교 텍스트의 모든 해석에 부가 조건을 제시한다. 즉, 종교 텍스트는 해석자에 의해 참인 것으로 간주되어야 한다. 저자가 어느 정도의 신뢰를 받는 순간, 보다 적은 정도로, 우리는 텍스트를 진리이고, 타당하며, 아니 적어도 이치에 맞는 것으로 간주할 수 있도록 해석하려고 애쓴다. 그러나 이를 이루기 위해서는 때때로 두 가지 서로 다른 방식으로 동일한 기호를 해석할 필요가 있을 것이다. "우리는 같은 강으로 내려가고 두 번 내려가지 않는다Nous descendons et ne descendons pas deux fois dans le même fleuve"라는 헤라클레이토스Heraclitos의 유명한 구절은 우리로 하여금, 저자에게 분명한 모순을 안겨 주길 원하지 않는다면, "같은 강"이라는 표현에 두 가지 다른 의미를 부여하게

5 P. Ricœur, *La Métaphore vive*, pp. 177-184 참조.

6 Ch. Perelman, « Perspectives rhétoriques sur les problèmes sémantiques », in *Logique et Analyse*, 1974, pp. 241-252 참조.

7 Pascal, *Pensées*, 555, coll. La Pléiade, p. 1003; *T.A.*, pp. 166-168 참조.

하며, 그 결과 이 동일성은 때로는 강기슭과 관계되고 때로는 강물을 가리키게 된다.

마찬가지로, 나폴레옹 법전 제4조("법의 침묵, 모호함, 불충분함을 핑계로 판결을 내리기를 거부하는 재판관은 재판 거부 죄로 기소될 수 있을 것이다")가 재판관에 대해서 판결을 내릴 의무를 규정한다는 점에서, 법을 설파해야 할 재판관으로서는, 심지어 입법자가 예상하지 못한 경우라 할지라도, 통상적 법 해석이 해결책을 제공하지 못하는 법리 논쟁을 해소할 수 있도록 텍스트들을 해석해야 할 것이다.

이 예들을 통해, 모든 중의성의 제거가 논리학자들과 수학자들이 사용하는 인공 언어들에서는 필수적이지만, 자연어로 구성된 의사 소통의 사용과 해석은 일의성의 요구 조건을 부수적인 것으로 격하시키는 또 다른 요청들에 종속될 수 있다. 시에서와 같은 언어의 몇몇 사용들은 심지어 통상적 의미에서의 일탈만이 해당 표현에 추구하는 정서적 가치를 부여한다는 점에서 일상적 의미에서 멀어지는 것을 상정한다.[8]

그러나 이미 언어의 정상적 사용은 다양한 선택의 가능성들을 제공한다. 즉, 형용하기, 문법 범주, 사고의 표현에서의 양태, 명제들 간의 연결 관계 등의 상호 작용이 연설의 요소들을 서열화하고 이들의 이러저러한 양상을 강조하게 해준다.

중립적으로 보이는 묘사는, 형용어*épithète*의 사용, 즉 특정 묘사를 부각시키기 위해 선택하는 자질의 사용에 의해 표시되는 선별적 특성을

8 Jean Cohen, *Structure du langage poétique*, Paris, Flammarion, 1966, pp. 44, 51, 114, 117, 182 참조.

가진 상이한 묘사와 대립될 수 있을 때 그 편파성을 드러내 보인다. 즉, 이렇게 해서, 오레스테스Orestes는 어떤 때는 "어머니의 살해자"로 어떤 때는 "아버지의 원수를 갚은 사람"으로 불린다.[9] 각각의 형용어는 정확하나 현실의 한 양상만을 표현한다.

이 같은 형용하기는, 그 덕분에 묘사된 요소들이 미리 구축된 범주들에 도입된다는 점에서, 사전 분류를 전제로 한다. 그러나 긍정의 "et"나 부정의 "ni" 같은 등위 접속어를 사용하여 부류들을 구성할 수 있다. 두 요소를 연결함으로써, 두 요소가 근접하게 되고 동등한 차원에 놓이게 된다. 이처럼 연합에 의한 판단은 다음에서 보듯이 지드의 분노를 촉발시킨다: "니체 자신이 '괴테와 실러Goethe *et* Schiller'라는 말을 들었을 때 분노했던 것처럼, '슈티르너와 니체Stirner et Nietzsche'라고 말하는 것을 들으시면 그저 분통을 터뜨리십시오."[10]

그렇지만 지드는, 책의 문제의 부분에서 몇 쪽 건너뛰게 되면, 스스로 이 같은 동일화 기법을 서슴지 않고 사용하고 있다.

> 우리는 성경을 좋아하거나 이해하지 못할 수 있고, 천일야화를 좋아하거나 이해하지 못할 수 있다. 그러나, 양해를 구하자면, 나는 수많은 사상가들을 두 부류로 나눌 것이다. 즉, 이 두 책들 앞에서 감동하는 사람들과 현재도 감동하지 않고 앞으로도 감동받지 못할 사람들.[11]

9 Aristote, *Rhétorique*, Livre III, 1405b.
10 A. Gide, *Prétextes*, Paris, Mercure de France, 1947, p. 135.
11 위의 책, p. 175; *T.A.*, pp. 172-173 참조.

현실이 동시에 두 가지 양상들을 제시할 때, 하나는 실사를 사용하여 격상시키고, 다른 하나는 형용사의 형태로만 언급함으로써, 실사인 것의 우위를 드러낼 수 있다. 즉, 한 인간에 대한 묘사로서 "육화된 영혼"이라고 칭하는 것과 "영혼이 깃든 육체"라고 하는 것에는 천지 차이가 있다.

동일한 생각이 긍정적으로 또는 부정적으로 공식화될 수 있다. 즉, 부정적인 경우에, 이 생각은 반박하는 수고를 할 만큼 충분히 근거가 있는 타인의 단정에 대한 반박으로 제시된다. 게다가, 이 생각은, 마치 아무것도 모른다는 듯이, 부정되는 것이 그렇다고 타당하지 않은 것은 아니라고 넌지시 말할 수 있다. 캘리포니아 주지사 선거 기간 동안, 자신의 적수인 현 주지사 브라운이 공산주의자가 아니라고 규칙적으로 반복해 말함으로써, 닉슨은 사실 자체로 그 자신이 반대하는 것으로 가정되는 소문을 유포시켰다.

명제들끼리 상호 종속시키고 심지어 자주 등위 관계를 맺게 함으로써, 사실 자체에 의해 방청객들의 마음 속에서 이 명제들은 서열화된다. "그렇지 않으면", "~를 제외하곤" 같은 표현들은 자신들이 도입하는 사실을 최소화시킨다. 다음에 인용된 구절은 변절자 쥘리앵Julien l'Apostat의 유대인들에 대한 호감을 나타낸다: "그들은 유일신에 대한 믿음을 제외하곤 모든 점에서 비유대인들gentils과 의견의 일치를 보인다. 이 점은 그들에게 특별하며 우리에게 낯선 것이다. 그 나머지는 우리 모두에게 공통된다."[12]

---

12 *T.A.*, p. 212 참조.

공통된 것은 규칙이며 예외는 별로 중요하지 않다.

마찬가지로, 문법학자들과 문체 연구자들은 연설에서 시제와 양태의 선택의 중요성, 대명사, 관사, 지시사의 논증적 사용에 주의를 요청하였다. 이에 관해서, 필자는 이 문제들이 보다 상세히 다루어진 필자의《논증론Traité de l'argumentation》을 참고해 줄 것을 부탁드린다.[13]

13 위의 책, §39, *Les modalités dans l'expression de la pensée*, pp. 207-220.

6장

논증 기법들

형식 논리학자들 가운데에는 모든 연역적 추론을 증명으로 국한시키는 경향이 있으며, 이때 증명은 연산들이 사전 설정된 도식에 부합되는 경우 정확한 것이고, 반대의 경우에는 부정확한 것으로 간주된다. 모든 증명은 일관성이 입증되거나 전제되고, 진리인 것으로 상정되는 공리들을 포함하는 체계 내에서 이루어지므로, 증명된 결론의 진리값, 아니 적어도 그 확률은 논쟁 없이 당연히 받아들여진다.

논증의 경우에는 사정이 같을 수 없으며 그 이유는 앞 장들에서 설명한 바 그대로이다.

논증은 다양한 청중들이 다양한 강도로 지지하는 주장들과 관련되므로, 논증에서 개입되는 요소들의 지위는 형식적 체계에서와 마찬가지로 고정될 수 없다. 사실, 이 지위는 청중의 실제적 혹은 추정된 동의와 함수 관계에 있다. 우리는 사실들과 진리들이 부인될 수 있을 뿐만 아니라, 심지어 주어진 것의 결정이, 그 해석에 관한, 보다 특별하게는 이 주어진 것의 묘사에서 사용될 수 있는 항들의 의미와 효력에 관한 우발적인 토론의 결과에 불과하다는 것을 확인하였다. 동일하게 주어진 바가 다양하게 형용될 수 있다는 점에서, 이것을 사전에 합의가 도출되지 않은 범주들에 끼워 넣음으로써, 이것과 관련된 발화는 논의될 여지가 없는 선택에서 비롯된다.

잘 규정된 체계 내에서 전개되는 증명과는 반대로, 논증은 대체로 잘못 규정된 전제들의 **뭉치***corpus*에 의존하며 논증이 근거로 삼는 주장들은 부분적으로 생략되거나 묵시적일 수 있다. 증명에서 결론은 전제들로부터 강압적으로 추출될 수 있는 반면, 어떤 주장을 지지하기 위해 제시하는 논거들은 반드시 이 주장을 내포하지 않는다. 즉, 이 논거들은, 게다가 반대 주장에 유리하게 제시할 수 있는 논거들과 마찬가지로, 어느 정도 강력하다. 경쟁 관계에 있는 주장들 가운데, 찬반 논거들에 대한 평가뿐 아니라 논의 중인 문제들에 대해 이 주장들이 제공하는 해결책의 가치에 대한 평가와 맞물려 어느 하나의 주장이 지지를 받게 될 것이다.

가장 완벽하게 짜여진 형태의 논증은 의지하는 합의점들과 개진된 논거들이 동시에 혹은 계기적으로 다양한 청중에게 제시될 수 있는 연설을 구성한다. 이 논거들은 어김없이 상호 영향을 주고받을 뿐만 아니라, 방청객들은 더욱이 이 논거들 자체와, 논거들과 연사와의 관계를 새로운 논증의 대상으로 삼을 수 있다.

그러므로, 특히 논증의 폭과 논거들의 순서를 따질 때, 연설을 전체적으로 분석할 필요가 있다. 그러나 이 같은 종합적 연구로 넘어가기에 앞서, 다양한 유형의 논거들을 그 특수성 면에서 분석하기로 하자.

논거들은 때로는 전제들에 할애된 지지를 결론으로 이체하게 해주는

연결*liaison*의 형태로, 때로는 언어나 인정받은 전통이 서로 연결시켰던 요소들을 떼어 놓는 것을 목표로 하는 **분리***dissociation*의 형태로 제시된다.

분리된 요소들의 연결이 문제가 되는지 혹은 이미 주어진 통일성이 문제가 되는지는 연사가 사용하는 표현들에 의해 결정될 것이다. 이것은 연사가 이 요소들을 조직하는 방식에 대해 주저하지 않을 것이라는 점을 뜻하는 것은 아니다. 예를 들어, 보쉬에Bossuet는 제일 먼저 죄지은 자의 불행한 말로를 자신의 잘못된 삶의 결과로 묘사할 생각을 하였으니, 고심 끝에, 삶과 죽음을 부인할 수 없는 통일체를 이루는 것으로 구상하였다: "죽음은 자신과 삶을 분리하는 분명한 존재를 갖고 있지 않으나, 끝나 가는 삶 이외의 다른 것이 아닙니다."[1]

우리는 다음 장들에서 연결의 세 가지 유형들, 즉 준논리적 논거들, 현실의 구조에 근거한 논거들, 이 구조에 바탕이 되는 논거들을 살펴볼 것이다.[2]

준논리적 논거들은 논리학 또는 수학에서 비롯된 형식적 사고와 비교하여 이해될 수 있는 논거들이다. 그러나 준논리적 논거는 항상 논거의 적용을 유일하게 가능하도록 하는 비형식적 성격의 주장들에 대한 지지를 전제로 한다는 사실로 인해 형식적 연역과는 다르다.

각 부분들에 대한 추론이 있은 후에 전체에 대한 결론을 이끌어 내는 분할에 의한 논거argument par division를 살펴보자. 예를 들어, 변호사는

1 Bossuet, *Sermons*, vol. II, *Sur l'impénitence finale*, Paris, Garnier, p. 222; *T. A.*, pp. 256-257 참조.

2 *T. A.*, pp. 256-257.

피고가 질투나 증오, 또는 탐욕 때문에 일을 저지른 것이 아니므로 결코 살해할 동기가 없다는 점을 보여 주려고 애쓸 것이다.

이 같은 추론은 면적을 부분들로 분할하는 것을 상기시켜 준다. 즉, 어느 각 부분에서도 발견되지 않는 것은 분할된 전체 공간에서도 발견되지 않는다.

그러나 이 논거가 효력을 갖기 위해서는, 퀸틸리아누스Quintilianus의 지적대로, 부분들의 열거가 빠짐없이 행해져야 한다. "열거된 사항들에서, 우리가 단 하나의 가정이라도 빠뜨린다면, 전체 건물이 무너지고 우리는 웃음거리가 된다."[3]

이 논거는 말하자면 현실의 공간화된 구조를 필요로 하며, 이 구조로부터 구체적 상황들을 특징짓는 겹치기, 상호 작용, 유동성 등은 배제될 것이다. 이런 유형의 논거들을 사용하기 위해서는 반드시 결론을 구체적 현실로 전치시키면서도 추론의 대상이 되는 논리학적 또는 수학적 유형의 도식으로 현실을 축소시켜야 한다.

현실의 구조에 근거한 논거들은 현실의 요소들 사이에 존재하는 연결 관계들에 기초를 두고 있다.

이처럼 객관적인 구조들의 존재에 대한 믿음은 다양한 현실들에 영향을 미칠 수 있다. 여러 가지 인과 관계들, 몇몇 현상들로 발현되는 본질들이 바로 그것들이다. 그런데 중요한 것은, 이 현실들에 대한 합의가 존재하며, 이러한 합의는 문제가 되지 않고 연사에 의해 논증을 진행하는 데 사용된다는 사실이다.

---

3 Quintilien, *Institution oratoire*, vol. II, I,V, chap. X, §67; *T.A.*, p. 316 참조.

이제 보쉬에가 설교자들의 말에 대한 존경심을 가중시킬 목적으로, 어떻게 기독교 전통과 일치된 현실의 구조를 활용하여, 신자들의 주의를 끄는지 보기로 하자.

> 기독교인들이여, 주님의 성전에는 위엄 있고 존경할 만한 두 가지 장소, 다시 말해 제대와 설교대가 있습니다. (…) 이 두 성스러운 장소들 사이에는 매우 긴밀한 결연이 있으며, 그 두 곳에서 이루어지는 사업들은 놀라운 관계를 갖습니다. 제대와 설교대 사이의 바로 이 놀라운 관계 때문에 고대의 몇몇 교부들께서는 신자들에게 이 두 곳에 다가갈 때는 똑같은 경건한 마음을 지녀야 한다고 서슴없이 말씀하셨습니다. (…) 성령의 말씀에 귀를 기울이지 않는 자는 자신이 지은 죄로 주님의 아드님의 육신이 나락으로 떨어지게 놔둔 자만큼이나 죄를 지은 자입니다.[4]

제대와 설교대 사이에 이처럼 설정된 유대 관계 덕분에, 그는 신자들에게 제대와 설교대 모두에 대해서 동일한 존경을 표할 것을 요구한다. 둘 사이에 존재하는 유대 관계가 이 같은 태도의 전이를 돕게 된다.

현실의 구조의 바탕을 이루는 논거들은, 본보기나 실례에 의한 추론들 raisonnements par le modèle ou l'exemple처럼, 이미 알려진 특수한 경우에서 출발하여 선례나 모범 혹은 일반 규칙을 세우게 해주는 논거들이다.

바로 이 범주에서 우리는 때로는 미지의 현실을 구조화하는 데 쓰이

4 Bossuet, *Sermons*, vol. II, Sur la parole de Dieu, pp. 143-145; *T.A.*, pp. 351-352에서 재인용.

고, 때로는 그에 대해 입장을 취하게 해주는 다양한 유형의 유추에 의한 논거들arguments par analogie을 살펴볼 것이다. 은유의 사용은 시학의 시각에서 검토되지 않고, 어떤 점에서 이것이 사고에 방향을 부여하는지를 보여 주는 수사학의 관점에서 살펴보게 될 것이다.

분리에 의거하는 논증 기법은 고대 수사학 이론가들의 주의를 거의 끌지 않았다. 그렇지만 이 기법은, 공통의 사고가 제기하는 어려움을 해결하려고 애쓰는 가운데, 주어진 바의 새로운 조직에 이르기 위해서 현실의 요소들을 어쩔 수 없이 따로 떼어 놓게 되는 모든 성찰에 기본이 된다. 동일한 방식으로 묘사된 요소들 가운데, 현실과 허상을 분리시킴으로써, 우리는 공통 감각의 현실과 대립되는 철학적 현실을 연마하는 길로 접어든다.[5]

분리하기는 모든 독창적인 철학적 사고의 중심에 해당하므로, 이 기법에 의해 만들어진 짝들은 선과 악 같은 대립 짝들couples antithétiques, 그리고 "동물-식물", "북-남" 같은 분류 짝들couples classificatoires과 대비되어 철학적 짝들couples philosophiques로 불리게 될 것이다.

우리의 분석은 연설에 대한 전체적 연구와 논거들의 폭, 효력, 순서가 제기하는 문제들의 검토로 끝을 맺게 될 것이다.

5 Ch. Perelman, « Le Réel commun et le réel philosophique », in *Le Champ de l'argumentation*, pp. 253-264 참조.

7장

준논리적 논거들

우리는 준논리적 논거들을 매번 그들과 유사한 형식적 추론들과 비교하면서 분류할 것이다. 그렇게 함으로써, 우리는 이 준논리적 논거들을 형식적 추론들과 구별시켜 주고 논쟁을 야기하며 사실 그 자체에 의해 이 논거들을 비강제적으로 만드는 모든 것에 주목할 것이다. 논증을 강압적 증명으로 변화시키기 위해서는 사용된 항들을 명확히 밝히고, 모든 중의성을 제거하며, 추론에서 다양한 해석들의 모든 가능성을 삭제하여야 할 것이다. 모든 비전문가들은 이 논거들의 논리적 외관에 강한 인상을 받게 되는 반면, 형식 논리학의 전문가들의 눈에 띄는 것은 엄격한 연역 추론과 이 논거들을 구별시켜 주는 모든 것이다.

준논리적 논거에서 발견되는 이 같은 엄밀성과 정확성의 부족은 논리상의 결함으로 보일 수 있을 것이다. 그러나 이러한 비난은 오로지 논리적 증명을 전개하겠다고 주장하는 사람에게만 타당하다. 연사가 자기 주장을 위해 펼쳐 보이는 근거들은 다른 성격의 것들이다. 즉, 이것은 정확하든 부정확하든 증명에 해당되지 않고 오히려 경우에 따라서 또 다른 유형의 논거들의 도움으로 강화될 수 있는 어느 정도 강력한 논거들과 관련된다.

고대에 수학적 외양의 과학적 사고가 덜 발전되었을 때, 준논리적 논거들에 의존하는 일은 지금보다 훨씬 빈번하였다는 점에 잠시 주목하자. 오늘날, 이 논거들에 대한 첫 번째 반응은 형식적 구조들과의 직접적인 관련짓기를 통해 이들의 약점을 강조하는 것이다.

1. 모순과 양립 불가능성

형식적 체계 내에서 명제와 그에 대한 부정, 즉 모순의 단언은 체계를 일관되지 않게, 곧 쓸모없게 만든다. 이 경우에 체계를 변화시키고 참과 거짓을 동시에 확언하는 가능성을 제거해야 한다. 즉, 둘 중 하나를 선택하여야 한다.

그러나 이것은 일상 언어에서 확언된 모순과 마주할 때 당연히 받아들여지는 해결책이 아니다. 우리는 헤라클리토스의 잘 알려진 구절("우리는 같은 강에 들어가고 두 번 들어가지 않는다") 앞에서, 우리의 반응은 이것을 **외관상의** 모순에 불과한 것으로 생각한다는 것을 확인하였다. 즉, 우리는 "같은 강"이라는 표현을 상이한 두가지 방식으로 해석함으로써 모순을 제거하고, 그 결과 확언은 첫 번째 해석에 대해 참이며 부정은 두 번째 해석에 대해 참이다.

모순은 **논리적 변별***distinguo*을 통해 그 탈출구를 찾지 못할 경우, 사용된 기호들의 불가피한 일의성때문에, 불합리로 바뀐다. 그러나 자연어로 구성된 표현들의 경우는 상황이 다르다. 이 표현들은 기껏해야 일의적인 것으로 추정될 수 있으나 이러한 추정은 또 다른 추정, 즉 우리에게 말을 하는 사람은 분명 불합리한 것들을 말할 리 없다는 추정 앞에서 모습을 감추게 될 것이다.

이런 이유에서 논증에서는 결코 말하자면 모순contra-diction에 빠지는 법이 없고, 확언된 규칙, 제기된 주장, 취한 태도가 본의와는 상관없이, 주어진 경우에, 혹은 앞서 단언된 주장이나 규칙과, 혹은 일반적으로 수용되고 우리의 모든 성원과 마찬가지로 우리가 지지하는 것으로 상정된 주장과 갈등을 빚을 때 양립 불가능성incompatibilité에 처한다.

양립 불가능성의 첫 번째 예는 아이들에게 부모에게 순종하고 거짓말을 하지 말아야 한다고 가르치는 교사의 경우이다. 그러나 아버지가 거짓말을 하라고 요구하거나 부모가 양립될 수 없는 명령들을 내릴 때는 어떻게 하는가?

두 번째 예는 살아 있는 생명체는 결코 죽인 적이 없다고 주장하는 사람에게 화농성 종양을 치료하려면 무수히 많은 세균들을 죽어야 할 것이라는 사실을 알려 주어야 하는 상황에 해당된다.

양립 불가능성은 선택을 강요하고 갈등이 있을 경우 준수해야 할 규칙을 알려 줄 것과 다른 가능성을 포기하거나 그 효력을 제한하도록 강제한다는 것을 알게된다.

양립 불가능성에 처한 상태에서 스스로 깨닫지 못하는 사람은 웃음거리가 된다. 웃음은 그의 무분별함을 벌하는 것이다.[1] 조롱은 논쟁에서

1 조롱의 역할에 관해서는 *T.A.*, §9 참조.

강력한 도구이다. 그래서 소크라테스는 자신의 변증학에서 이것을 서슴없이 자주 사용한다. "어쩔 수 없이 양립 불가능성을 인정하는 꼴이 되어 자신의 행동을 통해 선택에서 벗어나거나 타협을 통해 조정을 면하는 듯 보이는 사람은 마찬가지로 웃음거리가 될 것이다."[2]

조롱과 이것이 야기하는 불신에 대한 두려움은 논증과 교육의 효과적인 수단이다. 타인들의 존경을 유지하고픈 사람은 어떤 값을 치르더라도 조롱거리가 되지 않으려고 애쓸 것이다. 현명한 인간은 웃음거리가 되는 것을 무릅쓰고 경솔하게 잘못된 제안을 내세우지 않을 것이다. 심지어 생각을 바꾼 사람조차 자신의 태도 변화를 정당화할 수 없다면 웃음거리가 될 것이다.

그렇지만 주목할 점은 자신의 권위를 저울질함으로써 조롱과 용감히 맞설 수 있다는 것이다. 이 같은 갈등의 결말은 불확실하다. 이소크라테스Isocrates에게서 우두머리의 위세는 우스꽝스러워 보이는 규칙들을 부과하고 그럼에도 부하들이 복종하게 하는 그의 능력에 따라 평가된다.[3] 사실들과 근거에 감히 맞서기 위해서는 신성한 권위가 필수 불가결한 것으로 보인다. 테르툴리아누스Tertullianus는 자신의 신앙이 갖는 초자연적 성격을 "터무니 없으므로 믿는다Credo quia absurdum"라는 말로 표현한다.

정상적이라면, 양립 불가능성들은 제거되기 위하여 제시되나 해결책

2 L. Olbrechts-Tyteca, *Le Comique du discours*, Ed. de l'Université de Bruxelles, 1974, p. 160.

3 Isocrate, *Discours*, t. 1, Paris, 1928, Busiris, §26; *T.A.*, p. 281.

은 미리 주어진 것은 아니다. 국제 민법은 전적으로 어떤 법 체계 내에서 이 체계와는 무관하나 그 적용이 체계에 의해 강제되는 법률들의 간섭으로 야기된 갈등들을 해소하기 위해 개발되었다.

나폴레옹 법전의 제3조 세 번째 단락은 "사람들의 신분과 능력에 관한 법률들이 프랑스 국민들과 심지어 해외에 거주하는 프랑스 국민들을 규제한다"고 규정하고 있다. 판례는 이로부터 대칭적으로 프랑스에 거주하는 외국인들의 신분과 능력은 국내법에 의해 지배를 받는다고 추론하였다. 그런데, 국적이 다른 두 사람이 결혼했다가 이혼하려고 할 때, 이들 중 한 사람이 속한 나라의 법은 이혼을 허용하고 상대편 나라에서는 이혼이 금지되어 있다면 어떻게 할 것인가? 양립 불가능성은 서로 별개의 재판권에 속했을 경우 어떤 특별한 문제도 야기하지 않을 두 체계를 법률의 규정에 따라 동시에 적용하는 데서 비롯된다.

갈등은 인간의 결정에서 비롯될 수 있다. 재신임을 묻기로 결정하는 정부 수반은 자신이 제안한 법안의 거부와 자신을 현직에 유임시키는 결정 사이에 양립 불가능성이 존재한다고 단언한다. 이런 결정으로 인해 갈등이 생긴다 하더라도, 일단 결정이 철회할 수 없는 것으로 보일 때, 제3자들은 마치 자연스러운 현상인 양 이 결정을 참작해야 할 것이다.

전쟁 상태인 나라들에 대해서 라 브뤼예르La Bruyère가 서로 증오하는 여인들을 두고 했던 다음과 같은 말을 적용할 수 있다.

우리가 동시에 사랑하는 여인들 사이에서 중립은, 비록 이들이 우리와는 무관한 이해 관계들로 인해 절교했다고 하더라도 어려운 일이다. 흔히 우리는 이 여자들을 두고 선택을 하거나 둘 다 잃어야 한다.[4]

가톨릭 교회와 공산당 같은 집단들은 때로는 어느 한 집단에 속하는 것이 다른 집단에 속하는 것과 양립 불가능하다고 결정을 내릴 수 있고, 때로는 그 양립 가능성을 인정할 수 있다. 심지어 이 두 집단의 지도자들이 이것에 대해 상반되는 태도를 취할 수도 있다.

규칙들과 상황들은 그들이 제시되고 묘사되는 방식에 따라 양립 가능하게 보일 수 있거나 양립 불가능하게 보일 수 있다. 상반되는 두 규칙들 가운데 하나가 항상 적용되고 있다면, 갈등은 불가피하다. 그러나 갈등을 피하게 해주는 시간, 공간, 혹은 대상에 대한 구분 덕분에 두 규칙은 다시 양립 가능하게 될 것이다.

> 동일인이 인생의 서로 다른 순간에 진술한 두 가지 단언들은, 이 인물의 모든 발화들이 단일한 체계를 이루는 것으로 처리된다면, 양립 불가능한 것들로 제시될 수 있다. 그의 삶의 다양한 시기들이 상호 연관성이 없는 것으로 다루어진다면 양립 불가능성은 사라진다.[5]

한 집단의 다양한 구성원들의 발화들이 모두 이 집단을 대표하는 것으로 고려되느냐 아니냐에 따라 마찬가지 결과가 나타날 것이다.

---

4 La Bruyère, « Des femmes », *Caractères*, in *Œuvres complètes*, coll. La Pléiade, Paris, Gallimard, 1935, p. 142.

5 *T.A.*, p. 271.

셀 수 없이 많은 양립 불가능성의 경우들 가운데, 상이한 두 규칙들이 서로 대립된다는 사실에서가 아니라 한 규칙의 확언이 그 단언 또는 적용의 조건들이나 결과들과 양립 불가능하다는 점에서 양립 불가능성이 비롯되는 경우들이 있다. 이러한 양립 불가능성들은 **자식**自食*autophagie*이라 불릴 수 있다. **반박***rétorsion*은 자식 현상을 입증함으로써 규칙을 공격하는 논거이다.[6]

이 같은 추론 형식의 메커니즘을 이해하게 해줄 반박의 우스꽝스런 예는 다음과 같다. 시골 극장에서 관객들이 프랑스 국가인 〈라 마르세예즈La Marseillaise〉를 부르려고 하는 순간에, 한 경찰관이 무대 위에 올라와 벽보에 나와 있지 않은 어떤 것도 금지되어 있음을 알린다. 그러자 관객들 중 하나가 말하길, "그럼 당신은 벽보에 나와 있습니까?"[7]

이 예는, 공공 질서의 대표자들을 규칙 적용에서 예외로 규정하는 것으로 충분하다는 점에서, 자식 현상이 적용된 경우와 반박에서 벗어나는 방법을 동시에 보여 주고 있다. 이 우스꽝스런 예[8]에 의해 분명히 밝혀진 자식 현상의 구조는 반박을 사용할 때마다 매번 다시 접하게 된다.

아리스토텔레스는 비모순의 원칙에 반기를 드는 사람은 반박에 의해 논박될 수 있다는 것을 보여 주었다. 왜냐하면 이 사람은, 참을 진술하면서 상대편의 주장이 거짓이라고 우길 경우, 이 원칙을 전제로 하기 때문이다. 즉, 그의 행위는 자신의 말이 부인하는 것을 내포하는 셈이다.

---

6 G. Isaye, « La Justification critique par rétorsion », *Revue philosophique de Louvain*, 1954, pp. 205-233 참조.

7 *T.A.*, pp. 274-275.

8 L. Olbrechts-Tyteca, *Le Comique du discours*, pp. 169-173.

이 논거는, 양립 불가능성을 입증하기 위해서 비모순의 원칙의 거부가 전제하는 것을 공식화해야 한다는 점에서, 순전히 형식적이지는 않다. 그렇지 않으면, 이 같은 공식화는 논쟁의 대상이 될 수 있을 것이다.

자식 현상으로 이끄는 또 다른 상황은 규칙을 규칙 자체에 적용하려고 시도하나 성공하지 못하는 상황이다. 따라서 모든 명제는 의미를 갖고 있으므로 분석적이거나 경험적 성격을 갖는다고 주장하는 신실증주의자들에게 실제로 이 명제가 의미를 갖고 있는지, 만일 그렇다면, 실제로 분석적이거나 경험에 근거하는지를 물을 수 있을 것이다.

또 다른 자식 현상의 형태는 확언과 그 적용 조건들 또는 결과들을 대립시키는 경우이다.

다음은 어느 변호사가 자신의 하인에게 남긴 메시지의 내용이다: "나는 'A l'éléphant'이라는 식당에 갔으니 거기서 나를 찾아라. 네가 글을 읽을 줄 모른다면 이 쪽지를 들고 책방에 가서 주인에게 읽어 달라고 하거라."[9]

현자라면 아이를 갖지 말고 아이가 태어나더라도 이들을 인정하지 말 것을 권하는 에피쿠로스Epicuros에게 에피텍토스Epitectos는 빈정거리며 다음과 같이 대답한다: "나는 비록 네 아버지와 어머니가 네가 분명히 그렇게 말할 것이라는 사실을 눈치챘다 하더라도, 너를 버리지 않았을 것이라고 생각한다."[10]

에피쿠로스의 부모들이 자식의 충고를 따랐더라면 그를 낳지 않았을

9 위의 책, p. 172 참조.

10 Epictète, *Entretiens,* I, XXIII, §10, in *Les Stoïciens*, coll. La Pléiade, p. 860.

것이고 혹은 그들이 에피쿠로스식 현자였다면 그를 버리지 않았을 것이므로, 이 점에서 에픽테토스의 지적은 에피쿠로스를 웃음거리로 만드는 것을 목표로 한다.

우리는 이 예들을 통해 자식 현상은 불합리로 이어지지 않고 이 현상을 겪게 되는 사람을 웃음거리로 만든다는 사실을 명확히 알게 된다.

양립 불가능성은, 형식적 모순과는 반대로, 보편적이지 않고 주어진 상황에서만 일어나므로, 거기서 벗어나는 한 가지 방법은 미리 이 같은 가능성을 야기할 모든 상황들을 검토하는 것이다. 이것은 **논리적** 태도, 어려움들을 야기할 수 있을 가장 다양한 상황들을 사전에 해소할 생각으로 상상하는 법률가나 탈무드 연구자의 태도이다.

비둘기 집에서 어떤 거리 이하의 위치, 예를 들어 50미터 이하의 지점에서 발견되는 비둘기는 주인의 것이고 그 이상의 거리에서는 처음 본 사람의 것이라는 규칙과 관련된 탈무드 연구자들 간의 토론이 있다고 하자. 한 엉뚱한 랍비가 일어나 묻기를, "비둘기의 다리 하나는 경계 안쪽에 있고, 다른 한쪽은 50미터 밖에 있을 때는 어떻게 하죠?" 탈무드에 따르면, 그의 질문에 아무런 답변이 없었고, 그는 한림원에서 쫓겨났다고 한다(Baba Batra 236).

한림원의 태도는 우리에게 문맥에 의해 해결책이 제시될 수 있는 주변적 상황들을 미리 딱 잘라 해결하지 않기 위해 고려하길 거부하는 경우들이 있다는 것을 보여 준다. 이것은 **실용적** 태도, 즉 제기될 수 있을 모든 문제들을 미리 결정하길 거부하는 사람의 태도이다. 신중한 재판관들은, 미묘한 경우에 결정을 내려야 할 때, 선례를 만들어 약간은 다른 종류의 사건을 다루어야 할 미래의 재판관을 속박하게 되지 않을까 두려워, 법령 규정을 가능하게 만든 규칙의 적용 범위를 제한하려고 노력한다.

규칙을 희생하거나 예기치 못했던 순간에 돌발한 양립 불가능성을 조정하길 원하지 않는 사람은 미묘한 상황이 발생하지 않도록, 양립 불가능성을 제거해야 할 필요가 없도록 준비를 할 것이다. 이것은 **외교적** 태도이다.

프루스트의 인용에 따르면, 생시몽Saint-Simon은 상석에 앉을 권리préséance와 관련된 미묘한 문제들을 단숨에 해결하지 않기 위해 귀족들이 의존해야 했던 술책들을 장황하게 묘사하고 있다.

> 몇몇 경우에 합의에 이르지 못하게 되는 상황에선, 루이 14세의 아들, 전하가 외국의 군주들을 집에서 맞을 때는 반드시 집 밖 야외에서 영접하도록 함으로써 성 안으로 들어서는 순간 누가 먼저 들어왔는지를 따질 필요가 아예 없도록 한다.[11]

문제가 되는 상황이 발생하는 것을 피하거나 이런 일이 생기는 경우 침묵, 허구, 심지어 거짓말을 통하여 이것을 못 본 척한다.

일본에서는 단정한 차림으로 손님들을 맞는 것이 관례인 반면, 작업복 차림으로 방문객과 마주치게 되는 사람은 그를 못 본 척하고 옷을 갈

---

11 M. Proust, *À la recherche du temps perdu*, vol. 2, *Le côté de Guermantes II*, coll. La Pléiade, p. 436.

아입은 후에야 비로소 그와 인사를 나눌 것이다. 외교상의 병환은 불쾌한 선택, 고통스런 희생을 거짓말하는 것을 무릅쓰고 늦추기 위한 기교들 중의 하나이다. 장켈레비치Jankélévitch의 말대로, 거짓말과 동냥은 유사하다. "동냥은 거짓말처럼 문제를 해결하지 않고 늦추며, 어려움을 가중시킴으로써 미룬다."[12]

이런 이유에서, 양립 불가능성을 미루지 않고 해결하길 원한다면, 갈등 속의 두 규칙들 중 하나를 희생하거나 아니면 적어도 개념들의 분할을 시행함으로써 이를 조정하여야 할 것이다. 우리는 논증에 고유한 이 같은 추론 기법에 대해 보다 자세히 논할 기회를 갖게 될 것이다.

2. 동일성, 정의, 분석적 표현 그리고 동어 반복

순전히 형식적인 동일성은 자명한 것으로 제시되거나 관례에 따른 것으로 제기되지만 어쨌든 논쟁에서, 즉 논증에서 벗어나 있다. 일상의 연설에서 우리가 마주치게 되는 동일화들은 결코 이와 같지 않다.

이러한 동일화들은 때로는 마주한 요소들 간의 완전한 동일성을, 때로는 부분적 동일성을 겨냥한다.

두 표현의 동일화 현상은 정의나 분석에서 비롯될 수 있다.

어떤 정의를 통해 **정의하는 바***definiens*와 **정의되는 바***definiendum*가 동일하다고 주장한다면, 이것은 동일성의 논증적, 준논리적 사용에 해당한다. 사실, 정의하는 바가 근사치를 제공할 뿐이라는 사실을 특별히 강조하

12 V. Jankélévitch, *Traité des vertus*, Paris, Bordas, 1949, p. 435.

지 않는 한, 정의들은 규정된 항과 그를 규정하는 표현을 상호 대체 가능한 것으로 취급하는 것을 목표로 한다.

자연어에서 네 가지 종류의 정의들이 구분될 수 있는데, 한 항의 사용을 규정하는 규범 정의définition normative, 정상적 사용에 대해 알려 주는 기술 정의définition descriptive, 기술 정의의 핵심적 요소들을 지시하는 응축 정의définition de condensation, 그리고 앞선 정의들의 요소들을 다양하게 조합시키는 복합 정의définition complexe가 바로 그것들이다.[13]

논리학자들은 정의들을 자의적인 것들로 간주하는 경향이 있으나 이러한 생각은 기호들이 관례적으로 부여되는 의미만을 갖는 것으로 상정되는 형식 체계에서만 유효하다. 그런데 자연어에서는 부과된 의미와 더불어 언어에 도입되는 학술어들의 경우를 제외하곤 결코 이런 식이 아니다. 단어가 선재할 때, 언어에서 이것은 기존의 분류들과, 미리 긍정적인 혹은 부정적인 정감적 색채를 부여하는 가치 판단들과 밀접한 관련이 있으므로 따라서 한 항의 정의는 더 이상 자의적인 것으로 간주될 수 없다. 그렇지 않았다면, 플라톤의 대화편들에서처럼 단어들의 의미에 대한 논쟁이 벌어지는 것을 이해하지 못하게 될 것이다. 기술 정의를 제시한다고 주장할 때, 이 정의는 그 어떤 사용과 마찬가지로 경험의 시험에 들 수 있다. 반면, '정의'나, '민주주의'와 같이 가치 부여된 개념을 가리키는 단어의 규범 정의가 문제가 될 때, 정의에 의해서 **정의되는 바**에 할당된 가치가 **정의하는 바**로 전이된다. 즉, 무엇에 가치를 부여해야 하는지를 명시해 주는 이러한 전의는 자의적 결정의 대상이 될 수 없

13 A. Naess, *Interpretation and preciseness*, Oslo, 1935, chap. IV; *T.A.*, p. 283 참조.

으리라 생각된다. 그렇지 않다면 가치들에 대한 논쟁이 권위에 의해 결말을 보게 될 것이기 때문이다.[14]

바로 이 같은 이유에서 철학에서 논쟁거리가 되는 가치의 정의는 논증을 통해 정당화되어야 한다. 왜냐하면, 이 정의를 받아들인다는 것은 정의하는 바와 정의되는 바가 상호 호환이 가능한 것으로 간주하는 준논리적 논거를 인정하는 셈이 되기 때문이다. 언어에서 의례적 사용을 갖는 개념을 정의하면서, 제안된 정의와 개념의 의례적 의미를 정의를 통해 동일시하게 되는데, 이는 자의적 결정의 대상이 될 수 없다.

매번 하나의 개념이 여러 가지 방식으로 정의될 수 있을 때, 정의를 내린다는 것은 추론에 아무런 영향을 미치지 않는 경우에만 이의 없이 받아들여질 수 있을 선택을 행하는 것일 터이다. 반대로, 어떤 정의가 추론의 방향을 결정한다면, 이러한 정의는 정당화되어야 한다. 합법적 정의는 입법자의 권위가 쓸모 있을 경우에만 부과될 수 있다.

분석적 판단이 언어적 관례들에서 유래하는 판단이라는 점에서, 정의에 근거한 모든 등가성을 이것과 동일시할 수 있음을 즉시 알게 된다. 근대 신실증주의의 핵심이 되는, 모든 논리적 법칙이 분석적이라는 단언은 논리학을 체계의 공리들과 용인된 연역 규칙들에 의해 결정되는 것과 같은 관습 언어와 동일시하는 데서 비롯된다. 논리학의 지위에 대해 성찰해 보면 논리학과 관습 언어를 동일시하는 것의 근거와 이 같은 동일화의 철학적 전제들에 대해 반성하게 될 것이다. 이 같은 동일화는

14 Ch. Perelman, «De la justice», in *Justice et Raison*, Éd. de l'Université de Bruxelles, pp. 10-11 참조.

자의적 정의에서 비롯되는 것일까? 그렇지 않다면, 분석적 표현analycité이라는 관념에 대해서 정의에 관해 주어진 과거의 지적들을 다시 한번 살펴볼 수 있을 것이다.

분석 철학philosophie analytique이라는 명칭은 철학자들의 책무가 언어 분석에 있다고 주장하며 옥스퍼드 학파가 전파한 철학 운동에 부여된 바 있다. 존 위즈덤John Wisdom 교수는 이 점에서 질료적 분석과 형식적 분석, 철학적 분석을 구분할 수 있었다.[15] 질료적 분석이란 사용된 항들 중 어느 하나를 명시하는 데 그친다. 즉, "A는 B의 아이이다"는 "A는 B의 아들이거나 딸이다"를 뜻한다. 형식적 분석은, "프랑스 국왕은 대머리이다"는 "프랑스 국왕이라는 유일 존재가 있으며 그는 대머리이다"와 등가라는 것을 입증하는 데 있는 버트런드 러셀의 그 유명한 분석처럼, 명제의 논리 구조를 밝히는 것이다. 앞선 두 가지 분석 형식들이 언어학적 또는 논리학적 성격을 갖는다면, 철학적 분석은 복잡한 것으로부터 출발하여 단순한 것, 즉 기본 사실들이든 감각적 여건들이든 간에 궁극적 요소들로 향하게 된다.

스테빙L. S. Stebbing은 철학적 분석을 정향적이라고 규정하였다.[16] 그러나 존재론적 관점이 아니라 논증의 관점을 취할 때, 모든 분석이 정향적이라는 점을 알게 되는데, 왜냐하면 모든 분석이 연사가 갖고 있는 생각에 적합한 견해들로 청중을 이끌고, 분석해야 할 발화들에 대해 부여

15 J. Wisdom, «Logical constructions», in *Mind*, 1931에서 1933.
16 L. S. Stebbing, «The Method of analysis in metaphysics», in *Proceedings of the Aristotelian Society*, vol. XXXIII, 1922-1923 참조.

하길 원할 수 있을 상이한 해석들을 배제하면서, 몇몇 표현들을 교체 가능하게 만드는 것을 목표로 하기 때문이다. 자연 언어의 사용에 잠재되어 있고 러셀의 분석이 교묘히 피해 가려고 애쓰는 전제들을 강조한 스트로슨Strawson에 의해 러셀의 분석이 공박을 당했다는 점은 알려진 사실이다. 사실, 러셀의 분석에 따르면, "프랑스 국왕은 대머리이다"라는 명제는 이 문장을 발화할 시점에 프랑스 국왕이 존재하지 않는다면 거짓인 반면에, 스트로슨에게는 이러한 조건들 속에서 본 명제는 거짓이 아니라 적용되시 않고 있다("문제가 발생하지 않는다").[17] 마찬가지로, 정향적 분석analyse directionnelle은 분석을 통해 귀결되는 최종 요소들과 발화를 구별시켜 줄 수 있을 모든 양상들을 하찮은 것들로 간주함으로써, 연사가 확신하는 존재론적 요소들만으로 복잡한 표현을 한정하기 위해 준논리적 논거를 사용한다.

상이한 철학적 기법들을 사용하여 분석은 정의와 동일한 논증적 결과들로 이끈다.

분석은 정의와 마찬가지로 준논리적 논거의 지위와는 다른 지위를 요구할 수 있을 것이다. 이 경우, 정의가 논쟁에 휘말리지 않기 위해 자의적인 것으로 제기되는 반면에, 분석은 자명하고 필연적인 것으로 제시될 것이다. 그렇다고 해서, 분석에 대해 반대의 비난, 즉 우리에게 새로운 것을 아무 것도 알려 주지 않으므로 **동어반복***tautologique*이라는 이유에서 분석이 완전히 무의미하다는 비난을 퍼부을 수 있을 것인가? 이것

17 P. F. Strawson, *Introduction to logical theory*, London, Methuen, 1952, chap. 6, III, § 7 참조.

은 분석이 다른 식으로, 즉 정의에 의거하여 분석된 명제의 내용을 재취하는 것이라고 보는 셈이다. 분석의 동어반복적 성격은 이처럼 정의의 비논쟁적 지위와 밀접한 관련이 있다.

"일은 일이다", "돈은 돈이다"와 같은 표현들은 말 그대로 이론의 여지 없는 동어반복으로 제시된다. 사실, 이것들은 표면상의 동어반복에 불과하다. 즉, 이 표현들은 동일성의 발화로 제시되는 반면, 이들을 해석하는 모든 사람들은 이 발화들이 전달되기에 적합할 만큼 충분히 흥미롭게 만들려고, 즉 동일시되는 항들을 차별화하려고 애쓸 것이다.

해석에 의해 표면상의 모순으로 변화된 모순의 경우처럼, 동어반복 표현들은 두 항들에 상이한 의미를 부여함으로써 표면상의 동어반복으로 바뀌게 될 것이다.

> 그러나 이 두 항들의 정확한 의미가 사전에 확정되어 있다거나 특히 두 항들 간의 관계가 항상 동일하다고 믿는 것은 잘못일 것이다. 동일성의 공식은 우리를 차이의 길에 면하게 하나 우리의 주의가 어디를 향해야 하는지를 분명히 말해 주지 않는다.[18]

주앙도M.Jouhandeau가 가져온 다음의 멋진 예에서처럼, 이 같은 발화를 매번 가장 적절하게 해석하는 일은 이 발화를 읽거나 듣는 사람의 몫이다.

---

18 *T.A.*, p. 293 참조.

Quand je vois tout ce que je vois, je pense ce que je pense

(내가 보이는 모든 것이 보일 때, 나는 내가 생각하는 것을 생각한다).[19]

몇몇 수사 무늬들은 표면적인 동어반복과 모순을 활용하여 동일한 단어에 다양한 의미들을 강제로 일치시킨다.[20]

3. 정의의 규칙과 상호성

라이프니츠의 정의에 따르면, a와 b라는 두 존재들은 이 존재들 중 하나에 관한 단어이 다른 존재에 관한 단언과 등가일 때 동일하다. 그 결과, 동일한 존재들을 다르게 다룰 어떠한 이유도 존재하지 않으므로 이들을 동일하게 다루는 것이 합리적일 것이다.

두 동일 존재들을 교환가능한 것으로 간주하는 원칙은 이것이 언젠가 적용될 수 있으리라 결코 확신할 수 없다는 점에서 보다 쉽게 인정될 수 있다. 동일한 존재들이 있는가? 독일 논리학자 프레게는 두 상이한 존재들은 결코 동일시되지 않으며 오히려 동일 존재를 지칭하는 두 가지 상이한 방식들이 동일시됨을 보여 준 바 있다. 즉, 새벽 별과 저녁 별은 동일함을 보여 줌으로써 이 두 표현들이 유일한 동일 천체를 가리킴을 입증한 셈이다.[21] 그러나 이때 실제적으로 제기되는 문제는 바로 서

19 M. Jouhandeau, *Les Ana de Madame Apremont*, Gallimard, 1954, p. 61. 또한 Ch. Perelman, « Perspectives rhétoriques sur les problèmes sémantiques », in *Logique et Analyse*, 1974, p. 244 참조.
20 *T.A.*, pp. 292-294, 590 참조.

로 다르나 동일시되는 두 존재들 혹은 두 상황들을 동일하게 다루는 것이 어떤 경우에 합리적이거나 정당한지를 아는 것이다. 이것은 바로 둘 사이의 차이는 무시할 만하고 본질적으로는 둘이 유사하다는 사실을 통해 완전하지는 않지만 부분적인 동일화를 제기하는 것이다.

무엇이 무시할 만한지는 추구된 목표에 달려 있다. 사실, a 유형의 현상에 b 유형의 현상이 수반된다는 사실을 충분한 개연성을 바탕으로 예측할 수 있도록 현상들 간의 상관 관계를 설정할 때, 경험이 경우에 따라 이론에 의해 설명되기도 하지만 분류들을 제시하고, 규칙성들과 자연 법칙들을 추구하면서 어떤 현상들을 무시할 수 있는지를 결정하게 해줄 것이다.

반면, 어떤 상황에 처한 개개인 모두에게 부과되길 바라는 강제 규정, 개개인 모두에 대한 강제 규정은 무엇인지를 결정하는 행동 규칙을 제시하고자 할 때, 달리 말해 단순히 기술적이지 않은 규범적인 법칙들을 말하고자 할 때 그 속성들 중 어느 것이 본질적이거나 무시할 만한 것인지 하는 문제는 제정된 규칙이 추구하려는 목적들에 달려 있다. 일반적으로 인정된 법 앞의 평등의 원칙은 법에 의해 요구된 속성들을 소유한 모든 존재들은 동일한 방식으로, 다시 말해 법에 의해 결정된 방식으로 다루어져야 한다는 것을 의미한다.

이 원칙은 순전히 형식적인 성격의 정의의 규칙, 즉 "동일 범주의 존

---

21 G. Frege, «Über Sinn und Bedeutung», in *Zeitschrift für Philosophische Kritik*, 1892, vol. 100, pp. 25-50 참조. 또한 Ch. Perelman, *Droit, morale et philosophie*, pp. 13-14를 볼 것.

재들은 동일한 방식으로 다루어져야 한다"[22]는 규칙의 표현이다. 그렇게 하지 않을 특별한 이유가 없는 한 선례를 따른다는 사항은 이러한 정의의 규칙의 적용 예에 불과하다. 이 규칙은 다름이 아니라 무기력의 원칙, 즉 후회할 이유가 없다면 유사한 상황에서 전과 동일한 방식으로 반응하는 것이 타당하다는 원칙의 표현에 해당한다. 행동 양식에 규범적 가치를 부여하는 관습이 이렇게 탄생한다.

우리는 서로 유사한 것으로 간주할 수 있는 두 상황에 대해 다른 방식으로 행동하는 태도를 특수성이 개입된 까닭에 부당하다고 생각한다.

데모스테네스의 연설에서 정의의 규칙의 논증적 사례를 보기로 하자.

> 관습이 우리 도시에 보증으로 쓰이면 인정하기를 거부하면서 우리 도시에 상반되면 타당하다고 그들이 만에 하나 주장한다면? 여러분이 보시기에 이것이 정당한가요?[23]

정의의 규칙과 이에 따른 전례에 대한 고려는 두 가지 비판의 대상이 될 수 있다.

먼저, 본질적으로 상이한 두 상황들을 동일시 하는 것을 문제 삼는 것이다. 다음 구절에서 루마니아 작가인 게오르규C. V. Gheorghiu는 포로들의 동등한 대우에 대해 항의하는 것으로 보인다.

---

22 Ch. Perelman, « De la justice », in *Justice et Raison*, Éditions de l'Université de Bruxelles, 1970, p. 20 참조; 또한 « La règle de justice », 위의 책, pp. 224-233 참조.
23 Démosthène, *Harangues*, t. II, Sur le traité avec Alexandre, § 18, Paris, 1925.

> 더 이상 살조각뿐인 부류의 사람들이 자신의 육체를 완벽히 소유한 죄수들과 동일한 양의 급식을 받고 있다. 이거야말로 커다란 불의이다. 나는 죄수들에게 그들이 보유한 육신의 양에 비례해서 식량 배급을 줄 것을 제안한다.[24]

게오르규의 블랙 유머는 인간들을 무엇보다 다양한 행정상의 범주들에 편입시킴으로써 이들을 탈개인화시키는 데 저항하는 것이다. 그의 아이러니는 새로운 행정 범주의 도입을 제안함으로써 인간 존재의 극도의 경멸에 대한 환멸 효과를 일으키려고 애쓴다. 예를 들어 인간을 그들의 업적이 아닌 필요에 따라 대우할 것을 제안함으로써 하나의 본질적 범주를 다른 범주로 대체하려고 진지하게 노력하는 한 이와는 달리 추론하기는 어렵다.

두 번째 비판은 동일시하려는 두 상황에 대한 처리와 관련된 것이다.

로크는 자신의 유산을 마음대로 처리하도록 하면서도 자신의 영혼의 구원을 나름대로 추구하는 일은 각자에게 일임하지 않는 것에 놀라움을 표시한다.[25] 그는 종교나 세속에 동일한 자유주의를 적용하길 원하였다. 그러나 점점 더 경제를 규제하려는 오늘날 두 분야를 동일시하는 것은 반대의 효과를 가져올 수 있고 경제 분야에서 벌어지는 것과 마찬가지로 양심과 관련된 일에 공권력의 개입이 확대되는 결과를 낳을 수 있다.

---

24 V. Virgil Gheorghiu, *La Vingt-cinquième heure*, Paris, 1948, p. 274.

25 Locke, *The Second treatise of civil government and A letter concerning toleration*, Oxford, 1948, p. 136.

상호성의 논거는 두 존재 또는 두 상황을 놓고 관계의 상관항들로서 동일하게 대우받아야 한다는 것을 보여 줌으로써 둘을 동일시하는 논거이다.

형식논리학에서 관계 R의 선행과 결과에 해당하는 a, b 두 항은 관계가 대칭적이면 문제없이 호환이 가능하다. 이 대칭성이 본질적이라는 것을 보여 줌으로써 두 항을 동일시해야 하며, 둘에 대해 동등한 대우를 요구하는 정의의 규칙을 적용할 근거가 있다고 주장할 수 있을 것이다.

다음은 고대와 현대에서 가져온 몇 가지 사례들이다. "배우기에 명예로우면 가르치기에도 명예롭다."[26] "세금을 파는 것이 당신으로선 욕되지 않다면 세금을 사는 것도 우리에겐 욕되지 않다."[27] 라 브뤼예르는 "일군의 남녀 기독교 신자들이 며칠간 어떤 장소에 모여 자신들이 제공하는 쾌락으로 인해 파문된 극단 단원들에게 박수를 보내는 것"[28]을 보고 놀라움을 금치 못한다. 또한 어떤 거지는 "동정이 미덕인 사회에서 어떻게 구걸이 범죄가 될 수 있는지 이해 못하겠다"[29]며 분노한다.

황금률의 몇가지 형태는 이른바 대칭적인 상황들에 적용된 정의의 규칙에서 비롯된다.

> 자신이 원하지 않는 일을 남에게 하지 말라.

---

26 Quintilien, *Institution oratoire*, vol.V, ch. X, § 78.

27 Aristote, *Rhétorique*, livre II, 1397a.

28 La Bruyère, «De quelques usages», *Caractères*, in *Œuvres complètes*, coll. La Pléiade, p. 482.

29 L. Olbrechts-Tyteca, *Le Comique du discours*, p. 199 참조.

이소크라테스는 아테네인들을 찬양하며

> 아테네인들은 낮은 자들이 높은 자들에게 요구하는 것과 같은 감정을 스스로도 자신보다 낮은 자들에 대해 요구한다[30]

고 쓰고 있다.

상호성의 논거가 적용되는 상황을 뒤집어 보면 우리 자신의 풍습의 낯섦에 대해 성찰할 수 있게 된다. 사실 우리는 우리 풍습에 익숙해 있기 때문에 이것들을 정상적이라고 생각한다. 이 점에서 몽테스키외의《페르시아인의 편지》처럼 이방인의 시선으로 우리의 제도와 습속을 바라보는 이야기들은 교육적 효과가 있다. 또한 웃기는 그림 하나가 기억난다. 주인이 보는 가운데 욕조에서 목욕을 하는 고양이 한 마리가 동료에게 말한다. "사람들은 왜 우리 모두가 하는 것처럼 혀로 자신의 몸을 핥아 씻지 않는 거야?"

두 상황을 동일시함으로써 본질적 차이를 무시할 때 상호성의 논거를 사용하면 상황은 솔직히 우습게 되고 심지어 경악스럽게 된다.

> 수라트에서 한 영국인이 거품이 넘치는 에일 맥주 한 병을 개봉한다. 이것을 보고 놀라는 인도인에게 무엇이 이상한지 물으니 인도 현지인이 '병에서 거품이 새어 나오는 것이 이상한 것이 아니라 어떻게 거품을 그 병 안에 가두었는지가 놀랍다'고 대답하였다.[31]

30 Isocrate, *Discours*, t. II, *Panégyrique d'Athènes*, § 81.

스턴L. Sterne은 자신의 작품에서 논증의 패러디로부터 많은 수의 우스꽝스런 효과를 끌어내면서 다음의 짧은 대화를 인용한다. 키사리우스가 소리친다. "과연 누가 자기 할머니와 같이 잘 생각을 했겠나?"

이에 그 생각의 장본인이었던 젊은 조리크는 탈리온 법(눈에는 눈, 이에는 이)에 따라 자기 아버지 앞에서 "아버지도 내 어머니와 자는데 내가 당신의 어머니와 자는 것이 뭐가 문제겠습니까?"라며 반박했다고 한다.[32]

황금률이 도덕적 행동에 부과하는 것과 같은 동일한 정의의 규칙을 처벌에 적용하는 탈리온 법(동해 복수법)은 제기된 대칭성이 자연 현상, 가족 관계 또는 개인의 태도의 개입으로 인해 피상적일 경우에는 적용이 불가능하다. 예를 들어 주앙도가 인용한 다음의 일화도 여기에 해당된다.

> 레비, 당신이 그렇게 부자인 줄 알았더라도 당신을 사랑하진 않지요. 그렇지만 레몽이 아닌 당신이 나와 결혼했을 거고 나는 레몽과 바람을 펴서 당신 재산을 조금씩 훔치다가 더 이상 당신 없이도 행복할 수 있게 되면 당신을 떠났을 거예요. 그렇지만 상황은 그와는 달리 전개가 돼서, 내가 레몽의 부인인 만큼 당신이 아무리 부자라도 소용없어요. 레몽을 놔두고 당신과 바람을 피우진 않을 테니까.[33]

31 L. Olbrechts-Tyteca, *Le Comique du discours*, p. 200 참조.

32 L. Sterne, *Vie et opinions de Tristram Shandy*, trad. par Ch. Mauron, 1945, p. 272.

33 M. Jouhandeau, *Un Monde*, Paris, 1950, p. 25.

두 가지 상황을 동일시하는 것이 타당한지 아닌지 의문이 드는 경우도 있다. 다음에서 몽테뉴가 보여 주는 사유의 설득력은 어디에 있는 것인가? "앞으로 백 년을 살지 못한다는 것을 슬퍼하는 것은 백 년 전에 살고 있지 못했다는 것을 슬퍼하는 것과 마찬가지로 미친 짓이다."[34]

죽은 시기와 아직 태어나지 않은 시기를 동일시해야만 할까? 마찬가지로, 태어난 존재들은 반드시 죽어야 하므로 신들의 불멸성은 그들도 세상에 태어났다는 사실과 양립할 수 없는 생각이라고 간주해야만 할까?

현실에 상호성의 논거를 적용하는 이와 같은 사례들은 대칭적인 것으로 간주되는 상황들에서 정의의 규칙을 알려 주는 추론의 준논리성을 입증하고 있다.

4. 전이성, 내포, 분할의 논거들

전이성은 첫 번째 항과 두 번째 항 사이 그리고 두 번째 항과 세 번째 항 사이에 어떤 관계가 존재한다는 단정으로부터 첫 번째 항과 세 번째 항 사이에 같은 관계가 존재한다는 결론으로 옮겨 가도록 해주는 관계의 형식적 속성을 말한다. 이 속성은 '-와 동등한', '-에 포함된', '-보다 큰'과 같은 관계들의 특징이며, aRc 관계는 aRb, bRc와 같은 전제가 참일 때 반드시 참이다.

그런데 전이성이 선언되었어도 반드시 보장되지 않는 경우가 있다.

34 Montaigne, *Essais*, livre I, chap. XX, coll. La Pléiade, Paris, Gallimard, 1962, p. 105.

"내 친구의 친구는 내 친구다"라는 논증적 전이성은 경험에 의해 반박될 수 있다. 이같은 격언을 내세우는 사람은 유효하지 않은 경우들에도 불구하고 이 격언이 진짜 친구들에 한해서만 참이다라고 주장함으로써 이 격언을 옹호할 수 있다. '진정한 우정'을 전이적이라고 규정함으로써 해당 격언을 어떤 경험도 반박할 수 없을 분석적 명제로 변화시킨 것이다.

삼단논법은 내포 또는 함축의 관계에 대해 전이성을 단정한다. 이 관계들이 형식적 체계들 속에서 규정될 때 전이성은 의심의 여지가 없다. 명제의 두 번째 부분을 구성하는 문장 성분이 다음 명제의 초입에 반복됨으로써 매번 추구된 목표에 부합하는 수단을 찾게 되는 중국식 연쇄논법에서도 마찬가지일까?

공자의 《대학》에 나오는 유명한 구절을 보기로 하자.

> 전국에서 지성을 바탕으로 교육자의 임무를 수행하려 했던 선조들은 우선 자신들의 고장에 질서가 잡히도록 했다. 자신들의 고장에 질서를 잡기 위해서 우선 가정 생활을 규율했고, 가정 생활을 규율하기 위해 자기 자신을 가꾸고자 했으며, 자기 자신을 가꾸기 위해서 자신의 마음을 올바르게 했고, 자신의 마음을 올바르게 하기 위해서 생각 속에서 진실됨을 추구했으며, 생각 속의 진실됨을 추구하기 위해서 완벽한 지혜를 얻고자 했다. 이 완벽한 지혜는 현실에 대한 통찰력을 얻는 것이다.[35]

결과에서 조건으로의 전이는 뒤집으면 조건에서 결과로의 대칭적 전

35 *T.A.*, pp. 310-311 참조.

이에 해당할 텐데 이 전이는 생략 삼단논법의 형태로 강제적 전이성이나 채택된 형식에만 연쇄의 가치를 부여하는 논증을 나타내는가? 어쨌든 이것은 전이성과 관련된 공통된 속성을 배태하는 형식적 전이와는 거리가 멀다.

전체 속의 부분의 내포는 전체가 부분의 각각보다 크다는 것을 알게 해준다. 산수와 기하에서 증명 가능한 진리는 "전체는 부분보다 낫다"나 "전체에 허용되지 않는 것은 부분에도 허용되지 않는다", "어려운 일을 해내는 자에게 쉬운 일은 문제가 안 된다"와 같은 유형의 결과들을 끌어낼 때 준논리적 논거가 되며, 이때 '최하'는 '최상'인 전체의 부분으로 간주된다.

로크가 어떻게 묵시적으로 이 유형의 논거를 사용하는지 보기로 하자. "법에 의해 교회 전체에 허용되지 않는 어떤 것도 그 어떤 교회법에 의해 교회의 구성원 누구에게도 합법적일 수 없게 된다."[36]

장켈레비치에게서 부분을 전체에 종속시키는 것이 합리적이라는 식의 유사한 추론을 발견하게 된다.

> 외교가 공존을 통해 작동하듯이 경제는 계승을 통해 작동한다. 외교가 전체에 대한 부분, 즉 전체적 이익에 지엽적 이익의 희생을 결정하는 것처럼 경제는 시간상의 정비를 통해 미래에 대해 현재, 즉 가능한 한 가장 오랜 기간을 위해 덧없는 순간의 희생을 결정한다. 일초의 쾌락이 삶 전

36 Locke, *The Second treatise of civil government and A letter concerning toleration*, Oxford, 1948, p. 135.

체의 우월한 이해 관계들을 망치기를 바라는 것은 허무하지 않은가?[37]

이러한 전체에 대한 부분의 종속은 다양한 부분들이 균질적일 경우는 당연하지만, 현재와 실재의 현존이 오로지 가능하기만 한 모든 미래에 대해 부분에 우위를 둘 경우는 어떻게 될까?

항상 어려운 일을 해내는 자에게 쉬운 일은 문제가 되지 않는다고 주장할 수 있을까? 이 단언이 형식적 진리를 표명하는 것이라면 이에 맞서는 것은 생각할 수 없다. 그런데 제1차 세계대전 후 벨기에에서 위대한 사회주의 정치 지도자에 의해 촉발되어 제정된 반데르벨드Vandervelde 법에 그 반례가 있다. 이 법은 소량의 알콜 판매를 금지하면서도 누구나 적어도 2리터의 알콜을 판매하도록 허용하였다. 모순된 이 법이 노동자 집단의 알콜 중독을 줄이는 데 효과적으로 공헌하였는바, 이것이 본 법의 입안자가 목적으로 했던 것이다.

종을 유의 하위구분 내지 부분으로 간주하는 것은 당연하다. 따라서 전체와 부분에 관한 추론을 유와 종의 관계에 관한 추론으로 가져오는 것은 매우 쉬운 일이다. 대체로 이런 유형의 논거에서는 종에 대한 유의 우월성에 대한 결론을 내리기보다는 차라리 종들에 대한 추론을 통해 유나 미검토의 종에 대한 결론을 이끌어 내게 된다. "유에 대해 무엇인가를 단언할 수 있기 위해서는 이 단언이 종들 중 하나에서 확인될 수 있어야 하며, 따라서 어떤 종에도 속하지 않는 것은 유에도 속하지 않는다."[38]

37 V. Jankélévitch, *Traité des vertus*, Paris, 1949, p. 19.

이 같은 유형의 추론은 앞서(87쪽) 암시되었던 분할에 의한 논거를 상기시킨다. 그런데 유를 구성하는 종들에 대한 사전 합의가 존재하는 반면, 분할은 자유롭게 이루어질 수 있어서 예기치 못한 효과들이 생기게 된다.

—휴가 기간 날씨가 좋았나요?

—아 그럼요, 한 달 동안 비가 두 번밖에 안 왔어요.

—그것밖에요?

—예, 8일 동안 한 번 그리고 3주 동안 또 한 번이요.[39]

입증의 수단이나 부분의 열거를 통해 현존을 이끌어 내는 수단(70쪽 '과장법' 참고)으로 사용될 수 있는 분할에 의한 논거는 딜레마와 유사 추론 및 상이 추론의 기초가 된다.

딜레마에서는 두 경우의 수를 살펴 이 두 가지 모두가 불유쾌한 결과로 귀결될 수 있다고 결론 내리게 된다.

신의 말씀의 중개자임을 자임하는 누군가가, 즉 평화의 복음의 설교자가 그 반대의 말씀을 가르치면, 그는 자신의 소명에 따른 의무를 이해하지 못하거나 소홀히 하는 것이고 따라서 어느날 평화의 왕께 이를 알려야만 할 것이다.[40]

38 *T.A.*, p. 315.

39 L. Olbrechts-Tyteca, *Le Comique du discours*, p. 208.

40 J. Locke, *The Second treatise of civil government and A letter concerning toleration*, Oxford,

데모스테네스는 마케도니아왕 필립포스에 대한 아테네인들의 선택을 딜레마로 몰아간다.

> 아테네인들이여, 마침내 여러분들이 놓치지 말아야 할 것이 하나 있소. 여러분은 오늘 필립포스를 그의 집에서 공격하든지, 아니면 여러분의 집에서 그의 공격을 받든지 두 가지 중 하나를 선택해야 하오. 필립포스의 집에서 전쟁을 하는 것과 여러분의 집에서 전쟁을 하는 것의 차이를 굳이 설명할 필요가 있을까요?[41]

상황이 양자택일로 축소된다는 사실을 인정하면 딜레마는 강제적이다. 차악에 해당하는 쪽을 선택하는 것만이 남게 될 것이다.

상황을 딜레마의 형태로 제시하게 되면 상대방의 악의를 드러내는 경향이 있다. 사이타파르네스 왕관이 진품임을 주장하는 에롱 드 빌포스가 어떻게 자신과 반대의 주장을 펴는 전문 감식가를 공격하는지 보기로 하자.

> 푸르트뱅글러 선생이 고대 기념비에서 왕관의 형상이나 모티프 중 하나를 찾아내거나 찾아냈다고 믿을 때 그는 바로 이런 까닭에 왕관이 가짜라고 선언합니다. 반면에 그가 동일한 모티프나 형상의 예를 찾지 못할 경우 마찬가지로 왕관이 가짜라고 주장하는 것이지요. 이것은 매우 비정상적인 토론 방식입니다.[42]

1948, p. 136.

41 Démosthène, *Harangue*, t. I, *Première olynthienne*, § 25, 27.

뉘앙스에 아랑곳하지 않고, 매번 왕관이 가짜라는 결론을 이끌어 내게 해주는 모든 요소들을 보여 주지도 않으며, 모든 추론들을 항상 동일한 결과로 이끄는 딜레마로 몰아감으로써, 상대방의 논증은 왕관에 대한 연구 결과와 무관한 선입견의 표현으로 제시된다.

딜레마 형태의 제시가 용인불가능한 경우들이 있는데 바로 선택의 두 가능성 모두 분명한 부조리로 이끌 때이다. 스턴은 논증의 두 가지 형태 모두를 우스꽝스럽게 만들 때 매우 만족해한다. 이제 그가 어느 이방인의 코에 대한 스트라스부르의 법학자들의 견해를 어떻게 소개하는지 보기로 하자.

> 그들은 주장하였다. "그처럼 기괴한 코가 진짜라면 시민들이 결코 용납하지 않았을 것이다. 그 코가 가짜라면 자신의 허황된 외관으로 속이려 했던 사회의 법률들을 더더욱 심각하고 용서할 수 없을 정도로 위반한 셈이 될 것이다.
>
> 이 딜레마가 증명할 수 있는 것은 이방인의 코가 진짜도 가짜도 아니라는 것이라고 말하는 것이 이 같은 딜레마에 대해 반박할 수 있는 유일한 방법이었다."[43]

부분과 전체의 관계, 종과 종을 포함한 유 사이의 관계는 법률에서 유사 추론과 상이 추론이라는 두 가지 종류의 논거를 탄생시켰다. 한 가지

---

42 Vayson de Pradennes, *Les Fraudes en archéologie préhistorique*, Paris, 1932, p. 533.

43 L. Sterne, *Vie et opinions de Tristram Shandy*, p. 220; *T. A.*, p. 320.

종에서 유효한 것을 다른 종에도 유효하다고 주장할 것인가, 아니면 반대로 두 종을 대립시킬 것인가? 법규상 아들들은 부모의 재산을 상속받을 수 있다고 하면, 이것은 마찬가지로 딸들에게도 유효한 것인가, 아니면 이 법규는 딸들을 재산 상속으로부터 배제하는 것인가? 오직 맥락만이 타당한 해석을 제공할 수 있다. 더구나 법률의 역사를 보면 동일한 규칙에 대해 초기에는 두 번째 해석이 인정되었던 반면에 다른 시대에는 첫 번째 해석이 받아들여졌다는 것은 주지의 사실이다. 두 가지 유형의 논거들 사이에서 주저할 수 있다는 점은 논증과 형식적 증명 사이를 구분시켜 주는 바를 명쾌히 보여 준다. 논증 도식이 적용되려면 주어진 상황에서 동일한 유의 두가지 종들을 동일화하는 방향으로 또는 차별화하는 방향으로 제시되는 근거들의 중요성에 대해 결정을 내려야 한다.

5. 무게와 척도, 그리고 확률

비교는 질량 체계를 활용한 실제적 측정과 측량의 대상이 되지 않을 때 준논리적 논거가 된다. 그러나 이러한 비교의 설득 효과는 부득이한 경우에 통제 작업을 통해 자신의 판단을 뒷받침할 수 있을 것이라는 내재된 생각에 의해 구축된다.

"그의 뺨은 사과처럼 붉다", "그는 크레수스보다 부자다"라고 말할 때, 통제된 판단을 표명한 것으로 보인다.

키케로가 "국가를 훔치거나 상궤에 어긋난 호의를 베푸는 것은 똑같은 범죄행위이다"[44]라고 말할 때, 그는 법에 위배되지 않는 행위와 처벌

가능한 범죄에 대해 동일한 비중을 부여하고 있다.

실질적인 측정이나 측량에서는 측정 기준이 중립적이고 불변의 것이라면, 각종 비교는 선택된 비교 항의 역습을 받을 수 있다. 사실, 비교의 두 항은 비교 자체를 통해 동일한 부류로 모이게 되며, 따라서 다소간 동질적이 될 수 있다. 한 작가에 대해 그가 유명한 대가보다 못하다고 말하거나 명백히 무능한 인물보다 뛰어나다고 말하는 것은 매번 옹호 가능한 판단을 표명하는 것이지만 그 효력은 매번 다르다.

보쉬에는 이 같은 효과를 노려 다음과 같이 특별히 강조하고 있다.

> 신실한 군주들은 그들의 모든 영광이 신의 영광 앞에서 가려지길 간절히 원할 뿐만 아니라 이 같은 대면 중에 자신들의 위상이 감소하더라도 절대 화를 내지 않는다. 오히려 제왕들은 신과의 비교 속에 자신들이 낮아질수록 깊은 경배의 대상이 된다는 사실을 잘 알고 있다.[45]

서로 거리가 먼 두 항들을 접근시키면서, 우등한 항을 약간 낮추면서 열등한 항을 다시 높이게 된다.

이로부터 비교할 수 없는 것의 우월성, 자신과만 비교할 수 있는 것의 우월성, **유일한 것**으로 간주되는 것의 우월성이 도출된다.

플로티노스는 다른 모든 현실에 대한 유일함의 우월성을 표현하며, 그로 인해 유일함에 미칠 가치 저하의 가능성을 두려워하여 다음과 같

---

44 Cicéron, *De Oratore*, livre II, § 172.

45 Bossuet, *Sermons*, t. II, *Sur l'Ambition*, Paris, Garnier, p. 395.

이 말한다. "그러므로 그로부터 모든 것을 분리시킵시다. 심지어 사물들이 그에 종속되어 있고 그는 자유롭다는 말조차 하지 맙시다. (…) 것은 그 어느 무엇과도 절대 어떤 관계를 가져서도 안 됩니다. (…)"[46]

유사하게도, 라 브뤼예르는 위대한 예술가들의 가치를 논하면서 다음과 같이 적고 있다. "V…는 화가이다. C…는 음악가이다. 그리고 《피라모스Pyrame》의 저자는 시인이다. 그러나 미냐르는 미냐르이고 륄리는 륄리이며, 코르네유는 코르네유이다."[47]

비교는 다양한 행동들을 접근시키면서 이들을 대화자 상호 간에 인정되는 어느 지점에 위치시킨다. 그러나 이에 대한 이견이 나타나면 반드시 코믹한 효과가 발생한다.

> 예쁜 아가씨와 무뚝뚝한 노처녀가 버스를 기다리고 있다. 노처녀는 예쁜 아가씨가 담배를 권하자 화를 내며 이를 거절한다.
>
> – 나보러 거리에서 담배를 피라고? 차라리 처음 만난 아무나 붙잡고 키스를 하지.
>
> – 나도 그러고 싶어요. 그렇지만 기다리는 동안 한 대 필 수 있잖아요.[48]

준논리적 논증에서 비교의 항이 강제적으로 결정되는 일은 드물다. 이 같은 논증 방식이 정보를 제공하기보다는 깊은 인상을 주고자 하기

46 Plotin, *Ennéades*, VI, 8, § 8; *T.A.*, p. 329에서 재인용.

47 La Bruyère, *Caractères*, in *Œuvres complètes*, coll. La Pléiade, , p. 118.

48 *T.A.*, pp. 329-330.

때문에 절대적 수치의 제시는 상대적 수치의 제시보다 덜 효과적이다. 그러나 비교 항만 잘 선택된다면 결과가 다를 수 있다. 한 나라의 방대함을 강조하기 위해 파리에서는 그 나라가 프랑스보다 아홉 배 더 크다고 말하는 것이 브라질의 반만 하다고 말하는 것보다 훨씬 유용하다.

비교의 항은 다른 항을 돋보이게 하는 데 쓸모가 있을 수 있다. 이처럼 황금기나 좋은 시절을 열정적으로 묘사하는 것은 특히 자신의 현재 나이나 살고 있는 고장을 무색하게 하는 데 쓸모가 있다.

흔히 비교는 희생에서 비롯된다. 희생은 얻고자 하거나 간직하고자 하는 것에 부여된 가치에 비례한다. 따라서 순교자는 신앙의 보증인으로서 그 중요성이 인정된다.

"나는 교수형 당한 증거자들의 이야기만을 믿는다"[49]는 파스칼의 생각에 구교도들의 신앙심 부족을 비판하면서 이와 대비하여 신교도들의 열정을 확언하는 칼뱅의 다음과 같은 말이 대응된다. "죽음의 공포도 주님의 심판도 두려워하지 않는 우리의 믿음은 남다르다."[50]

금욕적 포기는 신비적 상태를 북돋게 해준다. 이것이 플로티노스가 즐겨 사용하는 논거이다. "예전에 영혼에 즐거움을 준 모든 것들, 권위, 권력, 부유함, 아름다움, 지혜, 이 모든 것을 영혼은 경멸하고 그 사실을 말한다. 과연 영혼이 보다 훌륭한 선과 덕을 경험하지 않았더라면 그렇게 말했을 것인가? "[51]

49 Pascal, *Pensées*, in *Œuvre complètes*, coll. La Pléiade, 397, p. 932.
50 Calvin, *Institution de la religion chrétienne*, Genève, 1888, p. 8.
51 Plotin, *Ennéades*,VI, 7, § 34.

신앙을 증거한 성인들은 비천할 수도 이름이 없는 경우도 있다. 이들의 숫자가 개별 권위의 부족을 보충할 수도 있다. 마치 우르술라 성녀을 따랐던 전설 속의 11,000명 처녀들처럼.

희생을 통한 논증은 객관적 수치의 부재로 인해 사람들이 희생에 부여하는 값을 통해서만 판단될 수 있다. 이 값은 항상 동일할까? 어떤 것도 이를 증명하지는 않는다. 희생된 재산은 추구된 목적과 마찬가지로 양가적 대상이 될 수 있다. "너무 많이 주면 오히려 격렬하게 반발하거나 혹은 절망적으로 매달리게 된다."[52]

어떤 결실도 가져오지 못한 헛된 희생은 이렇게 희생된 대상의 가치를 저하시키는 경향이 있다. 공격 시 적군의 반격으로 죽은 병사들은 전우들 사이에서 "재교육을 받아야 할 사람들"[53]로 지칭되었다.

희생을 통한 논거는 대화 상대방과 무관한 어떤 것을 측량할 경우 우스꽝스럽게 된다.

> 사장이 지원자에게 질문을 하면서 놀란다.
>
> –당신은 당신 경력에 비해 매우 높은 봉급을 원하는군요.
>
> –경험이 없으니까 일이 그만큼 더 힘들잖아요.[54]

준논리적 또는 준수학적 논거에 측량 불가능한 확률 또는 확률 측정에 내재한 생각들을 가리키는 모든 논거들을 추가할 수 있다.

52 S. Weil, *L'Enracinement*, Paris, Gallimard, 1949, p. 114.

53 J. Paulhan, *Le Guerrier appliqué*, Paris, Gallimard, 1930, p. 133.

54 L. Olbrechts-Tyteca, *Le Comique du discours*, 1974, p. 219.

이제 최상의 선택 확률이 선택할 경우의 수가 많을수록 증가한다는 생각에 기초한 두 가지 추론들을 보기로 하자. 이소크라테스는 의회에 젊은이들을 받아들이도록 다음과 같이 권고한다.

> 우리들이 내리는 판단의 가치가 우리의 나이보다는 우리의 기질과 응용력에 따라 다른 만큼, 젊은 두 세대의 경험을 의무적으로 참고함으로써 개진된 의견들 가운데 가장 유익한 충고를 선택할 수 있게 함이 어떻겠습니까?[55]

로크 또한 종교에 관한 군주들의 폭정에 대항하기 위해 이러한 논거를 사용한다.

> 오직 하나의 진리, 천국으로 가는 하나의 길만 있어, 군주의 종교만이 허용되고 더 많은 사람들이 이에 귀의하도록 권유받고 자신의 이성의 빛을 포기해야 한다면, 길은 더욱 좁아질 것이고 오직 한 나라만이 진리 속에 있을 텐데 무슨 희망이 있으랴. (…)[56]

위의 두 경우에 있어 더 많은 선택의 가능성을 제공하는 타협안을 선호하도록 주장이 이루어지고 있다. 의회 참여의 문제와 종교의 자유의 문제를 그 유일한 측면, 즉 원하는 결과에 도달할 수 있는 확률이 어떤

55 Isocrate, *Discours*, t. II, *Archidamos*, § 4.

56 Locke, *The Second treatise of civil government and A letter concerning toleration*, p. 128.

것이 더 크냐는 것으로 몰아가고 있다.

우리의 삶을 영원한 구원, 즉 내기를 통해 얻게 될 무한히 행복한 삶의 무한성에 비해 유한한 투자로 간주하면서 파스칼의 내기는 우리에게 판돈을 걸도록 권유하고 있다. 사실, 이 내기에서 행운은 우리 쪽에 있기 때문이다.

> (…) 모든 내기꾼은 불확실성 속에서 따기 위해 확신성 속에서 내기를 건다. 어쨌든 그는 확실하게 유한함을 걸어 불확실하게 유한함을 따면서도 이성에 반하는 죄를 짓지 않는다. (…) 그러나 딸 가능성에 대한 불확신은 따고 잃는 운수의 비율에 따라 내기에 거는 확신에 비례한다. (…) 우리의 제안은 따고 잃는 운수가 동일한 내기에서 판돈으로 걸 유한함과 따게 될 무한함이 있을 때 무한한 힘 속에 있다."[57]

라이프니츠와 벤담은 증거 및 증언을 평가하는 데 확률을 적용하려고 했고, 예수회 신부들은 그들 나름대로 결의론에서 확률에 의거하였다.

모든 논증 기술은 문제를 측량 불가능하나 빈도수 면에서 평가가 가능한 그 한가지 양상으로 축소시키는 데 있다. 이로 인해 다른 어쩌면 본질적인 측면들이 소홀히 될 가능성이 있으며, 파스칼은《시골 친구에게 보낸 편지》에서 이 점을 기꺼이 강조하였다.

형식적이고 양적인 것으로의 축소로 인한 부정적 측면 때문에 준논

57 Pascal, *Pensées*, in *Œuvre*, coll. La Pléiade, 451, pp. 955-956.

리적 논거들은 그 자체만으로 확신을 얻기 힘들며 현실의 구조에 기반한 논거들에 의해 보완이 되어야 한다.

8장

현실의 구조에 근거한 논증

현실의 요소들이 인정된 연계 속에서 상호 결부되면, 그 연계는 수용된 것에서 수용되기를 원하는 것으로의 전이를 허용하는 논증의 근거로 사용하는 것이 가능하다.

우리는 보쉬에가 어떻게 교회에서 전통적으로 내려온 제대와 설교대 간의 유대를 주장하면서 성찬 전례에서 하느님의 아드님의 몸에 대해 보여 주는 존경과 동일한 존경을 하느님의 말씀에 대해서도 신자들이 보여 줄 수 있도록 노력하였는지를 본 바 있다.

논증에서 관례적으로 제시된 구조는 또 다른 성질의 것이다. 현실을 근간으로 하는 대부분의 논거들은 인과관계와 같은 연속 연계[1]나 사람과 그 행위 간의 관계와 같은 공존 연계[2]에 의거한다.

이것은 현실을 구조화하는 두 가지 다른 방법들이다. 연속 연계의 경우, 동일 수준의 현상들을 관계짓는 것인 데 비하여 공존 연계에 바탕을

1 *T.A.*, pp. 354-394.
2 *T.A.*, pp. 394-445.

둔 논증은 본질과 그 발현들과 같은 다른 수준의 항들에 의거한다.

1. 연속 연계

현상 간의 인과적 고리에 대한 확신에서 출발하는 논증은 원인 모색, 효과 결정, 그리고 결과에 의한 사실의 평가를 지향한다. 의도된 행동의 경우 원인을 결정하는 것은 행동의 동기를 결정하는 것과 같다.

논증을 전개하는 목적은 현상을 알리고 설명하며, 때로는 현상들의 탐구 방향을 제안하는 것이다.

시신의 발견은 일련의 의문을 제기한다. 자연사自然死인가 아니면 범죄의 결과인가? 만약 후자라면 무엇이 범죄를 유발할 수 있었는가? 누가 그 희생자를 죽임으로써 이득을 보았는가? 의심이 가는 사람들 중 누가 그렇게 할 욕망과 가능성을 가졌는가? 가능한 추측들은 정확하고 일관성이 있는가? 이 추측들이 어느 정도 그 사건의 전개 과정을 설명하는가? 수용 가능한 또다른 가설들은 존재하지 않는단 말인가?

이 점에서 동일한 유형의 추론이 내적인 숙고와 타인과의 논쟁에서 동등하게 잘 작용한다는 것에 주목해야 한다. 타인과의 논쟁에서는 가능한 행위 동기들과 그 타당성 그리고 특정 맥락에서 행위 동기들의 개연성에 대한 당사자 간의 동의가 있는 경우에만 이 추론이 효과가 있을 것이다.

운에 의존하는 게임에서 너무 자주 이기는 사람은 속임수를 쓰는 것으로 의심받을 수 있는데, 그게 만일 사실이라면 그의 성공은 더욱 납득할 수 있게 된다. 사전 담합이 없었다는 전제하에 이에 관한 증언들이 일치한다면, 우리는 증인들이 동일한 사건을 목격하였고, 그 사건이 실재함을 증언하고 있다는 결론에 도달하게 된다.

상관관계, 자연법칙, 동일한 원인에서 동일한 결과가 생긴다는 원칙의 존재를 받아들인다면, 주어진 맥락에서 가설들을 구성하고 적합한 탐구를 통하여 그것들을 통제할 수 있게 된다.

실효적 논거[3]는 어떤 사실을 그 결과들을 통하여 평가하게 해준다. 벤담에게 이것은 심지어 어떤 규범을 채택할 때 타당한 유일한 논증 방식이다.

> 법과 관련하여 **훌륭한** 근거를 제시한다는 것은 무엇인가? 그것은 법이 만들어 내기 쉬운 좋은 점들과 나쁜 점들을 제기하는 것이다. **거짓된 근거**를 제시한다는 것은 무엇인가? 그것은 법에 찬성하거나 반대하기 위해 법의 좋거나 나쁜 결과가 아닌 다른 무엇을 내세우는 것이다.[4]

결과를 통한 추론은 정당화할 필요 없을 정도로 명확한 것으로 보인

3 Ch. Perelman, « L'Argument pragmatique », in *Le Champ de l'argumentation*, pp. 100-119; *T.A.*, pp. 357-364 참조.
4 Bentham, *The Theory of Legislation*, ed. C. K. Odgen, London, Routledge and Kegan Paul, 1931, pp. 66-67.

다. 결과는 관찰되거나 예견될 수 있으며, 확인되거나 추정될 수 있다. 그리고 실효적 추론은 다음 예에서와 같이 미신적인 행위조차 정당화하게 해준다.

> 자, 테이블 앞에 13명이 앉아 있고 내가 성냥 하나로 세 개의 담배에 불을 붙인다면, 나는 불안해서 더 이상 아무것도 할 수 없다. 그렇지만 내가 만약 테이블 앞에 12명만 있기를 요구하거나 세 번째 담배에 불을 붙이기를 거부한다면, 그때 나는 다시 자신감을 갖고 내 모든 능력을 회복하게 된다. **따라서** 이러한 요구나 거부는 합법적이고 온당하다.[5]

실효적 논거는 원인의 가치를 결과의 가치로 환원하는 것처럼 보임으로써 모든 가치는 동등한 등급에 속한다는 인상을 준다. 그러므로 어떤 관념에 대한 진실은 실용주의에서와 마찬가지로 오직 그 관념의 결과들에 의해서만 판단될 수 있으며, 기업의 실패와 생활의 차질 또한 동일하게 기업이나 생활의 비합리성이나 비진정성의 기준으로 쓰일 수 있다.

막스 셸러Max Scheler는 도덕성을 유용성으로 동일시하는 입장을 바리사이적 위선으로 묘사한다.[6] 시몬 베유도 마찬가지로 광고의 '사용 전 — 사용 후'와 같이 "예수께서 오시기 전 인간들이 얼마나 비참하였는지 보라"[7]와 같은 호교적인 논증에 항거하였다.

---

5 Charles Odier, *L'Angoisse et la pensée magique*, Neuchâtel, Delachaux, 1948, p. 121.

6 Max Scheler, *Le Formalisme en éthique*, trad. par de Gandillac, Paris, Gallimard, 1955, p. 194.

실효적 논거에 대한 가장 심각한 반대는 그것의 적용이 어렵다는 데서 나온다. 한 행동에서 야기되는 무한한 결과들의 연속선상에서 어떻게 멈출 것이며, 흔히 여러 사건들의 공모에서 비롯되는 결과들을 어떻게 하나의 원인으로 돌린다는 말인가?

이러한 문제는 "다른 사람에게 손해를 입힌 행위가 무엇이든 그 행위는 과오를 범한 사람이 배상하는 의무를 진다"는 프랑스 민법 1382조의 적용이 야기하는 여러 가지 난점들에서 그 예시를 찾을 수 있다. 그 과오의 탓으로 돌리게 되는 결과들은 어떤 것들인가? 어떤 점에서 그 과오가 인과관계의 연속선상에서 이어지는 사건들의 유일한 원인으로 간주되어야 하는가?

예를 들어 하느님에게 불복종하고 아담을 유혹한 이브의 행위는 그것 때문에 그들은 낙원에서 쫓겨나고 죽을 수밖에 없었지만, 또한 그 행위는 인류의 탄생을 야기하게 된 결과이기도 한다. 이런 예에서와 같이 한 사건이 여러 가지로 생각되고, 심지어는 반대의 결과로 생각할 때 그것은 선인가 악인가? 공리주의자들이 만들어 낸 설명을 서부하는 것이 답이 된다. 공리주의 설명은 어떤 행위자의 결과적 총합을 긍정 또 부정의 양적 결과로 전화하는 것을 목표로 한다. 공리주의를 반대해 왔던 비판주의는 만약 이러한 논증이 (1) 각각의 사례가 객관적으로 계산 가능한 결과로서 집합적인 결과들로 생각할 수 있다고 주장하거나, 더 나아가, (2) 다른 종류의 논증에 의뢰하는 것을 허용하지 않는다면 실용적 논

7 «L'Argument pragmatique», in Ch. Perelman, *Le Champ de l'argumentation*, p. 109 참조.

증의 사용을 거부한다는 말이 된다. 그러나 이러한 이중적인 주장은 벤담의 공리주의에 관한 것이지 실용논증의 각각의 사례에 대한 활용에 관한 것일 필요는 없다. 왜냐하면 실용논증은 중요한 것이라고 주장은 하지만 분명히 논쟁에서 허용 가능한 유일한 것은 아니기 때문이다.

벤담의 이중 주장이 항상 실용논증에 적용되는 것이 아니라는 최선의 증명은 똑같은 인과적 사슬이 인과관계의 계승으로 간주되는지, 또는 만약 의도적인 요소가 개입되어 있다면, 목적과 수단의 관계로 간주되는지에 따라 다르게 평가될 수 있다는 사실이다. 어떤 사건이 이런저런 방식으로 해석될 수 있다는 그 사실은 키케로가 사용한 어떤 행위의 결과를 그 행위의 목표에 대립시키는 대조법과 같은 문체의 효과를 야기할 수 있다: "너의 부정은 나의 비참한 추방을 촉발하는 대신 나의 영광스러운 귀향을 준비해 준 것이다."[8]

결과와 목표 간의 대립은 때로는 예기치 않은, 심지어 우스꽝스러운 결과를 야기한다.

> 어떤 부자 상속자가 그의 부친 장례식에서 근엄한 인상을 갖추려고 하인들에게 넉넉하게 지불하였다. 그러나 그 천한 것들은 슬프게 보일수록 더 많은 돈을 받았고, 그들의 행복은 더해졌다.[9]

그 결과는 바라는 바의 목표에 정반대로 될 수 있다. 특히 개개인들의

8 *T.A.*, p. 368.

9 Charles Lalo, *Esthétique du rire*, Paris, Flammarion, 1949, p. 159 참조.

행위가 서로 협력하지 않을 때 그렇다. 그러므로 아나톨 프랑스는 그의 〈타이스Thais〉에서 이러한 놀라운 공식으로 시작한다: "그 당시 그 사막은 은둔하는 사람들로 채워져 있었다."[10]

우리는 어떤 사실들은 이 목적에 대한 수단과 방법으로 인지되지 않을 때에 바람직한 결과를 가져온다는 것을 주목해야 한다. 프루스트의 한 구절이 이 점을 예시한다:

> 어떤 사람이 세상에서 충분히 환대를 받지 못한 것을 후회한다면, 나는 그에게 멋있는 태도를 유지하려는 보다 많은 노력을 하라고 요구하지 말아야 하고, 대신 그에게 어떤 초대도 수용하지 말고, 자기 방에서 폐쇄적으로 살면서 아무도 수용하지 말라고 충고해야만, 비로소 그가 문 밖으로 나갈 수 있는 단초가 열릴 것이라고 본다. 만약 그렇지 않다면 그렇게라도 말하지 말아야 한다. 즉 관점의 대상으로 그것을 적용하지 않는다면, 그것은 사랑의 길에서만 오직 성공에 이를 수 있는 어떤 길이기 때문이다. 만약 네가 아주 심하게 병이 들었기 때문에 또는 그럴 것이기 때문에 또는 네가 좋아하는 사회에 너 자신을 신비스럽도록 차단하기 위해 너 자신을 방 안으로 제한한다면, 이것은 그 여성의 존재를 모르는 어떤 다른 사람을 정당화하는 것이고, 그것은 단순히 스스로를 제시하는 모든 사람들에게 너 자신을 선호하도록 그리고 그 사람을 너 자신에게 귀착시키려는 타인에 대한 너 자신의 성향 때문인 것이다.[11]

10 L. Olbrechts-Tyteca, *Le Comique du discours*, p. 240 참조.
11 *T.A.*, pp. 366-367.

유사하게 수사적 효과는 그것들이 진지한 감정에 조응하지 않고, 자연스럽지 않을 때는 "방책"으로밖에 쓰여지지 않는다. 그러한 용법은 분명 사람들로 하여금 수사학을 좋지 않은 관점으로 보게 한다.

수단이란 목적가치에 따른 상대적 가치만 갖는다. 목적은 수단과는 무관한 것이다. 그러나 수단은 탐욕과 사랑의 경우에서와 같이 목적으로 이행되는 경우가 있다:

> 누군가 어떻게 할 수 없고, 몽롱하고 뭔가 알 수 없는 행복의 원천이 되는 것을 사랑한다고 느낄 때는 이미 사랑하고 있다. 이때 사랑한다는 것은 아직 하나의 수단으로 그것이 유일한 것이고 무한히 애매한 목표로 대체할 수 없는 것이다. 실제로 누군가는 사랑하고, 누군가는 자신을 친구로 사랑한다. 마치 수전노가 자신의 황금을 사랑하듯이 수단이 목표가 될 때 목표는 생각하게 되는 것을 멈추게 되고, 사랑받는 것의 가치는 상대적이 아니고 절대적인 것이 된다.[12]

수단의 목표로의 전환, 그리고 목표의 수단으로의 치환은 가치부여와 가치절하와 일치한다. 전쟁에서 용기는 승리를 위한 불가결의 요소이지만 이소크라테스는 용기를 실현하기 위해 전쟁을 불가결의 수단으로 만든다:

> 나의 견해로는 (전사의) 용기를 칭송하기 위해, 그리고 그들의 존재가 잊

12 Edmond Goblot, *La Logique des jugements de valeur*, Paris, A. Colin, 1927, pp. 55-56.

혀지지 않고 그들의 삶이 무명으로 남아 있지 않게 하기 위하여 전쟁을 일으키는 신이 있다고 본다.[13]

인간의 용기를 과시하기 위하여 전쟁을 오직 수단으로 간주하는 것은 어리석은 짓인 것처럼 보인다. 이러한 코미디는 기계적 장비의 광고 "이 단추를 누르면 쉬게 되리라"에서 고무되는 어떤 기업가들의 광고에서 확인된다: "단순히 죽어라, 그리하면 우리가 나머지 일을 한다"[14]와 같이 어느 한계를 넘으면 어떤 논쟁적인 방책은 더 이상 설득력을 잃고 웃음거리가 된다.

어디가 이러한 경계인가? 수단과 목표로 간주되는 가치 간의 불균형은 스위프트가 가난한 아일랜드 사람들의 자녀들이 그들의 부모와 국가에 짐이 되지 않도록 하는 확실한 수단을 제안하는 것을 승인하는 것과 같이 우리가 진지한 제안을 이상한 것으로 만들지 않는 그러한 것이어야 한다. 스위프트는 어른들에게 보조적 영양공급을 제공하기 위해 아이들을 구워 요리할 것을 제안했었다. 제2차 세계대전의 무시운 경험이후 이 제안은 학생들이 읽게 되었고 더 이상 농담이 아니라 공포로 간주되었다.[15]

옛날 영화에서 어떤 창녀가 그녀의 생활을 바꾸고 싶어 운송업을 하는 사람과 결혼한다. 그녀의 포주가 짐 마차꾼에게 물었다. "너는 네 수

---

13 Isocrate, *Discours*, t. II, *Panégyrique d'Athènes*, trad. Georges Mathieu et Emile Brémond, Paris, Les Belles Lettres, 1942, § 84.

14 L. Olbrechts-Tyteca, *Le Comique du discours*, p. 240.

15 위의 책, p. 242.

레를 훔치는 놈을 어떻게 취급하는가? 그것은 너의 식권을 훔쳐 가는 사람을 네가 다루는 것과 똑같이 한다." 사람을 수단의 존재로 전환하는 것은 상황에 따라 비웃음이나 분노를 유발한다. 그렇지만 어떤 경우에는 아주 정상이다.

수단과 목표의 관계는 불필요한 논쟁, 반복논쟁, 그리고 결정론적 논쟁의 기본이다.

효과적인 수단의 존재는 욕망을 실현시킬 수 있게 하고, 수단을 목표로 전환하는 데 충분할 만큼 견실한 욕구를 갖게 한다. 보쉬에는 신의 은총으로 죄인들은 구원받을 수 있다는 사실을 강조하여 그들의 회개를 권유한다. 예수의 희생은 충직한 성도들이 자신들의 죄를 회개할 수 있도록 하였다. 그들의 회개는 성처녀의 아들이 희생된 것을 쓸모없지 않도록 하는 성녀의 슬픔으로 더욱 깊어진다. 구원의 수단을 제시하기보다는 예수의 죽음을 버려진 것처럼 보이게 한다. 이것이 보쉬에가 그의 설교에서 자주 활용한 추론의 한 형식이다.[16]

어떤 목표를 획득하는 노력의 낭비를 피하기 위해서는 사람은 어떤 제안이 완결될 때까지 그것을 지속하는 것이다. 이러한 논증은 특별한 재능, 예외적 학습 또는 기술을 가진 사람들에게 동기를 부여하고 그들을 사소하게 다루지 않도록 하는 기능을 한다.

중복된다는 것은 중복 그 자체의 사실로 평가절하하는 것이다. 결정적인 것은 중요성의 획득이다. "그러한 상황에서 그것의 충분한 의미를

16 Bossuet, *Sermons*, t. II, « Sur la compassion de la Sainte Vierge », p. 645; « Sur la pénitence », p. 72 참조.

알고, 쓸데없는 것으로 생각되지 말아야 하는 행위는 그것 자체로 가치를 갖게 되며, 그것이 행해진 행위를 선호하도록 작용한다."[17]

청중이 받아들이는 것과 화자가 의존하는 것들과의 차이가 너무 커서 한 번에 극복할 수 없을 경우에는 난점들을 분할하여 점차적으로 같은 결과에 이르게 하는 것이 바람직하다. A에서 D로 가는 것을 지향하는 대신 대화자는 처음에는 B로, 그 다음에 C, 그런 다음 최종적으로 D에 갈 수 있도록 제안할 수 있다. 이것이 단계적 고안의 방법이다.

이러한 기술에 기선을 제압하기 위해서 반대론자는 논증의 방향성을 이용한다. 이는 미래의 전개를 예견하고 기대하여 처음에 막지 못하면 결국 항복하게 되는 중단하지 못하고 "미끄러지는 경사"로 되는 것을 두려워하여 첫 단계를 반대하게 된다.

이러한 역동적인 개념의 논증은 그 과정에서 새로운 모호성을 갖는다. A로부터 B로의 경과를 주장하는 사람은 이것이 야기한 변화에 만족하는가 또는 그는 오직 그것을 어떤 방향의 한 단계로 생각하는가? 이점에서 그 제안된 변화가 C에서 D로 가는 손쉬운 경과가 아니라 A에서 B로 가는 선행기법으로 경과의 일반화에 이르게 됨을 주목해야 한다. 사실 이러한 기법 때문에 어떤 해결이란 미래의 A에서 B로의 경로를 밟는 선행성으로 생각할 수 있다. 이러한 기법에 반대하는 장치는 방향성의 논증과 같은 예외적이 것은 환영하고 일반화는 받아들이지 않는 해결방식을 주장하는 선행성에 대한 두려움을 공략하는 것이다.

그렇기 때문에 토론이란 해결의 중요성이 핵심이다: 즉 지정된 단계

17 *T.A.*, p. 378.

에서 중단할 수 있는 가능성 또는 어떤 경우에 그 자체가 전개되는 것으로 가늠을 해 볼 수 있는 가능성으로서의 해결의 중요성이다.

화자가 A에서 D로의 즉각적인 연결과정을 제안할 때 그의 반대자는 그렇게 지속하는 것은 불필요하다는 희망에서, 또는 어떤 경우에는 그 당시에는 확실히 바람직하지 않은 수단성을 수용하기 전에 얻어 낼 수 있는 점진적인 단계의 과정으로서 A에서 B로의 연결과정을 제안하여 타협안을 제시할 수 있다. 벤담은 이 방법을 "달팽이 걸음의 논증"이라고 부르고 그것을 "지연의 오류"[18]로 분류한다. 그러나 이러한 과정은 다른 논증기술보다 오류가 적다. 그것은 "선박의 바닥짐을 포기하는 최후의 버티기"를 구성하는바, 그렇게 하지 않으면 어떤 입장을 견지하지 못하는 경우 불가피한 희생을 전제로 수용하는 방법이다. 이러한 경우는 그의 반대자가 **점진적인 진행**을 논의할 때 "논쟁자가 확인하고 감당할 수 없는 것으로, 그가 당연히 수행해야 하는 일인데 불명확하게 늘어놓아 그 일을 수행하지 않고 그냥 남겨 놓으려는 변명을 만들어 낸다"[19]고 주장하여 한 번에 모든 것을 얻어 내고자 하는 사람이 사용하는 방법인 셈이다.

양적 및 질적 변화 간의 대립은 분할의 기술과 상응한다. 어떤 순간에 변화는 정도의 문제가 아니고 성질의 문제로 되는가? 어떤 점수에서 세금이 압류되는가? 어떤 순간에 한나라의 경제용 산업의 전 분야가 사회주의자의 국유화로 되는가? 이러한 논의는 단계의 대한 다양한 방법에

---

18 *T.A.*, p. 381.

19 Bentham, *Works*, Vol. II, *The Book of Fallacies*, Part III, "Fallacies of Delay," p. 433.

관한 것으로, 각각의 단계에 양적인 것이 있지만 종국에는 성실의 변화인 질적인 변화가 될 수 있다.

무한정의 전개에 대한 논증은 오직 한 가지 가치만 본다: 그 가치는 그 자신의 터무니없는 개진으로 방해가 되는 다른 가치에 의해 제한되지 않는다. 그것은 오직 주어진 분야에서 무한정 정진하는 한 단계로서 각각 실현을 고려하는 공언이다. 그러나 다양한 가치를 신봉하는 사람은 한계가 있는 어떤 가치는 가치의 실현을 훼방하는 다른 가치와 양립히지 못한다는 것에 직면할 것이다.

사상의 방향을 지칭하는 무한정 전개된다는 생각은 그 과장 때문에 **곡언법** 또는 **과장어법**으로 사용된다.[20]

2. 공존 연계

계승의 연계가 인과적 관계로서 현상이나 사건과 같은 성질의 요소를 결합하는 것임에 비해 공존 연계는 불평등한 수준의 실체들의 유내를 설정한다. 하나는 다른 것의 실현 또는 구현된 것으로 나타난다. 그러한 것은 한 인간과 그의 행위, 태도 그리고 그의 작업들 간의 관계이다. 철학적으로 그리고 추상적으로 공존의 연계성은 행위와 본질 간의 관계로 상징될지라도 그런 연계의 전형은 한 사람과 그의 구현 간의 관계인 것처럼 보인다. 어떤 사람에 대하여 확인되는 모든 것은 그 사람이 자신을 어떻게 실현하는가로 정당화될 수 있지만, 그것은 그의 전체적인 행위

20 *T.A.*, pp. 390-394.

를 통합하는 것은 그 사람의 통일성과 안정성이다. 그것은 그의 행위에 대한 의미와 설명 내용을 부여하는 그 사람의 성격, 즉 그에게 부여된 의도적인 속성이다.

만약 그 사람이 그 자신의 실현으로 형성된다면, 실현이란 사람들이 그 사람에 대해 아는 관념의 용어로 해석된다. 사람과 그의 행위는 끊임없이 상호작용을 하며 어느 것이 선행하는지 말하기는 어렵다. 계승연계에서 원인은 항상 결과에 선행한다. 그렇지만 철학적으로 우리는 삶과 그의 행위 간의 관계는 극적으로 다른 두 개의 방법으로 설명될 수 있다고 알고 있다. 라이프니츠에게 개체는 동시에 모든 것이 주어지고, 그것의 존재는 그 속성이 결정되는 방식으로 시간에 따라 흐른다. 반면 실존주의에서 "존재는 본질에 선행한다"고 생각하기 때문에 사람은 아무것도 아니고 단지 행위의 함수 기능이다라는 입장을 견지한다. 논증이론은 존재론적 논리의 입장을 택할 필요는 없다. 논증이론에서는 인간에 대한 관념과 인간의 행위를 이해하는 방법은 끊임없는 상호작용이라고 서술하면 충분하다.

그 사람의 구조를 연결하는 모든 것은 본질적인 것으로 고려될 것이고, 단지 우연적이고 임시적인 것에 대한 부인은 영속성으로 불려질 수 있다.

> 사람에 대한 논증은 어떤 것이든 인간의 영속성에 관련된 것이어야 한다. 그것은 한 행위가 그 사람의 한 기능으로 해석될 때를 가정하는 것이고, 그리고 어느 누군가가 불일치 또는 부당한 태도변화 때문에 비난받

을 때 유감스럽게도 그러한 영속성에 대한 외경감을 갖지 못한다.[21]

그 사람의 형성은 그에게 어떤 지속성을 제공한다. 사람은 자신의 과거 행위에 책임을 지는 존재로 생각되고, 그것이 그 사람의 장점이든 단점이든 그의 명성에 기여한다. 사람은 칭찬을 받기도 하고 꾸지람을 받기도 하며, 보상을 받으며 응징을 당하기도 한다.

사회기술, 언어, 도덕성, 법, 종교 등은 이러한 통일성과 영속성을 강조하는 데 도움이 되지만, 이러한 요인들 중 가장 뛰어난 것은 적합한 명칭의 속성이다. 시간과 무관한 자질, 즉 별명(예, 사자 왕 리처드)은 인성에 대한 이러한 헤아릴 수 없는 측면을 강조하며 우연히 생긴 것이 아니라는 점을 나타낸다. 문예 기법에 논증활용을 가장 잘 분석했던 미국의 비평가 케네스 버크Kenneth Burke는 이러한 특징을 다음과 같이 강조하였다.

> 영웅이란 무엇보다 먼저 영웅다운 일을 하는 사람이다: 그의 '영웅주의'는 그의 행위에 있다. 그렇지만 영웅이란 영웅적인 행위의 잠재력이 있는 사람이다. 전장에서 군인은 이러한 의미에서의 영웅들이다. 또 사람은 영웅적인 행위를 해 왔기 때문에 영웅으로 간주될 수 있을지도 모르지만 현재 상황에서 그는 영웅으로 이미 너무 늙었거나 약하여 그러한 행위를 전혀 할 수 없을수도 있다.[22]

21 *T.A.*, p. 395.

22 K. Burke, *A Grammar of Motives*, New York, George Braziller, 1945, p. 42; *T.A.*, p. 396 재인용.

그러나 인물을 결정하는 이러한 영속성 이외에도, 사람들은 인격의 자유, 자율성, 변화 능력, 적응, 심지어 전향 등을 강조한다. 이런 것으로 사람은 자신을 대상물과 차별화한다. 실존주의는 본질적인 성질로서의 인간을 부정하기까지 한다. 이것은 오직 죽음으로만 해결된다.

그렇지만 논증의 입장에서 인간은 자신이 구현하는 모든 일들이 집단화될 수 있는 관련성과 그렇게 되는 것을 견뎌 낼 수 있는 자기 행위의 주체자이다.

자연과는 반대로 심성과학으로 간주되는 한, 인문과학에 독특한 성격을 부여하는 것은 인간에 대한 이러한 애매모호한 영상이며, 더구나 이러한 인문과학의 모델에서 구성된 모든 공존의 연결에 대한 모호한 이미지이다. 책임, 책임전가, 자유, 제약 등에 대한 상관적인 연계와 더불어 행위와 인간의 연계는 특정한 역할을 수행하여 모든 법과 윤리를 능가한다.[23]

행동은 인간의 인식에 어떻게 영향을 주는가? 인간은 자유와 변화에 대한 대처능력이 있기 때문에 어떠한 새로운 변화에도 견뎌 낼 수 있다. 어떤 사람이 역사 속으로 함몰이 되면 될수록 그에게 부여해 왔던 이미지는 더욱 경직된다. 그러나 이 경직성은 언제나 상대적이다: 그것은 인물구성에서 이전에 무시된 행위 그러나 이제는 강조되는 결정적 성격을 중요한 것으로 승인하는 관점의 변화에 종속된다. 사람들은 오직 자신들의 구현을 통해서만(본성이 선험적으로 주어져 있는 신이나 악마와 같은

23 Ch. Perelman and L. Olbrechts-Tyteca, «Acte et personne dans l'argumentation», *Rhétorique et philosophie*, Paris, P.U.F, 1932, pp. 49-84 참조.

인격의 경우는 제외하고) 알려지기 때문에, 권리에 대한 인본주의적 인식은 사람들이 범죄를 저지르기 전에는 그들을 처벌하는 것을 사전에 금지한다. 자유는 인간을 해로운 동물, 독성을 가진 뱀, 또는 미친개와 비교하지 못하게 한다. 모든 행위는 오직 죽음으로 끝나게 되는 인간형성에의 기여보다 어떤 변형불가의 본질의 징표로서 낮은 수준으로 고려된다.

타인들이 갖는 그 인물에 대한 판단은 그 사람이 지나온 과거 시간을 반영한다. 다른 사람을 사려 없다거나 혹은 지엽적이다라고 잘못 비난하는 사람은 그것 때문에 나중에 비난받을 수 있다. 종종 말썽이 있는 해석에 근거하여 가치판단을 한 경우 말썽이 없을 기준의 결여로 인하여 모든 판단이 그것을 표현한 사람에게 역행하는 불리한 상황으로 전환될 수 있다. 황제의 새로운 옷에서 재단사는 황제에게 그가 진상하는 옷은 죄를 범하는 일이 없는 도덕적 자질을 갖춘 사람만 볼 수 있다고 확신시켜 주었다. 어떠한 신하도 그 자신의 부도덕성이 두려워 감히 그가 본 것을 소리 내어 말할 수 없었다. 재단사의 기만은 어느 순진한 아이가 왜 황제는 벌거벗었는가라고 물어보는 바람에 들통났다. 의문의 여지가 없는 아이의 순진함은 보여진 것과 관찰자의 도덕성 간에 설정된 재단사의 관계성을 사라지게 하였다.

주제의 성격과 인식 간의 상호작용으로 설정한 이런 얘기는 자주 용인되는 주제와 가치판단 간의 상호작용은 한계에 이를 수밖에 없고, 증명할 수 없는 모든 주장에는 의구심을 가질 수밖에 없음을 시사한다.

과거의 행위는 행위자의 좋고 나쁜 명성에 기여한다. 어떤 사람이 즐기는 좋은 명성은 그의 인물됨에 구현되는 형상화의 밑천으로 필요한 경우 합법적으로 활용할 수 있는 자산이 된다. 더구나 그것은 사람들이 그의 모든 행위를 해석하는 인물형성의 맥락으로 그에 대한 생각의 적용 의도를 지니기 때문에 다른 사람의 입장에서는 우호적이거나 비우호적인 성향을 갖게 한다.

이러한 해석학적 현상에서 미국 심리학자 애시S. E. Asch는 똑같은 명제를 어느 저자의 행위로 하느냐에 따라 우호적 또는 비우호적 방법으로 판단할 수 있다고 확신했던 그의 동료들의 방법을 비판한다. 그들은 불합리하다고 생각하는 위세의 영향을 이런 식으로 보았다. 애쉬는 그 진술이 저자의 인물됨으로 제공되는 맥락에 따라 다르게 해석되는 진술의 사례는 아니었음을 보여 주었다.[24]

다양한 해석에 대한 가장 뚜렷한 경우는 신이나 마귀와 같은 사람들의 활동으로 그들의 행위는 선행하여 바람직한 또는 그렇지 못한 것으로 판단한다. 신과 사탄, 모두가 온갖 종류의 고통을 유발하는 일에 관계하지만, 신과 사탄의 의도는 서로 용납되지 않은 반대관계이기 때문에 신은 행위를 잘하고 사탄은 지옥 같은 행위를 한다고 칼뱅은 확신한다.[25]

행위 뒤에 숨겨진 것으로 본질이 되는 것은 의도성이다. 의도성은 구현의 중요성과 그 취지를 부여하기 때문에 인간의 외부적 실현의 이면

24 S.E. Asch, «The Doctirne of Suggestion, Prestige, and Imitation in Social Psychology», *Psychological Review*, V. 55, 1948, pp. 250-276.

25 Calvin, *Institution de la religion chrétienne*, Genève, 1888, livre I, ch. XVIII, § 1 참조.

에서 모색되어야 한다. 그렇기 때문에 이중판단으로 하나는 행위 자체에 관한 것이고, 다른 하나는 행위자에 관한 것이 된다. 랄랑드Lalande는 '우리는 지적 오류에 대해 말하고 있는 것이지 이성이 없다고 얘기하고 있는 것은 아니다'라고 했으며 데카르트는 지적 오류가 많으며, 성 빈센트 드 폴 교황이 가난한 자를 속인 것같이 그럴듯한 범죄 또는 경범죄인 이라고 기록한다.[26]

행동이 수용되는 방식에 대한 인격의 영향은 다른 사람이 그의 행동을 모방하게 하는 기질인 **위세**의 매개를 통하여 행사된다.[27]

그라시안Gracian은 "위대한 사례는 사람들로 하여금 가장 수치스러운 행동을 하도록 설득할 수 있는 그러한 힘을 가진 웅변가이다".[28] 사람들은 그의 행위를 모방하고 그의 견해를 적용한다. 이런 것으로부터 **권위적 논증**의 중요성이 발생하며, 여기에서 어떤 개인이나 집단의 위세는 주제 용인의 획득으로 활용된다.

권위의 논증—수치의 논증—은 전통적으로 전혀 잘못이 없는 것으로 간주되는 권위주의자들이 도전했을지도 모르는 변화, 발견, 또는 새로운 것과의 투쟁에서 널리 그리고 부적절히 사용되어 왔기 때문에 대부분 과학적인 집단에서 격렬하게 공격을 받아 왔다.

어떠한 권위도 명백한 진리에 반대하지 못하는 것은 명백하지만 의견이나 가치판단의 경우에는 꼭 그렇지만은 않다. 그 이외에 논쟁의 여

26 A. Lalande, *La Raison et les normes*, Paris, Vrin, 1948, p. 196.
27 É. Dupréel, *Sociologie générale*, Paris, P.U.F., 1948, p. 66 참조.
28 B. Gracian, *L'Homme de cour*, Augsburg, Paul Kuhtze, 1710, p. 217.

지가 있는 것은 대부분 문제가 되는 **권위적 논증**의 문제가 아니라 비난을 받는 **권위**에 대한 것이다. "사람의 영향력"을 조롱한 파스칼은 성 아우구스티누스에의 호소를 주저하지 않았고 칼뱅은 교회의 권위를 거부했지만 예언자의 권위는 수용하였다.

권위는 상당하게 다양성을 야기한다. 권위는 때로 '만장일치의 견해' 또는 '일반적 의견'이 될 것이다. 그것은 어떤 때는 '과학자', '철학자', '교회의 설립자', '예언자'와 같은 어떤 범주의 사람들일 수 있다. 또 그 권위는 때로는 비인격적인 '물리', '원리', '종교', 또는 '성경'이 될 수도 있다. 그리고 또 다른 때에는 권위는 특별한 이름으로 지칭될 수도 있을 것이다.[29]

권위에 의한 논증은 명백한 증거가 없을 경우에 관심이 가는 사항이다. 그것은 다른 논증의 지지가 되며, 권위논증을 활용하는 사람은 자기의 주제에 동의하는 권위가치를 따르게 되고 자기 반대편의 주제를 지지하는 권위는 가치를 떨어뜨린다. 궁극적으로 논박의 여지가 없는 권위는 성스런 권위이다. 이것은 예수의 말씀을 제시하여 정당화하는 기본적인 논증이다.

> 예수의 원리가 모호할지라도 그토록 위대한 권위를 행사하는 예수는 믿을 수 있는 자신의 말씀을 가질 만한 자격이 있다. 자체적인 경험 (…) 주

29 *T.A.*, p. 413.

예수가 우리에게 가르쳐 주신 진리의 말씀에 사유를 찾으려 하지 마라. 모든 이성은 그가 말씀했다.[30]

절대적 권위의 경우를 제외하면 권위에 대한 갈등은 해결할 수 있는 어떤 기준을 필요로 한다. 오늘날 "경쟁"이란 가장 상식적으로 앞서가는 기준이지만 다른 것으로는 전통, 오래된 것, 보편적인 것 등이 있다. 새로운 어떤 기준의 모색은 가장 흔하게 기존의 권위에 대한 부인을 수반한다.

권위 논증의 기묘한 활용은 자격을 갖춘 권위가 어떤 주장을 설득하지 못할 때 발생한다. 이런 현상이 생길 때 사람들은 그 주장을 이해할 수 없고, 어느 누구도 그것을 알 수 없을 것으로 결론을 내리는 경향이 있다.

경합과 갈등을 회피하기 위해, 법은 '경합'이라는 기술적인 관념을 만들었다. 법관은 법의 절차에 따라 지명된 사람을 기소할 것인지에 대한 판단을 경합한다. 그는 권위로 결정하고, 그 판단의 권위는 모든 사람이 복종하기 전에 진리에 비유하여 견줄 수 있다.

모든 논증에서 정상적인 인물과 그의 행위 간의 상호작용은 저지되거나 왜곡될 수 있다. 어떤 경우 행위에 대한 인물의 영향은 한편으로 제쳐 놓은 입장이 될 수 있고, 다른 경우에는 인물에 대한 행위의 영향이 무시될 수 있다.

---

30 Bossuet, *Sermons*, vol. II, «Sur la soumission due à la parole de Jésus-Christ», pp. 117-121.

어떤 사람이 논의의 여지가 없도록 사실을 설정하고 진실을 증명하는 방법을 사용할 때, 사실을 확인하는 사람의 특징은 어떻든 그 확신에 대한 입장을 수정하지 않는다는 것이다. 독약의 공식을 찾아냈다는 범죄행위가 우리들로 하여금 그것에 대한 대비를 강화하도록 한다. (반대로 사실에 대한 오류는 현명한 사람을 어리둥절하게 한다. 행위에 대한 사람의 상호작용은 행위로부터 인물로 진행하는 행위로 대체된다.)

반대 효과를 얻기 위해, 즉 인물을 보호하기 위해 그를 신성하고 완벽한 것으로 간주할 필요가 있다. 신이 무엇을 행하든 또는 말하든, 어느 것도 반론이 되지 않도록 신은 완전성의 용어로 해석되어야 한다. 라이프니츠는 그의《신정설》에서 이러한 점을 강조하였다:

> 본인은 이미 신의 선함이나 정의에 반대할 수 있는 유일한 것은 오직 형상이라는 것을 이미 시사해 왔습니다. 형상은 사람에게 어느 정도 반감을 갖게 하지만, 우리가 확신하는 신의 무한하고 완벽한 속성에 대한 증명을 반대하는 것에 비중을 두거나 신에 적용할 때는 아무것도 아니라는 것입니다.[31]

이런 저런 방식으로 상호작용을 억제하는 듯한 기술은 절연의 기법이라고 불릴 수 있다. 이들은 좀처럼 논증에 잘 나타나지 않는다. 보다 흔하게 사용하는 기술은 억제기술로서 어떤 사실의 의미를 억제하는 것이라기보다 완곡하게 우회하는 것을 목적으로 그 사람의 영상에 영향을

31 Leibniz, *Œuvres*, éd. Gerhardt, vol.VI, *Essais de Théodicée*, p. 74.

준다.

이러한 것은 가능한 한 첫 인상에 모순인 것 같은 다른 사람의 행위에 직면하여, 한 사람이 다른 사람에 대한 견해 유지에 개입되는 역할, 기질, 관념, 우호 또는 비우호성 등의 현상이다. 사람은 해석된 행위와 그 사람에 대해서 이미 갖고 있는 관념 간의 조화를 유지하기 위해서 선입견이 있는 일체성으로 다른 사람의 행위를 해석할 것이다. 만약 행위와 선입견 간에 일치하지 않는 것이 너무 명백하다면, 관련 당사자의 행위 반응이 너무 크게 확대되는 것을 방지하려고 다른 억제기술을 사용할 것이다. 그는 소년기나 청소년기와 같은 시간상 너무 오래전에 일어났던 일들을 무시하려 들 것이고 또한 특별한 환경에서 일어나고, 예외적인 상황에서 발생한 것들도 무시하려 할 것이다. 왜냐하면 그러한 행위들은 강렬한 감정이나 취한 상태에서 저질러진 일로서 사회적 환경, 낮은 교육수준, 나쁜 친구들 때문이라고 책임을 돌릴 것이기 때문이다.

어떤 사람이 누군가에 대해서 그가 가진 관념에서 회피하려는 행동이나 견해가 있을 때, 그는 그 행동 또는 견해를 다른 출처의 것으로 추정할 것이다. 보쉬에는 부패한 성직자의 설교를 존경하는 마음으로 경청하기를 바라면서 성 아우구스티누스의 비유를 든다.

> 낮은 관목은 자신의 것은 아니지만, 관목이 받치고 있는 더 이상 덩굴나무의 열매라고 말할 수 없는 열매를 맺는다. (…) 가시덩굴 사이로 포도열매를 보았다고 해서 포도나무를 나무라지 마라. 좋지 않은 도덕적 행위가 주변에 널려 있다고 해서 이 교리를 거절하지 마라. 그 교리는 그래

도 아직 하느님으로부터 나오고 있다.[32]

반면에 다른 사람의 증언이나 가치판단을 공격하고자 하는 사람은 반대의 입장을 정당화하고, 그리고 행위자와 그의 행동 간의 유대를 설정하여 행동을 한 사람의 자질을 실추시키려고 노력하게 될 것이다. 아리스토텔레스는 그의 《수사학》에서 "모략중상은 모략중상으로 돌아오며 그 사람 자체를 신뢰할 수 없는데 그의 말을 믿는다는 것은 어처구니없는 짓이다"[33]라고 하였다.

인신공격은 고대의 수사가들에겐 권장할 만한 사항이었다. 오늘날에는 이러한 인신공격의 방법은 좋은 것으로 간주되지 않으나 위증이 자격이 없음을 증명하는 문제에서는 예외로 인정된다. 어느 경우이든 절연의 기술은 화자와 그의 담론 간의 분리가 가능한 경우 변론하는 주제보다 사람을 공격하는 것이 공격적이며 비효과적이다.

행위의 문제가 아니고 견해가 문제일 경우 특히 가치판단이 문제가 되는 경우, 화자의 인물뿐 아니라 그의 기능행사에서 그가 상정하는 역할은 청중이 그의 말을 수용하는 방식에 영향을 준다는 것은 부정할 수 없다. 같은 소견으로 변호사, 검찰관, 그리고 판사의 발언도 아주 다른 양식으로 수용되고 이해될 것이다. 그렇지만 거꾸로, 화자의 말은 그에 대한 어떤 이미지를 과소평가하지 말아야 하는 중요성을 부각시킨다. 아리스토텔레스는 이것을 수사학적 윤리의 이름으로 설득 효과의

32 Bossuet, *Sermons*, vol. II, *Sur les vaines excuses des pécheurs*, Paris, Garnier, p. 489.

33 Aristote, *Rhétorique*, livre I, 141a.

세 요소 중의 하나로 간주하였다. 나머지 두 요소는 각각 논리logos와 감성pathos으로, 논리는 논증을 통한 이성에의 호소이고, 감성은 청중의 열정을 불러일으키는 것을 목적으로 하는 수사적 절차에 호소하는 것이다.[34]

다른 형태의 공존 연계는 행위-인물의 연계모델에 근거하여 개발되었으며, 그것의 활용은 인문과학의 전형이 되었다. 역사과학이 관심의 추점을 개인에서 인민, 시내, 제도 및 정치 및 경제정권으로 전환하여 인물을 모방하는 새로운 영역을 강조하게 되었다. 인물이 자신의 행위로 구현하는 것같이 민족 집단도 그 구성원의 실체로서 실현한다. 그러므로 사람들은 민족정신을 말하게 된다. 그러나 다른 한 면으로 사람들은 집단관념을 가진다는 것 이외에, 집단에 대한 우호 또 비우호적인 선입견은 또한 집단관념을 형성하는 사람들의 태도 적용에 영향을 준다.

그러나 개인 집단의 연계는 통상적으로 개인이 여러 집단의 성원이라는 사실에서 유래하는 특이한 문제를 제기한다. 어느 집단이 그 사람을 진실로 동일시하거나 대표하는 것이라고 주저 없이 얘기하기는 정말 어렵다. 이 문제는 사람과 그 행위 간에 설정된 연계성에서 나타나는 것은 결코 아니다.

소수집단의 성원은 다수집단의 성원보다 쉽게 대표성이 있는 것으로 간주된다. 백인 인구에 휩쓸린 흑인, 흑인 속의 어떤 백인, 어떤 지역의 원주민 속에서의 외지인 등, 이들 모두는 실제로 다수집단의 사람이 형

34 Aristote, *Rhétorique*, livre I, 1356a, 5-13.

성하는 일반화를 허용하기 쉽다. 각각의 토착민을 다수집단의 대표로 간주하는 것은 어리석다. 반대로 원주민의 동료들은 어떤 지역, 직업, 신앙의 허위집단을 대변하는 것으로 간주되기 쉽다.

사람들은 태생부터 어떤 집단의 성원이며, 자신이 태어난 인종과 사람들에 따라 생의 영속성을 갖는다. 그들은 어떤 특정한 시기에 다른 집단, 직업, 또는 정치적 집단 등에 소속되며, 또한 그 집단을 떠나기도 한다. 어떤 집단은 제도, 법, 관습 및 전통으로 인식되고 보호된다. 친구, 계급, 스포츠 등과 같은 집단은 자발적으로 형성되었다가 해체된다. 문화, 종교, 및 이념은 집단 성원 간의 유대감 결속을 공고히 하며, 이들 유대감은 다른 집단 간의 갈등이나 국가 간의 전쟁 또는 내전의 시기에 특히 강화된다.

개인들은 기능적인 용어로는 대표성이 있다. 외국 대사, 교파의 장, 정당의 당수는 제도적 대변인으로 임명된다. 그러나 집단의 다른 사람들은 어느 정도의 대표성을 갖는가? 정상적으로는 각각의 구성원의 행위는 집단을 형성하는 외부인에 영향을 줄 것이다. 이러한 유대를 깨뜨리기 위해선 단절과 억제의 기술이 제도화되어 왔다. 어떤 성원을 제외하거나 또는 그를 공식적으로 비난하는 경우가 문제가 되어 있을 때, 그 성원이 대다수를 대표하는 것으로 간주될 때 단절의 연계는 가장 잘 시행할 수 있다.

공존의 연계 역시 사건, 개인 당사자들, 작업 그리고 그들이 발생한 역사적 시기 간의 관계를 설정한다. 이상형을 서술할 때 우리는 중세 또는 르네상스 시대의 사람을 언급한다. 그들이 실제로 살았던 전후의 시기를 연결하는 선구자 또는 전임자들에게 예외가 있음을 인정해야 하는 것은 사실이다. 어떤 복잡 다양한 현실을 설명하고 체계화하는 노력은 전체적인 그림에 연관하여 이차적인 것이 되는 예외를 포괄하지 않고는 성취할 수 없음을 실제로 인정해야 한다.

문학과 예술운동(낭만주의), 양식(바로크), 경제 또는 법률구조(자본주의, 봉건주의), 이념(자유주의, 사회주의) 등 이들 모든 영역들은 예외가 없는 역사로는 다룰 수 없으며 똑같은 모델로 취급 할 수 있다.[35]

막스 베버가 "이상형"으로 명명한 이 영역들이 개진한 방식과 역사적 "자료"와 더불어 경험성을 견지한 연계성은 대부분의 인문과학에 대한 방법론적 문제들을 결정한다. 역사적 시기 구분에 대한 연구는 많은 예를 제시한다.

인문학에서 발전한 영역은 대상의 고착과 안정화를 도모하지 않으며, 동물 인종학에서 같이 생물학적 관계를 확인하지 않는다는 것을 잊지 말자. 이러기보다는 인문학의 영역은 정신의 구조화이고, 무엇이 중요하고 무엇이 부수적이고 우연적이며 무시할 수 있는 것인가를 구분하는 것에 연계되어 있다. 가장 일반적인 공존의 연계는 본질과 구현하는 행위 간의 연결이다. 형이상학자들은 개인들이 공통으로 갖고 있는 어떤 공동의 본질 그리고 일과 사건과 같은 외적인 요소로 인한 개인들의 다양화를 설명하는바, 그들의 노력은 공존의 연계에서 사용하는 모든 범주의 논증기법으로 통합할 수 있다.

---

35 *Les Catégories en histoire*, ed. Chaim Perelman, Bruxelles, Éditions de l'Institut de sociologie, 1969 참조.

활용과 남용을 대비적으로 이해할 수 있는 것은 본질적인 관계이다. "남용"이란 어떤 것이 정상적으로 작용하는 방식에 대한 누군가의 생각에 포함되지 말아야 하는 사람들의 행위나 행동을 지칭한다. 단절의 기술로 사물의 본질은 남용되는 것으로부터 보호될 수 있다. 비슷하게 "부족하거나" 또는 "지나치다는" 생각은 본질에 관계하여 명시 또는 묵시적으로 규정된다.

본질은 인격화, 의인화 및 활유법과 같은 수사학적 형상의 활용으로 인물에 연결될 수 있다.

3. 상징 연계, 이중 위계, 순위의 차별화

상징 연계는 공존 연계에 포함될 수 있다. 상징 연계는 상징과 그것을 유발하는 관계에 존재하며 참여관계로 성격지어진다. 상징연계는 상징과 상징물이 동등한 부분이 되는 전체에 대한 신화 및 추론적 전망으로 설정된다. 그러한 전망에서 현실은 시간으로 분리되지만 역사의 영속적 관념에서 공존할 수 있다. 그러므로 아담은 인과적 관계가 아니라 참여자의 결속력을 설정한 신성한 계획의 요체로 참여관계에서 구세주의 사전 시현으로 나타난 사상이다.

상징으로 무엇을 한다는 것은 참여관계 때문에 직접 상징화된 것에 영향을 미친다. 국기에 침을 뱉는 것은 그것이 상징하는 국가를 조롱하는 것이다. 십자성호를 그리는 것은 기독교 군대의 대변자가 되겠다는 것이다. 어떤 사람은 어떤 종교의 예배대상을 공격함으로써 그 종교를 모독할 수 있다. 상징은 열정, 종교심, 또는 애국심을 불러일으키는 데 불가결하다. 왜냐하면 감정은 추상적인 관념에 결코 유착되지 않기 때문이다.

자연이 인간의 생활에 관여하는 것으로 보는 낭만적 관념의 세계에서 생활세계의 일상들은 사건은 천국의 세계에 반영되어 있다. 이러한 관점은 예수의 십자가 처형으로 대표되는 많은 성화의 배경을 구성하는 "비극적인 하늘"에서 가장 잘 나타나 있다. 상징연계, 단절 기술 및 억제 적용 등의 기법에 나타나는 대다수의 이야기들의 성격이 비합리성이라는 것에 주목해 보자.

논증이 어떤 역할을 할 수 있는 것은 상징연계가 제도화되어 있을 때 뿐이다. 왕이 국가의 상징이라면 그는 왕권을 양위한 후에는 역할 수행을 중지한다. 그럼에도 불구하고 누군가가 그를 국가의 상징으로 선택했다면, 그가 노벨상 수상자라든가 권투 챔피언으로 나라에서 최고의 자질을 갖추어서가 아니라, 무명용사의 존재와 같이 인민들로부터 그를 차별화하는 특별히 개인화된 상징이 존재하지 않기 때문이다. 그럼에도 불구하고 국가의 명예를 원하는 모든 사람의 충성과 국가의 보존을 위해 스스로를 희생하는 사람들은 무명의 용사에 더 비중을 둔다.

상징은 현재의 존재로 나타나는 한 **환유어**와 같은 수사적 무늬로 기능한다.

계승 또는 공존의 연계에 기초하는 이중 위계 논증은 실체구조에 근거한 논증으로 분류할 수 있다. 좀더 설득력 있는 근거로 보면 하물며 논증은 이중 위계를 적용하는 한 기법이다.

순수한 검인된 이중 위계는 어떤 사람이 다른 사람보다 더 크다는 사실에서 그의 수족이 더 길다는 것을 추론하는 논증의 계보로서 통계적 상관관계에 근거한 것이 될 수 있다. 그러나 대부분의 관심은 최고의 목표에 최고의 수단이라는 결론을 깨닫게 하는 예[36]와 같이 질적인 이중 위계이다. 조류에 대한 인간의 우월성은 좀더 설득력 있는 근거에서 본다면, 참새를 신은 무한정으로 신을 경애하는 이성적인 존재를 소홀히 하지 않을 것이라는 논증에 근거한다.[37]

가장 흔한 이중 위계 논증은 공존의 연계 특히 한 개인과 그의 행위 간의 관계에 근거를 둔다. 아리스토텔레스는 이러한 생각을 아주 명확하게 표현한다.

> 그 속성은 사람보다는 신 그리고 육체보다는 영혼에라는 예와 같이 보다 좋고 명예로운 것에 속하는 것이 더 바람직하다.[38]

그러므로 신성한 법이 인간의 법보다 우월하며[39] 신의 마음가짐을 갖는 진실된 지식이 타락한 영혼의 자양인 "외양의 양식"보다 우월하다.[40] 존재의 서열화가 정말 존재한다면 존재에 상응하는 행위형식의 서열화를 세우려고 노력할지 모른다. 플로티노스는 자신의 행위를 위한 강제 법칙은 그 행위에 접근하는 것이며 비속한 모든 감각적 대상으로부터 떨어져 있는 것이라고 믿었다.[41] 그러므로 존재론은 행위양식의 서열

---

36 Aristote, *Topiques*, livre III, 116b 25-30 참조.

37 Leibniz, *Œuvres*, éd. Gerhardt, vol. IV: *Discours de métaphysique*, XXXVII, p. 463.

38 Aristote, *Topiques*, livre III, 116b 10-15.

근거로 작용할 수 있다.

동물에 대한 인간의 우위, 아이들에 대한 성인의 우월성에서 우리는 쉽사리 도덕적 교훈을 이끌어 낸다: "돼지나 야생동물처럼 행하지 말고 어른처럼 행동하라"라고 우리는 가끔 애들에게 이야기한다.

이러한 논증의 유용성은 착수 시점에서 우선순위에 대한 동의를 전제한다는 것이다. 그것은 귀족들의 행위는 고결하고, 평민들의 행위는 저열하다는 귀족 사회의 배타적인 전망을 갖고 있는 사회에서만 가능하다.

구조적 실체에 근거한 이러한 논증의 검증을 마감하기 위해서는 단순한 차이 정도를 비교하여 성격 또는 질서에 부여하는 편차의 중요성을 지적하는 것이 유용하다.

> 질서에 대한 상대적인 고려, 즉 각각의 순서가 성격의 편차 정도에 반대되는 결과인지 또는 원칙의 편차에 대한 평균 차이의 결과로 인한 것인지의 여부는 정도의 차이를 최소화하고 단지 정도에서만 상호 간에 차이가 나는 용어를 어느 정도 중화시켜 다른 질서의 용어 구별을 강조하는 정도의 효과를 갖는다. 반면에 질서의 차이를 정도의 차이로 전환하는 것은 반대의 효과를 갖는다. 즉 그것은 더 이상 통용될 수 없는 범위로 분리되어 더 이상 가까워질 수 없는 것처럼 보이고 정도 간의 거리를 강조

39 Sophocle, *Antigone*, trad. Leconte de Lisle, Paris, p. 249.

40 Platon, *Phèdre*, 247d-248b.

41 Plotin, *Ennéades*, t.VI, 9, § 3.

하는 듯한 용어를 생각나게 한다.[42]

전쟁의 참해를 받은 유럽의 재건계획으로 설립된 마셜 플랜의 옹호자는 만약 신용이 25센트만 삭감되어도 그 계획은 미천한 "복지" 계획으로 전락할 것이라고 주장하였다. 즉 양적인 차이를 성격의 차이로 제시한 것이다.

그렇지만 어떤 점이 양적인 차이를 질적 차이가 되게 하는가? 머리숱이 무성한 사람은 과연 얼마나 많은 머리카락을 뽑아 내야 대머리가 되는가? 정도의 차이가 성격의 차이로 전환이 되는 결정점은 어떤 점에서 성립되는가?

역사의 시기 구분에서 지속적으로 검증되는 차이점은 성격의 차이로의 전환이다. 중세기란 르네상스와 현대의 단순한 뉘앙스의 차이가 아니라 본질적으로 다른 것이다. 이러한 시기는 그 시대의 단절을 정당화하는 결정적인 사건으로 나눠진다. 새로운 시대의 시작은 항상 사후의 것이 사전의 것과 결정적으로 다른 사건으로 특징화된다. 예수 이후 기독교 신자들은 인간의 밀도가 급격하게 변화되었다고 믿는다. 모든 시대의 구분은 성격적 가치판단에 근거한다.

반대로 동물의 왕국에서 인간종족(진화이론의 결과로) 인간세계로의 진입은 이전에는 결코 연결할 수 없던 장애로 보이던 입장에 대한 정도 차이를 오늘날에는 인간이 만든 신성한 영혼에 관한 성스러움의 원천에 대한 차별화로 전환하게 하였다.

---

42 *T.A.*, p. 464.

한편 몽테뉴는 죽음에 부여된 중요성에 천착하였는바, 그는 우리의 전생은 젊음에서 늙음으로 흘러가는 일련의 찰나들로 구성되어 있다고 보고, 죽음만이 유일한 최후임을 보여 주었다.[43] 반면 보쉬에는 인간은 모두 죽음에서 동등하다고 하여 인간 간의 거리감을 경감시켰다.[44]

스토아학파는 고결한 사람과 그렇지 못한 사람들 간의 기본적 차이를 설정한다.

> 잘못된 행위의 실질은 크거나 작을지 모르지만, 행위 그 자체가 크거나 작거나 한 것을 의미하지는 않는다. 만약 어떤 도선사가 밀짚을 실은 바지선 대신에 금을 실은 배를 상실한다면 손실의 양은 차이가 있겠지만 그의 무능력에 대해선 누구도 지적하지 않는다.[45]

원칙의 일치 또는 의무의 일치에 근거하는 두는 윤리는 행위 결과의 중요성을 토대로 하는 윤리에서의 의지와 같이 행위 간의 양적 구별은 하지 않는다.

43 Montaigne, *Essais*, livre I, chap. XX, coll. La Pléiade, p. 504.

44 Bossuet, *Sermons*, vol. II, *Sur l'honneur*, Paris, Garnier, p. 173.

45 Cicéron, *Paradoxa stoicorum*, London, William Heinemann Ltd and Harvard University Press, 1948, IIIe, § 20.

9장

사례, 예시 및 모델의 논증

1. 사례의 논증

예를 들어 주장하는 것은 사례가 구체성을 제시하는 어떤 규칙성이 존재한다는 것을 전제로 한다. 사례에 의거할 때 논쟁이 되는 것은 일반화의 원리 자체가 아니라, 특정한 경우를 정당화하는 일반화 법칙의 범위 또는 정도이다.

이 관점에서 사례에 의한 논증은 서술되는 사건이 일어나는 맥락에서는 해소할 수 없게 유착되는 특이성의 유발을 고려하지 않는다. 반대로 그것은 구체적인 경우에서 그 사례를 나타내는 법이나 구조를 모색한다. 그러므로 한 인간이 자신의 일이나 재주를 통하여 사회적 서열을 얼마나 올릴 수 있는가에 대한 이야기는, 설사 그것으로부터 어떤 명확한 교훈을 도출하지 못할지라도 그러한 성공이 가능하도록 하는 낙관적인 어떤 교훈이며 사회적인 신념이 된다.

만약 누군가의 그런 이야기에 대한 발표가 포괄적인 의미에 의구심을 남긴다면, 같은 종류의 사례들도 독자의 마음에 어떤 의구심을 남겨 놓게 된다. 그것은 특정한 경우로부터 일반화를 지향하는 것을 목표로 하는 논증의 문제이다. 이것은 마르셀 에메Marcel Aymé의 연극 〈타인의 머리La tête des autres〉에서 두 변호사에게 주어진 어쩔 수 없는 인상이다. 그들은 "비슷하게 자신들의 경력을 걱정하며, 유사하게 결혼을 속이고, 비슷하게 위선적이고, 순박하게 부패하고, 그리고 자기 희생적이다."[1] 생-존 페르스Saint-John Perse는 일반화에 이르는 어떤 전형적인 독특한 가치를 부여하기 위하여 "콜로세움Colisées", "카스티야Castilles", "플로리다Florides"를 반복적으로 사용하는 기법을 활용한다.[2]

사례에 의한 논증은 한 예에서 법칙이 아니라 또 다른 예를 특정한 경우의 이끌어 내는 데 때로는 사용된다. 아리스토텔레스는 다음의 예를 든다: "페르시아의 왕 다리우스와 크세르크세스 왕이 이집트를 점령한 이후 에게 해를 건너왔듯이 오늘날의 페르시아 왕 역시 이집트를 점령한 다면 유럽으로 건너 올 것이다."[3]

이런 형식의 논증에서 선택된 사례는 결론의 근거를 형성하게 하는 실체이기 때문에 논의의 여지가 없이 명백한 것이어야 한다. 그렇지만 결론의 근거의 범위는 무엇이어야 하는가? 과도한 일반화가 되지 않도록 처음에는 충분하게 다양한 사례에서 출발하여 일반화의 오류에 대한 위험을 경감하는 것이 좋다. 존 스튜어트 밀의 "공변량"에 관한 법규는

1 L. Olbrechts-Tyteca, *Le Comique du discours*, p. 280.

2 Roger Caillois, *Poétique de Saint-John Perse*, Paris, Gallimard, 1954, p. 152 참조.

3 Aristote, *Rhétorique*, livre II, 1393b.

가치 있는 방법론적 지향이 된다.

아리스토텔레스의 다음의 예에서 제시하는 것처럼 좀더 설득력 있는 근거를 논증에 개입시킨다면 사례 논증은 서열화된 사례의 결과이다.

> 현명함은 누구나 다 칭송한다. 예를 들어, 파로스의 섬사람들은 그의 거친 말씨에도 불구하고 아르킬로코스를 존경했고, 키오스 섬 사람들은 그들의 고향 사람도 아니었던 호메로스를 존경했으며, 미틸레네 사람들은 여성이었음에도 불구하고 사포를 존경해 왔다. 스파르타 사람들은 문예에 별다른 취미가 없었지만 킬론을 존경하였다.[4]

만약 사례의 논증이 언제나 논의가 될 수 있는 것이라면, 사례가 자격이 있는 한 반대되는 법칙을 거부하거나 또 최소한 수정을 요구하는 것은 부당한 경우가 되지 않는다. 이러한 것이 카를 포퍼Karl Popper의 방법론에서 사례의 서열화를 따른 중요성을 설명한다.[5]

다양한 경우를 설명하기 위해 같은 개념을 사용하는 것은 상호 간에 그들 간의 비교를 쉽게 해준다. 그것은 사물의 자명성의 결과에 연유한다. 똑같은 법칙의 상황에서 같은 방법으로 기술해 왔던 규칙 적용이 온전한 자연스러움으로 나타나는 것은 언어 때문이다. 정당화가 필요한 똑같은 용어로 설명하여 정당화를 필요로 하는 상황은 차별화하는 것이 바람직하다.

---

4 위의 책, 1398b.

5 Karl Popper, *The Logic of Scientific Discovery*, London, Hutchinson, 1959 참조.

2. 예증

사례의 논증이 예측이나 법칙을 설정하기 위해 사용된다 할지라도, 법칙이 이미 수용되면 특별한 경우는 완전히 다른 역할로 기능한다. 특별한 경우는 본질적으로 법칙을 예시하기 위해서, 즉 그것은 의식상의 어떤 실재를 나타내는 데 사용된다. 실제적 사례는 이러한 사유로 의심할 여지가 없이 명백해야 하지만 예증은 무엇보다 상상력을 촉발하는 것이어야 한다. 구체적인 경우가 동일시되어 서술되는 방식은 그것이 논증에서 갖는 역할에 전적으로 의존한다. 추론을 통하여 어떤 법칙을 설정하게 하는가 또는 실재성을 부여하도록 하는가?

에드거 앨런 포Edgar Allan Poe와 빌리에 드 릴–아당Villier de I'lsle-Adam과 같은 작가들은 예증의 이러한 특성을 잘 활용하여 공상적인 이야기에 신뢰성을 부여한다. 그들은 종종 서술하고자 하는 사건이 마치 예증하는 것 같은 법칙을 제시하여 이야기를 시작한다.

사례에서 예증으로의 전환은 어떤 법칙이 예시되기 전에 정당화되는 경우 거의 감지할 수 없을 정도로 나타난다. 첫 사례는 그것의 역할이 법칙의 신뢰성을 부여하기 때문에 일반적으로 수용될 필요가 있다. 일단 법칙을 수용하면 다른 것들은 차례로 그 법칙으로 지지될 것이다.

데카르트는《방법서설》의 두 번째 부분의 서두에서 사례와 예시의 이중기술을 능란하게 활용하였다. 그는

여러 저자가 조금씩 조금씩 첨가해서 합쳐 놓는 것은 한 작가의 작품보

다 완결성이 덜하다

라고 쓰고 있다.[6]

이러한 생각은 왕권국가에 집중되어 있는 고전주의의 핵심으로 데카르트가 중세 봉건주의 및 르네상스 시대의 다원주의를 모두 거부한 근거이다. 이러한 관념은 17세기의 사람들에게 분명하게 보였던 것들을 처음으로 일일이 열거함으로써 정당화되었다:

> 그러므로 우리는 어떤 건물, 즉 단일 건축가가 착수하고 완성한 구조물은 많은 건축가들이 다른 목적으로 건축한 옛날 방벽을 활용하여 재건축하려는 노력보다 아름다움과 규칙성에서 일반적으로 더 우월하다. 그러므로 처음에는 마을로 시작해서 점차 큰 도시로 개발된 낡은 지역은 기술자가 질서정연한 양식으로 자신의 의지가 뜻하는 되로 계획한 것에 비하여 일반적으로 균형이 잘 잡혀 있지 않다. 그렇지만 오래된 지역의 건물들은 종종 여러 장소에서 다른 곳보다 더 풍부한 예술성을 과시하지만 큰 집 작은 집이 이곳저곳에 널려 있고 거리는 구불구불하고 울퉁불퉁하여 무질서하게 보여 지역 전체의 모습이 건축가들 자신이 뜻한 대로 계획했다기보다는 우연의 산물로 보여진다.[7]

데카르트는 "법령은 오직 신으로부터 유래해야 한다"는 참종교와 같

6 Descartes, *Discours de la Méthode*, in *Œuvres et lettres*, coll. La Pléiade, Paris, Gallimard, p. 132.
7 위의 책, pp. 132-133.

이 기원전 9세기 무렵 스파르타의 리쿠르구스와 같이 오직 단일 입법자가 입안한 법령이 많은 입법자가 작업한 법령보다 우월하지 않을 수 없다는 것을 지속적으로 과시한다. 이러한 사례를 제시하며 그는 일단 법이 설정되면 오직 그 법에 따르는 적용만이 남아 있는 것처럼 자신의 입안을 신뢰한다. 왜냐하면 그는 자신의 네 가지 방법론적 법칙에 따라 이성에 근거한 지식을 단독으로 재구조화 할 수 있도록 방법론 회의를 통하여 만약 그러한 수사학적 경계심이 없었다면 "저자들이 다양한 경우 그들의 여러 견해가 부풀려져 교재에서 배울 수 있는 것을 버리는 것"을 시사하는 것처럼 보인다.

동일한 규칙과 관련된 일련의 예시들은 특수한 사례들을 활용한 규칙의 토대에서 비롯되며, 이같이 도출된 규칙 덕분에 건축술 및 입법술과 관련된 고찰들에 의해 설정된 바를 과학의 영역에 적용하려는 자신의 기도를 타당하게 만들게 된다.

법이 예시하는 동안 구체적인 경우는 동시에 법을 구체적으로 진술하는 것으로 사용된다: "구르는 돌은 이끼가 끼지 않는다." 가끔 법은 두 개의 적용 사례를 비교하여 확정된다.

> 어려운 점은 무엇이 인간의 특성을 나타내는 것이냐 하는 점이다. 그렇기 때문에 난국에 직면해서는 체육 선생님처럼 그대가 젊고 강한 상대방을 만난 것을 동정한다는 것을 기억하라.[8]

8 Épictète, *Entretiens*, L.I, §XXIV, *Les Stoïciens*, coll. La Pléiade, Paris, Gallimard, p. 860.

때로는 예시가 역사적인 사건이 아니라 저자가 상상하는 가공의 경우이다. 예를 들어 추첨으로 자신의 대장을 선택한 뱃사람의 이야기와 아테네 시민이 집정관을 지명하는 아테네의 민주주의 법을 조롱하는 것은 이러한 가공의 산물이다.[9] 이상향을 설정하는 것도 같은 목적이다.

수사적 효과는 서술된 행위의 출현에 선행하는 법칙이나 통칭(별칭)에 어긋날 때에서 같이 의도적으로 부적절한 사례에서 도출할 수 있다. 안토니우스는 죽은 카이사르에 대한 담론에서 탁월한 풍자를 활용한다. 즉 그는 "브루투스는 존경받는 사람"이라고 거듭 반복한다. 그런 다음 그의 불충한 행위와 배은망덕을 구체적으로 서술하여 역설로 논증한다.[10]

3. 모델과 반모델

구체적인 경우는 한 사례 또는 예시를 제시하는 대신 모방할 수 있는 한 모델을 제공할 수 있지만 모든 행위가 모방할 가치가 있는 것은 아니다. 사람들은 오직 그들이 감탄할 만한 사람들이 갖는 경쟁력, 기능 및 그들의 사회적 지위 때문에 그들의 권위나 위세를 따를 뿐이다.

관례가 되는 어떠한 법적 결정은 분명하게 본질적으로 유사한 상황을 동일시하는 정의의 법칙에 근거한다. 그러나 존경할 만한 판결은 대법원 또는 그것이 없는 경우 상고법정과 같은 권위가 있는 법정의 판결

9 Platon, *La République*, 1,VI, 488 b-489d.

10 Shakespeare, *Julius Caesar*, act 3, scene 2.

이다.

모델에 의한 논증은 권위에 의한 논증에서와 같이 위세를 갖는 권위가 심사숙고하는 행위의 보증이라는 것을 의미한다. 이것이 모델이 되는 사람들이 말하고 행하는 것에 주의를 기울여야 하는 이유이다. 이소크라테스의《니코클레스에게》에 있는 담론은 다음의 관념이 담겨 있다:

> 너 자신은 모든 상태의 방법들은 그것의 지배자로부터 모방한다는 것을 알고서 나머지 사람들에게 모범이 되도록 너 자신의 선도적인 입장을 설정하라. 너의 추종자들이 보다 쉬운 환경에서 즐기고, 너의 행위들 때문에 보다 문명화된 습관을 즐기는 것을 볼 때 너는 너의 충성스러운 권위의 가치를 입증하게 될 것이다.[11]

예수를 모방하여 행위를 모색하였던 성녀 테레사와 같은 모델은 어떤 성스러운 모델에 고무되어 그것을 선정될 수 있을지라도, 모델의 판정은 자신이 보다 좋다고 생각하는 스스로의 판단에 달려 있다. 그러나 모든 추종자의 통찰력을 고려할 수는 없다. 어떤 자들은 단지 자신의 모델이 갖는 약점을 모방할지도 모른다:

> 알렉산드로스의 고결성에 대한 예증은 그가 술에 취해서 난폭했던 만큼이나 그렇게 넓은 포용력을 갖지 못했다. 그가 미덕을 갖지 못했다는 것이 그렇게 수치스런 것은 아니며, 더 이상의 악행은 아닌 것으로 변명거

11 Isocrate, *Discours*, t. II, *À Nicoclès*, § 31, Paris, Les Belles Lettres, 1942.

리가 되는 것 같다.[12]

어떤 모델이 된다는 것은, 누군가 무심코 뭔가 다른 모델, 즉 누군가를 모델로 취하는 사람이 이상으로 삼는 정교한 어떤 이미지를 제공할 수 있다는 것이다.

만약 어떤 모델을 모방하는 열등한 사람이 모델의 행위를 대중화하여 그 모델을 닮은 어떤 성향을 갖는다면, 그는 그 행위로, 모델의 행위 특색을 희석화한 셈이 된다. 이런 것이 유행과 유해의 시대별 격변, 즉 특정 계급에서의 전형적인 의상의 상대적 안정에 역행하는 현상이 나타나게 한다. 하녀가 상류사회의 여인처럼 옷을 입게 될 때, 상류사회의 여인은 그때에 선을 긋고 스타일을 바꾼다.

우리는 그래서 모델에서 반모델로 방향을 전환한다. 만약 열등한 자가 우월한 자를 모방한다면, 우월자는 결코 열등자와 닮기를 원하지 않고, 도리어 그를 경멸하게 되고 취향이 나쁜 저질의 삶을 사는 예로서 인용하게 된다. 몽테뉴는 반모델의 논쟁에 아주 예민하였다:

> 세상에는 사례보다는 대조, 그리고 추종보다는 극복하여 배우기를 더 선호하는 나 같은 성질을 갖는 사람들이 있다. 이것이 원로원 의원 카토가 현명한 자는 현자보다 어리석은 자로부터 보다 많은 것을 배운다고 언급했을 때의 관점을 갖는 그런 종류의 교육이다. 그리고 고대의 서정시 연주자인 파우사니아스가 자신의 학생들에게 강제로 길 건너에 사는 서

12 Pascal, *Œuvres*, coll. La Pléiade, Paris, Gallimard, *Pensées*, 182, p. 870.

> 툰 연주가들의 노래를 가서 듣고 그네들의 불협화음과 잘못된 음정을 증오하도록 가르친 것과 마찬가지로 이러한 종류의 교육을 우리에게 전언한다.[13]

자신을 반모델의 행위와 구별하는 데는 반모델의 행위를 지적하는 것으로 충분하다. 기사 드 메레Chevalier de Méré의 행위에 대한 반모델의 효과를 다음과 같이 기술한다.

> 우리는 좋아하지 않는 사람을 단순히 피하는 것만 아니라, 그들과 관련된 모든 것을 증오하며 가능하면 그들과 닮은 것이 없기를 원한다. 그들이 평화를 찬양하면 우리는 그들이 전쟁을 원하도록 한다. 그들이 만약 경건하고 질서 정연한 삶을 영위하면, 우리는 방탕하고 무질서하게 되기를 바란다.[14]

그렇지만 모델을 닮고자 하는 욕망이 적절한 지향점을 제시하면 반모델을 회피하는 많은 방법이 있다. 맥락은 따라야 할 방향을 지칭한다: 네가 산초 판사Sancho Panza가 되지 않기를 원한다면 너는 본능적으로 돈키호테와 관계될지도 모를 일이다.

반모델은 대조논거의 논증argument a contrario의 출발점이고 설득근거의 논증argument a fortiori으로 사용될 수 있다. 야생동물이 그 새끼들에

13 Montaigne, *Essais*, livre III, chap.VIII, coll. La Pléiade, p. 893.

14 Chevalier de Méré, *Œuvres complètes*, t. II, *Des Agrémens*, Paris, 1930, pp. 30-31.

헌신을 하는데, 인간이 유사한 애착심을 발휘하지 않는다는 것은 꼴사나운 모습이 된다.

모델과 반모델의 역할은 신과 사탄에서와 같이 의심할 여지가 없는 구체화의 확신을 가질 때 가장 잘 나타난다. 이것이 왜 종교적 승화의 도덕성이 신의 모방과 신의 계명에 대한 복종과 같이 규정되는 이유이다.

완벽한 모델의 장점은 통찰력을 필요로 하지 않는다는 점이다. 그것은 옳은 궤적에 존재하므로 충분히 고무될 만하다. 그러나 필요한 경우 신성한 모델의 역할을 원하면 그것을 채택하는 것은 막을 수 없다. 보쉬에는 많은 그의 글에서 왕의 모델로서 예수를 제시한다.

> 예수는 그의 권능에 주어진 모든 주권을 중용과 정의에 이양하도록, 자기 자신을 스스로 만든 규제에 종속시키고, 자신이 설정한 법칙에 복종하기를 갈망하였다.[15]

다른 설교에서 보쉬에는 말하기를

> 이분, 위대한 신은 사람들이 그에게 이야기하고 싶은 모든 것을 아시고, 모든 것을 보신다. 그는 모든 것을 들으시고 그의 귀는 그에게 전해지는 불만을 들으려고 언제나 열려 있으며, 그는 정의를 행하려고 항상 준비되어 있다. 거기에 모든 왕을 위한 모델이 있다.[16]

15 Bossuet, *Sermons*, vol. II, *Sur la prédication évangélique*, Paris, Garnier, p. 50.
16 위의 책, *Sur l'ambition*, p. 411.

로크는 신은 인내의 모델이 된다고 믿었다. 신은 전능의 존재로서 모든 사람을 구원할 수 있지만 자신의 의지를 극복하지 못하는 사람을 구제하지 않는다고 우리는 알 고 있다.[17] 중세의 기사 드 메레는 행위와 담론을 통하여 신의 사랑은 그를 미쁘게 하는 자에게만 전해지기 때문에 예수는 행위화 담론으로 기뻐하는 것이 얼마나 중요한지를 보여 주었다는 입장을 갖는다. 반면에 시몬 베유는 성경의 비유가 삶의 장에서 갖는 중요성을 강조하고, 이것으로부터 기독교는 농부와 땅의 산물, 빵과 포도주를 칭송하는 종교라는 결론을 도출하였다.[18]

모델에 의한 풍부한 논증은 모델이 독특한 경우에 그것의 한 측면 또는 다른 측면을 강조해 주며, 그리고 각각의 상황에 적합한 교훈을 준다.

---

17 Locke, *The Second treatise of civil govemment and A letter concerning toleration*, London, Basil Blackwell, 1948, p. 137.

18 S.Weil, *L'Enracinement*, Paris, Gallimard, 1949, p. 82.

10장

유추와 비유

유추의 관념과 역할은 철학의 역사에서 다양하다. 플라톤이나 성 토마스 같은 사상가들은 유추를 구체적이며 불가결한 추론의 한 유형으로 제시한 반면, 경험주의자와 같은 여타의 사상가들은 추론을 취약한 유사성을 확인하는 정도에 한정하여 가설을 형성하는 데 활용하나, 과학적 연구결과를 구성하는 데는 유추를 전적으로 배제한다.

논증의 이론가는 의사소통과 비공식적 추론의 특성을 구성하도록 유추에 의뢰하는 입장을 견지할 것이다. 즉 어떤 경우 유추는 수학적 형식으로 결론에 도달하게 될 때 궁극적으로 배제된다. 그러나 철학과 종교적인 표현에서 종종 유추는 인간과 신성한 것 간의 관계 또는 우주에 대한 원천적인 통찰의 중심이다.

그렇지만 유추가 나름의 특이성을 유지하기 위해선 아마도 그것의 어원상 의미가 갖는 비율로 해석되어야 한다. 유추는 두 관계의 동일성을 긍정적으로 가정하기보다는 그들 간의 유사성을 확정하는 순수한 수학적 비율과는 다르다. 대수학에서 a/b=c/d의 규정은 동일하게 c/d=a/

b를 확정하는 것이 가능하고, 이런 용어의 수학적 유추로 ad-cb=0의 예와 같은 공식으로 귀결된다. 유추론에서 b에 대한 a는 d에 대한 c로서 확정한다. 이는 더 이상 나누기의 문제가 아니라 다른 것에 대한 어떤 관계의 비교 문제이다. a-b(유추론의 주제thème de l'analogie)와 c-d(유추론의 준거치phore de l'analogie)의 짝은 규정에 의해서 동일하다는 주장을 하지 못하지만, 준거치 비교치에 비추어 주제를 명확히 하고, 구조화하고, 평가하는 것으로 어떤 비교는 된다. 명확성, 구조화 및 평가를 목적으로 하는 어떤 비교이다. 이것은 비교치phore는 주제thème와는 다른 영역에서 나왔고 주제보다는 더 잘 알려진 분야라는 것을 의미한다.

이러한 관점에서 유추는 존재론이 아니라 논증의 이론의 한 분야이다. 유추는 어떤 경우 과학자들로 하여금 준거치와는 독립적으로 주제를 구조화하는 실험의 결과를 따르는 연구조사를 지향하게 한다. 그런 다음 과학자는 공사 도급업자가 건물이 완료된 후에 건축 현장의 발판을 철거하는 것처럼 유추를 버릴 수 있다. 그러므로 전기와 수압의 흐름에 대해서 설정된 유추는 그 분야의 첫 실험 방향을 제시하고 그 다음보다 발전된 실험이 마침내 독립적으로 개발된다. 다른 경우의 유추에서는 주제와 준거 양자 모두가 일반적 법칙으로 환원되도록 억제한다. 그렇지만 경험적인 방법론의 의뢰가 불가능한 분야에서 유추는 무용지물이 아니라 유추에 근거한 논증으로 활용되어 유추의 적합성을 보여준다.

여기 윤리, 형이상학 및 신학에서 인용한 유추론이 불가피한 세 가지 사례가 있다.

첫째 것은 에픽테투스의 간곡한 권유이다:

> 만약 어떤 아이가 과자와 너츠를 끄집어내려고 목이 좁은 항아리에 손을 집어넣었는데 손이 꽉 찼다면, 그에게 무슨 일이 벌어지겠는가? 그 아이는 그것을 꺼내지 못하고 울어 버릴 것이다. 누군가 그에게 "조금만 집어라. 그러면 손이 빠져나올 거다"라고 말할 것이다. 그러므로 나는 너에게 너의 욕망에 똑같은 것을 말하고자 한다. 오직 조금만 원하라 그러면 너는 그것들을 얻을 것이다.[1]

둘째, 라이프니츠는 다른 원소들이 신성한 단일원소에 의존하는 것을 명확히 하기를 희망하며 그의 《형이상학에 대한 담론》에서 "다른 모든 물질은 우리들의 사상이 우리자신의 실질성에서 나오는 것과 같이 신성에 의존된다"고 쓰고 있다.[2]

마지막으로 요하네스 스코투스 에리우게나Jean Scot Érigène는 신의 은총과 인간의 자유와의 관계를 주지시키기 위하여 눈동자와 빛의 관계를 활용한다.

> 실로 사람은 시력을 갖고 있을지라도 암흑에 둘러싸여 있을 때는 아무것도 보지 못한다. 왜냐하면 인간은 빛은 눈을 감고 있어도 느끼게 하고 눈

1 Épictète, *Entretiens*, livre III, chap. IX; *T.A.*, p. 512에서 재인용.
2 Leibniz, *Discours de Métaphysique*, XXXII; *T.A.*, p. 505에서 재인용.

을 뜰 때는 주변의 모든 것을 보게 하는 빛이 없이는 암흑에서 헤어나지 못하기 때문이다. 그러므로 인간이 자신의 죄와 원죄의 음영에 잔존하는 한, 인간의 의지는 자신의 암흑으로 속박된다. 그렇지만 신성한 빛의 은총이 나타날 때 죄의식과 죄악의 어둠은 사라지고 병든 의지력을 치유하여 시력을 주며 선행을 통하여 죄책감을 씻어 버리고 빛을 볼 수 있게 된다.[3]

이러한 세 가지 사례는 유추의 역할을 예시하는바 그것은 준거치에 비추어 주제를 명확히 한다. 후자의 두 예는 또 다른 친숙한 것을 통하여 어떤 알려지지 않은 관계를 설명하는 것이고, 첫 번째 예는 성인들이 만장일치로 동의하는 어린아이들의 행위에서 추론하는 준거치에 비교하여 사람을 인도하는 것이다.

네 가지의 유추용어는 한 가지 용어를 주제와 준거로 반복함으로 세 용어를 사용하여 표현할 수 있다. 그 도식은 b는 a에 대한 b와 같이 c에 대한 것이다. 헤라클레이토스는 "신성한 사람의 안목은 성인의 안목으로 보는 어린애의 철없는 짓과 같다"[4]라는 것에 주목하였다. 이러한 세 용어의 구조는 플라톤의 《공화국》 제7권에 있는 동굴의 신화에서뿐만 아니라 앞에서 인용한 라이프니치의 구절에서도 진술한 바 있다.

유추에서 준거에 의존하여 주제를 명확하게 하는 역할 수행을 위해서는 각각의 영역이 수학적인 비율의 값처럼 동질적이어서는 안 된다.

---

3 Jean Scot, *Liber de praedestinatione*, IV, 8; *T.A.*, p. 513에서 재인용.

4 Diels, *Fragmente der Vorsokratiker*, p. 79; *T.A.*, p. 505에서 재인용.

비율의 값에서는 용어 간의 상호작용이 없지만 유추의 경우에는 그렇지 않다.

사부아의 대공, 아마데우스의 교황 무효선거에 관하여 칼뱅은 "앞에서 언급한 아마데우스는 한 조각의 음식으로 짖는 개를 달래듯이 추기경의 모자로 진정되었다"[5]라고 기록한다. 실망한 대공과 짖는 개를 한데 묶어 과거의 교황과 그에게 부여했던 보상을 동시에 경멸한 셈이다.

이런 종류의 비교는 유추 론자의 의지에 반대되고 의도성이 없을 때는 우습게 된다. 로런스 스턴Lowrence Sterne은 그의 《트리스트람 샌디의 인생과 견해Life and Opinions of Tristram Shandy》에서 졸렬한 도식의 논증 활용에서 나타나는 우스꽝스러운 효과를 다음과 같은 대구로 제시한다:

> 용감하도다! 하늘이 내린 용맹! 토비Toby 아저씨는 울음을 터트렸다– 그(윌리엄 왕)는 왕이 될 만하다 — 교수형 당할 도둑놈처럼 충분하다고 트림Trim은 소리쳤다.[6]

모든 범죄는 처벌할 만하다는 것같이 모든 착취는 변상받을 만하다고 말하는 것은 어떤 심각한 단정이 되는 것으로서, 윌리엄이 왕이 될 만하다는 것을 도독놈을 교수형에 매다는 것으로 말하는 것은 비유의 불일치 때문에 우리를 웃기는 것이다.

---

5 Calvin, *Institution de la religion chrétienne*, 1888, p. 13; *T.A.*, p. 508에서 재인용.
6 L. Sterne, *Vie et opinions de Tristram Shandy*, livre XIII, chap. XIX; *T.A.*, p. 509에서 재인용.

"왼쪽–오른쪽" 그리고 "피상적–심원한"과 같은 대구적 용어는 누군가를 높이거나 폄하하고자 하는 어떤 사상의 표현 또는 정치적 위상을 설명하는 준거치로서 정상적인 활용을 하고자 할 때, 이들 대구적 용어는 중립에서 시작하여 그 용어가 통용되는 역할 때문에 긍정 또는 부정적인 어떤 의미의 함축성을 띠게 된다. 그러나 똑같은 용어가 다양한 준거에서 여러 가지 역할을 수행할 때는 때로는 그 용어가 긍정적으로 때로는 부정적으로 평가될 것이다. 구약성경의 에스겔서 11장 19절(NEB)에 "내가 그들에게 일치한 마음을 주고 그 속에 새 신을 주며, 그 몸에서 굳은 마음을 제하고 몸의 부드러운 마음을 준다"에 "굳은 마음"은 반항의 상징이며 "부드러운 마음"은 경건한 복종의 상징이다. 그러나 로마서 8장에 성 바울이 영성에 대하여 몸을 거부하는바, 이때의 몸은 죄의 상징이고 영은 은총의 상징이다. "몸"이란 용어는 이처럼 어떤 유추에서는 가치를 지니며 다른 유추에서는 폄하된다.

준거치의 하나 또는 다른 요소는 종종 주제에 보다 밀착하고 유추를 보다 확신하게 하는 수식을 한다. 중세의 예술가는 모세를 그리스도의 사전 현시로 나타내기를 원하는 정도에 맞추어서 나귀를 탄 그리스도의 예루살렘 입성과 동격으로 과시하기 위하여 예언자 모세는 나귀를 타고 그의 부인은 걸어서 뒤따르는(성경의 문맥과는 반대로) 모습을 보여준다.[7] 유사하게 보쉬에는 스페인 보병 전투부대를 언급하면서 그들은 "지체의 파열을 스스로 치유할 줄 아는 탑과 같은 불멸의 탑과 같다"[8]라

7 L. Réau, « L'Influence de la forme sur l'iconographie médiévale », in *Formes de l'art, formes de l'esprit*, 1951 참조; *T.A.*, p. 509에서 재인용.

고 말한다.

만약 누군가가 글자 그대로 준거치의 이러한 수사를 따른다면 그는 때로는 어떤 거짓을 확신하게 되고 때로는 환상적인 실제를 서술하는 것이 될 것이다. 그러나 그러한 과정에는 한계가 있다. 준거치에 관한 확신이 상식에 충격적인 것이기 때문에 허용할 수 없을 때는 퀸틸리아누스의 다음의 조롱과 같은 사례 유형의 표현과 같이 된다. 즉

> 거대한 강의 원류에서도 항해는 할 수 있다
> 푸짐한 나무는 묘목에서도 열매를 맺는다.[9]

풍부한 유추는 다양한 방식으로 확장될 수 있다. 라 브뤼예르는 그러한 유추에서 산뜻한 효과를 어떻게 그려 내는가를 알고 있었다.

> 수레바퀴, 봄, 숨겨진 움직임: 손짓 이외에 어느 것도 눈에 띄지 않으며, 모르는 사이에 움직여 돌며, 그들의 순환은 끝난다. 따리꾼이 영상, 모든 것이 충분히 근거를 덮어 둔 것같이 더할 나위 없이 완벽하게, 그는 착수한 지점과 똑같은 지점에 종종 되돌아온다.[10]

유추의 확장은 가끔 논증에서 유용하게 될 것이다. 그러므로 지식의

---

8 Bossuet, *Oraison funèbre de Louis de Bourbon, prince de Condé*, in *Oraisons funèbres*, coll. La Pléiade, Paris, Gallimard, p. 218; *T.A.*, p. 510에서 재인용.

9 Quintilien, *Institution oratoire*, livre VII, chap. III, § 76; *T.A.*, p. 511에서 재인용.

10 La Bruyère, *Caractères*, « De la Cour », §65; L.Olbrechts-Tyteca, *Le Comique du discours*, p. 293에서 재인용.

"근거"에서 찾아지는 난관은 폭풍에 놓여 있는 배에 비교될 수 있으며, 배가 남겨지고 썩어 없어질 수 있는 강둑에 이르는 것처럼 회의적 결론으로 끝나는 사실에 비견할 수 있다. 흄의 방법론과는 대조적인 칸트는 《형이상학 서설Prolegomena》에서, "나의 목표는 지상의 지식에서 도출한 안전한 천문학 원리를 수단으로 갖춘 항해사를 (이 선박에게) 제공하고 완벽한 도해와 나침반을 갖추어 배를 안전하게 그가 원하는 곳으로 저어 갈 수 있게 하는 것이다"[11]고 말한다.

칸트는 흄이 격하하는 역할에 따른 선박의 정상적인 활용에 반대하며, 유추를 통하여 흄의 회의주의에 대한 그의 비판철학의 우월성을 강조한다.

모든 유추는 어떤 관계를 돋보이게 하고 다른 것은 음지로 남겨 놓는다. 맥스 블랙Max Black은 서양장기에서 차용한 용어로 전투를 서술함으로써 전쟁에 대한 모든 공포를 무시할 것을 강조해 왔다.[12]

유추의 수용은 어떤 현상의 서술에서 강조하는 중요한 측면에 대한 어떤 선택의 승인이다. 동시에 어떤 저자를 비판하는 것은 그가 사용하는 유추를 반박하는 것으로 유인된다. 윌리스 무어Willis Moore는 진술과 사실 간의 관계에 대한 비트겐슈타인의 관념에 반대하여

> 만약 어떤 진술을 기록한 어떤 글이 그 소리를 기록한 사실을 나타낸다면, 우리는 아마도 비트겐슈타인의 의도에 동의했어야 한다[13]

11 Kant, *Prolégomènes à toute métaphysique future*, Introduction; *T.A.*, p. 518에서 재인용.

12 M. Black, *Models and Metaphors*, Ithaca, Cornell University Press, 1962, pp. 42-45.

13 W. Moore, «Structure in Sentence and in Fact», *Philosophy of Science*, 1938, p. 87;

라고 쓰고 있다.

유추로 예시된 어떤 주제를 비판함에는 그 유추를 우리의 관념에 보다 더 잘 일치하도록 적용하거나, 그렇지 않다면 그것을 보다 적절한 다른 생각으로 대체해야 한다. 이 두 과정은 논쟁거리이다.

라이프니츠는 그러므로 로크와의 토론에서 지식에서 마음은 경험의 흔적을 남기는 깨끗한 대리석 조각 같은 역할을 한다는 관념을 수용하지 않고, 그보다는 마음의 역할이란 다른 어떤 형상보다 한 형상을 수용하도록 사전성향에 기울어져 있는 나뭇결 무늬가 있는 대리석 조각에 유사하다고 생각한다.[14]

반면에 비판적 유추는 본질적으로 우리가 주제를 이해하는 방법에 반대할 때 우리 자신의 관점을 표현하기 위하여 논점이 되는 준거치를 보다 적절한 다른 것으로 대체하는 것이다. 폴라니M. Polanyi는 과학 활동을 체계적인 것으로 생각했기 때문에 《아레오파지티카Areopagitica》에서 깨진 입상의 파편들을 원상회복하려는 지식인의 활동을 선호하여 밀턴의 유추를 반대하였다. 폴라니에게는 과학 활동은 생명유기체의 발전과 유사한 것이다.[15]

아리스토텔레스는 비유를 "사물에 유에서 종으로, 종에서 유, 종에서 종, 또는 유추를 근거로 존재를 바꾸는 뭔가 다른 것에 속하게 되는 명칭

T.A., p. 523에서 재인용.

14 Leibniz, *Nouveaux Essais sur l'Entendement*, in *Œuvres*, éd. Gerhardt, vol. V, p. 45; *T.A.*, pp. 522-523에서 재인용.

15 M. Polanyi, *The Logic of Liberty*, London, Routledge and Kegan Paul, 1951, pp. 87-89.

을 부여하는 것"[16]으로 규정한다. 그는 비록 모든 수사어구를 비유로 간주했지만, 우리는 그가 상상한 마지막 경우에 한정할 것이다. 우리에게 비유란 주제와 준거의 결합으로 인한 오직 압축적 유추일 뿐이다. a는 b이고 c는 d이다 라는 유추에서 비유는 d에 대한 a, b에 대한 c, a는 c이다 라는 형식중 하나를 취한다. 유추의 고전적 사례인 "노년이란 것은 황혼이 낮이 되는 삶이다"에서 우리는 "낮에 대한 노년", "인생의 황혼" 또는 "노년은 황혼"이라는 비유가 도출된다.

a는 c라는 형식의 비유는 빠져나간 용어를 보충하여 유추를 재구성하여 충분히 이해할 수 있음에도 불구하고, 이들 a, c를 동일시하려고 하기 때문에 최대의 속임이 된다. 이러한 종류의 비유가 보다 축약된 형식으로 표현할 수 있으며, 수식용어와 그것이 적용하는 실제 간의 대치가 야기될 수 있음에 주목해 보자. 용맹한 전사에 대해 "이 사자와 같은"이라고 쓸 경우 우리는 "이 전사"를 "사자"라고 이해하여 유추에 의해서 "다른 사람과의 관계에서 이 전사는 다른 동물과의 관계에서 사자가 되는 것을 암묵적으로 알게 된다." 보다 일반화된 방식으로

> 우리가 어떤 사람을 말할 때, 그는 곰, 사자, 늑대, 돼지, 또는 양이라고 말하는 경우, 우리는 비유적으로 그의 성격, 행위, 또는 타인과의 위상을 서술함에 있어, 동물의 세계에서 그러한 종류의 동물과 같은 행위와 위상에 대해서 갖는 관념으로 기술하고, 그 사람과의 관계에서 우리가 일상에서 그러한 종류의 동물에 대한 체험과 똑같은 반응을 야기하는 것으

16 Aristote, *Poétique*, 1457b.

로 생각한다.[17]

비유적 결합은 주제의 범위를 준거의 범위로 동화시키는 성향을 갖는바, 특별히 시적 상상력을 불러일으키기 위해서 주제와 준거가 소위 개별화되어 유추 이상으로 전후좌우의 의미전환을 허용한다. 롱사르Ronsard는 잘 알려진 《카산드라 송시Ode à Cassandre》에서 그 소녀를 한 송이 장미인 것처럼 서술하기 전에, 어떤 소녀에 적합한 용어를 장미로 표현하는 것으로 시작한다:

사랑하는 이여 오서서,
이 아침에 막 피어나는 장미를 보시오,
태양과 더불어 장미의
연분홍빛 옷차림은 빛을 잃지 않으며,
낮이 저물고 장미의 연분홍 옷깃이 접어진,
그대 모습과 같은 장미의 색채.[18]

이러한 비유적 결합은 형용사('빛나는' 노출), 동사(그는 '되돌려 쏘듯이' 응답했다), 소유격('우리들의' 워털루), 결정력('삶'의 석양), 쌍 짓기(인생은 꿈'이다'), 또는 문자적 의미가 배제된 문맥에서 어떤 어휘를 적용하여 지

17 C. Perelman, «Analogie et métaphore en science, poésie et philosophie», in *Le Champ de l'argumentation*, Bruxelles, Presses Universitaires de Bruxelles, 1970, p. 274.
18 Ronsard, À sa maîtresse, Ode XVII, in *Œuvres complètes*, coll La Pléiade, Paris, Gallimard, vol. 1, pp. 419-420.

표화될 수 있다.[19]

비유는 반복할 경우 식상하게 되고 비유를 하고 있다는 것을 잊기 쉽다. 우리는 이러한 것을 비유 상 "죽은 것" 또는 "고착된 것"이라고 한다. 일상화된 표현양식이 된 것으로 비유적인 양상은 똑같은 형식을 갖지 않는 외국어로 그것을 번역할 때 진부한 표현이 드러난다. 언어에서 비유적 표현이 어떤 대상을 지칭하는 유일한 방식일 경우, 그것을 "산길의 발자국"과 "의자의 팔걸이" 같은 **비유의 남용**이라 부른다.

비유의 남용에 의존하는 것은 논증에서 매우 효과적이다. 왜냐하면 표현에 대한 습관적인 방법으로 결론을 도출하여 때문에 독자는 표현의 연역적 성격을 알 수 없도록 하기 때문이다. 즉 그것은 결론이 사물의 본질에서 유출되는 것처럼 보이게 한다. 그러므로 데카르트는 심성의 방향에 대한 일곱 번째 법칙에서 "선택된 것의 최소 부분이 생략될 때 전체의 고리가 즉각 흐트러지고 결론의 모든 확실성은 실패한다"[20]는 이유로 엄격한 연역에서는 어떤 연결고리의 생략도 결코 있어서는 안 된다고 강조하면서 "관념의 사슬"로서 비유 남용을 활용한다. 그렇지만 우리가 추론을 "사슬"에 비유하지 않고, 논쟁을 엮어 짠 피륙의 "옷"에 견주어 준거치를 변경한다면, 피륙의 옷은 개개의 실보다 월등 우월하고 사슬은 더 이상 최소의 연계보다 강하지 않으며, 준거치가 사슬로 연계된다고 더 이상 확신할 수 없다.[21]

각각 다른 측면을 강조하고 상이한 결론에 이르게 하는 똑같은 비유

19 L. Olbrechts-Tyteca, *Le Comique du discours*, p. 307.

20 Descartes, *Œuvres*, coll. La Pléiade, Paris, Gallimard, p. 58.

를 활용하는 방법은 많이 있다. 방법은 종종 어떤 수단으로 서술되지만(이는 '방법'이라는 단어의 어원을 회상하게 한다) 각 사유자는 이러한 서술을 자신의 방식으로 사용한다.

데카르트는《방법서설》의 두 번째 부분에서

> 어둠 속에서 홀로 걸어가는 사람같이 만약 내가 아주 급하게 서둘러 나아가지 않았다면, 적어도 나는 넘어지지 않을 만큼 안전하게 천천히 그리고 신중하게 갈 것을 결심한다[22]

라고 쓰고 있다.

반면에 라이프니츠는 지식의 사회적 측면을 강조한다. 그는 우리들의 행복에 기여하는 과학의 관계를 고려하여, "인간의 종족이란 지도자, 질서, 보행의 보조, 또는 서로 알아보거나 걸음걸이를 유지하기 위한 어떤 수단도 없이 암흑 속에서 행군하는 일단의 군중을 닮았다"라고 기록하여, 우리들에게 "줄과 보조를 맞추어 도로를 표시하고, 그 안에서 탄탄대로를 공유하며 행군"하도록 충고한다.[23]

이들 두 사람의 고전 사상가에겐 과학은 신의 마음으로 완벽하다. 길은 완전하게 놓여 있고 단순히 그 길을 따르는 것으로 충분하다. 반대로 헤겔에게 길은 지식의 발달로 계속 구축되는 것이다. 개인적으로 지식

21 C. Perelman, *Le Champ de l'argumentation*, p. 277 참고.

22 Descartes, *Œuvres*, coll. La Pléiade, Paris, Gallimard, p. 136.

23 Leibniz, *Die philosophischen Schriften*, ed. Gerhardt, Hildesheim, Georg Olms, 1961, VII. 157.

의 성장에는 전통, 진취적 기상, 그리고 실행에 대단한 중요성을 부여하기를 바라면서 나는 쓴 바 있다.

> 우리들의 지적 진보는 우리들의 부모나 스승들이 토대를 마련해 주었다. 새로운 도로를 건설하거나 낡은 도로를 개선하기에 앞서서 우리들은 우리들보다 앞서 간 세대에 의해서 건설된 수많은 길을 사용해 왔다. 어떤 도로는 무관심으로 부실해졌고 길의 궤적을 잃을 정도로 초목으로 덮여 있다. 우리들은 종종 오랫동안 사용하지 않은 그 길을 발견하고 행복해하기도 한다. 또 어떤 길은 너무도 험하여 오직 장비를 잘 갖추어 고도로 훈련된 산악인들만이 그 길을 모험으로 개척할 수 있을 뿐이다.[24]

우리는 이러한 사례들에서 주제의 서술은 준거치의 선택에만 의존하는 것이 아니라, 주제가 담고 있는 관념이 같은 값의 준거를 개발할 수 있는 방식을 인도할 수 있다는 것을 본다.

새를 지칭하는 "날개의 향기"나 물고기를 지칭하는 "비늘용기"와 같은 비유의 위험성은, 그러한 비유가 "생각하는 갈대"와 같은 어떤 환상적인 존재를 떠올리게 하는 상상의 유발성이다. 얼마 전에 리처드I. A. Richard가 정당하게 비난한 것은 이러한 오류이다.[25]

어떤 용어는 똑같은 비유에서 준거치를 계속 사용한 덕택에 그들의 비유적 의미가 일상적인 의미로 통용된다. "명확한" 또는 "애매한"이란

---

24 C. Perelman, *Le Champ de l'argumentation*, p. 278.

25 I. A. Richards, *The Philosophy of Rhetoric*, New York, Oxford University Press, 1936, p. 16; *T.A.*, p. 540 참고.

용어는 의당 생각이나 질과 양을 서술하는 것으로 받아들인다. 그렇지만 진부한 표현이나 일상적 활용어처럼 보이는 것은 다양한 양식의 기법을 수단으로 그것의 비유적 의미를 찾아낸다. 앙리A. Henry는 이러한 것들을 아주 멋지게 분석해 왔다.[26]

두 개의 상투적 표현을 병렬하면 비웃는 자에게조차 놀라운 효과를 가져올 것이다. "굵은 야채는 사회의 크림이다[명사는 사회의 정수이다]." 종종 어떤 암시나 대립으로 충분하다. 그렇지만 논증에서 가장 재미있는 기법은 문체에 매우 희귀하게 암시력을 유발하도록 잠재적 암유를 개발하는 구성이다. 이 기법은 라 브뤼예르와 파스칼이 가끔 사용하였는데, 다음의 예에서 이러한 생각을 볼 수 있다. "위대한 사람과 비천한 사람은 똑같이 불운하고, 슬프고, 열정적이다. 한 사람은 수레의 꼭대기에 있고, 다른 사람은 수레의 가운데 부근에 있으며, 그래서 똑같이 혁명의 소용돌이에서 영향을 덜 받는다."[27]

"막다른 길이 된다"는 표현은 바슐라르Bachelard의 "초기 심리학이 선언한 것처럼 추상은 막다른 길이 되는 대신에 교차로 된다"라는 진술에서 비유가 된다.[28]

오늘날 그것이 생동감 있는 비유인가 또는 죽은 비유인가 그리고 지각적 비유인가 잠재적 비유인가 하는 문제들이 철학적 사유 또는 아마도 모든 창조적 사유 없이는 행해질 수 없다는 확신이 일반화되어 있다.

26 A. Henry, « La Reviviscense des metaphores », in *Metonymie et metaphore*, Paris, Klincksieck. 1971, pp. 143-153.

27 Pascal, *Œuvres*, coll. La Pléiade, Paris, Gallimard, p. 884; *T.A.*, p. 544.

28 G. Bachelard, *Le Rationalisme appliqué*, Paris, Vrin, 1949, p. 22; *T.A.*, p. 545.

아마도 니체Nietzsche의 작품에서 시작된 이러한 생각은 영미사상에서는 30년 이상 널리 퍼져 왔다. 페퍼S. C. Pepper에겐 세상사에 대한 다양한 전망은 "뿌리 비유"에서 구별된다.[29] 에밋Dorothy Emmet에 따르면 이러한 것들은 형이상학적 사유를 특성화하는 비유이다.[30] 휠라이트Philip Wheelwright는 그의 잘 알려진 두 작품《뜨거운 샘The Burning Fountain》(1954)과《비유와 실체Metaphor and Reality》(1964)에서 똑같은 생각을 갖는다. 버그렌Douglas Berggren은 더 나아가서 한 중요한 논문에서 똑같은 성향을 따르면서

> 비유의 활용과 남용은 진실로 창의적이며 예술, 과학, 종교 또는 형이상학에서 비신화적 사상은 변함없이 그리고 되돌릴 수 없을 정도로 은유적이어야 한다[31]

라고 글의 결론을 맺는다.

끝으로 블루멘베르크H. Blumenberg는 독일에서 문화의 연구와 사상의 체계에서 핵심이 되는 것으로 간주하는 새로운 학문으로 "비유학"을 작업하고 있다.[32]

(니체를 추종하는) 데리다Derrida가 갖고 있는 것과 같이 어떤 절대적이고 추상적 진리에 대한 기만적으로 활용을 하는 모든 철학은 언제나 어

29 C. S. Pepper, *World Hypotheses*, Berkeley, University of California Press, 1942.
30 Dorothy Emmet, *The Nature of Metaphysical Thinking*, London, Macmillan, 1945.
31 *Review of Metaphysics*, 1962-1963, vol. 17, pp. 237-258, 450-472.
32 H. Blumenberg, *Paradigmen zu einer Metaphorologie*, Bonn, Bouvier, 1962.

떤 신화의 유예로 장식되는가?[33] 또는 리쾨르의 주장처럼 생기 있는 비유의 선택과 개발인가?[34] 모든 게 상관없는 일이다. 확실한 것은, 경험적 증명이 안 되는 철학적 사유는 세계관의 핵심 요소로 수용되는 어떤 유추와 비유를 목표로 하는 논증에 의해 발전한다는 것이다.

33 J. Derrida, « La Mythologie blanche », in *Poétique*, II, 1971, pp. 1-52.

34 P. Ricœur, *La Métaphore vive*, Paris, Seuil, 1975, p.p 325-340.

11장

관념의 해체

제6장에서 우리는 처음으로 관념의 해체에 대해 논의하였다. 이 논증기법은 전통적인 수사학에서는 거의 언급되는 않았다고 지적하였는데, 그 이유는 이 기법이 철학적 사유, 즉 체계적인 사상을 분석하는 사람에게는 빈번하게 활용되는 불가결한 방법이기 때문이다. 일상의 생각이 내면하는 양립불가능성에 직면하여, 어떤 사람이 그것을 만나지 않은 것처럼 위장하여 그 난관을 마법으로 쫓아내 버릴 수 없을 때, 그 대신 이론적으로 만족할 만한 방식으로 현실에 대한 일관적인 전망을 재설정하여 그 문제를 해결하고자 노력하는 경우, 그는 대부분 애초에 수용했던 관념들을 해체함으로써 그러한 문제의 해결점을 얻으려 할 것이다. 그러므로 칸트는 자연과학의 방법은 보편적 결정주의, 그리고 도덕 과학의 방법은 책임을 지는 자의 자유를 가정하는 것으로 생각하고, 이러한 이중의 관점에서 야기되는 모순을 해결하려고 노력하였는바, 그는 실체에 대한 관념을 보편적 결정주의가 지배하는 현상적 실체와 자유를 통한 인과성이 지배하는 본체적 실체로 해체하였다.[1]

이러한 현상적 실체(나타난 것으로서의 실체)와 본질적 실체(사물의 그 자체)의 분리는 발견하는 한 쌍의 현상/실체, 즉 직접 간접으로 모든 해체에서 발견하는 어떤 실천을 활용하는 전형적인 사례이다.

언뜻 보기에 현상은 실체의 출현 이외에 아무것도 아니다. 그것은 직접경험에서 그 자체가 제시되는 것처럼 나타난 것으로서의 실체이다. 그렇지만 현상들이 양립할 수 없을 때 — 예를 들어 배 젓는 노가 물 속에 잠겨 있을 때 우리들 시야엔 꺾여져서 나타나고 그것을 만지면 곧은 막대로 될 때 — 그들은 있는 그대로의 실체를 대표할 수 없다. 왜냐하면 실체란 비모순의 원리가 작용하고 동시에 그럴 수가 없으며, 그리고 똑같은 관계에서 주어진 속성을 갖기도 하고 갖지 못하기도 하기 때문이다. 그렇기 때문에 실체에 상응하는 현상과 그렇지 못하고 현혹하는 현상을 구분하는 것이 중요하다. 따라서 외형적 현상은 때로는 실체를 표현하고, 또 어떤 때는 단지 오류의 근원과 환상이 되는 애매한 위상을 갖는다. 현상은 주어져 있고, 즉시적이고, 지식의 시작임에 반하여, 실체는 알려질 경우 오직 현상으로만 알려지는 것으로 현상을 판단하는 기준이 된다. 실체는 현실에 대한 확실한 근거의 표현, 또는 현실을 오류나 허위현상으로 바꾸는 "용어 I"을 확정하는 정도에서, 용어 I에 대한 관계상, 규범적인 것이 될 "용어 II"가 된다.

현상과 실체의 대구 쌍에 대한 모델로서 철학적 대구들은 용어 I/용어 II의 한 쌍의 형태로 제시할 수 있다.

1 E. Kant, *Critique de la raison pure*, trad. Tremesaygues et Pacaud, Paris, Félix Alcan, 1927, pp. 457-460 참조.

용어 I은 분명한 것, 처음 발생하는 것, 즉 실제적이고 즉시적이고 직접 알려지는 것에 해당한다. 용어 II는 그것과 구별되는 정도로 오직 용어 I과 비교함으로써 이해될 수 있다. 용어 II는 용어 I의 상이한 측면들이 나타낼지도 모를 양립할 수 없는 것을 제거할 목적으로 용어 I에서 초래되는 어떤 해체의 결과이다. 용어 II는 가치가 있는 용어 I의 측면들을 가치(값)가 없는 것들과 구별하도록 허용하는 규범의 기준을 제공한다. 용어 II는 단순한 자료가 아니고, 용어 I의 분해 과정에서 용어 I의 다양한 측면을 위계서열로 분류하도록 가능하게 하는 어떤 법칙을 설정한다. 용어 II는 실체를 환영과, 오류 그리고, 겉치레(이 단어의 가치 폄하의 의미로)로 지칭하도록 하는 법칙에 일치하지 않게 한다. 용어 I의 관계에서 용어 II는 규범적이면서도 설명적이다. 용어 II는 해체가 이뤄진 연후에 용어 I이 제시한 상황에서 여러 측면을 유지하거나 무력화하게 한다. 그것은 위상이 의심스러운 여러 현상에서, 어느 것이 단순한 현상이고 어느 것이 실체를 나타내는 것인가를 구분하게 한다.

이러한 점은 논증에서 그것의 중요성 때문에 본질적인 것으로 보인다. 해체의 착수로서 원초적 위상이 제시되는 동안 용어 I과 II로의 해체는 용어 II에 일치하는 측면에 가치를 부여하고 용어 II에 반대되는 것에는 가치를 낮게 한다. 엄밀한 의미에서 외형인 용어 I은 단순히 환영이고 오류이다.

실제로, 용어 I은 용어 I의 다양한 측면을 분할하게 하는 엄밀한 기준을 항상 수반하지는 않는다. 그것이 제시하는 표준은 단지 잠재적이며,

그것의 주요한 효과는 위계서열로 해체하는 용어를 질서화 하는 것이다. 칸트는 우주철학적의 모순을 해결하기 위하여 실체를 분해하여 현상과 사물 자체를 차별화하였다. 칸트가 이런 식으로 구성한 용어 II는 알려져 있지 않지만, 이것이 우리의 지식을 한정하는 현상세계가 사물 자체의 실체에 견주어 가치절하되는 것을 방지하지는 못한다. 용어 II는 용어 I의 다양성과 양립 불가능성에 반하여 설정될 때, 일관성과 유일성의 이점이 있으며, 용어 I의 다양한 측면과 양립 불가능성의 어떤 것들은 자격을 상실하게 되고 궁극적으로는 사라지게 된다.

그때 용어 II에서 실체와 가치는 밀접하게 연결된다. "이러한 연계성은 모든 형이상학의 구성에서 구체적으로 언명된다."[2]

실체와 현상 간의 상반성은 대상과 그것의 음영, 깨어 있는 세계와 꿈의 세계, 그리고 생생한 실체와 오직 연극으로 공연되는 것 등의 대비적 상반성으로 모든 일상적인 사유에서 동등하게 구현된다.

플라톤과 플로티노스와 같은 형이상학 철학자들은 감각의 세계를 관념 또는 초월 세계에 대한 진정한 실체에 대비하기 위해 감각세계를 가치 폄하한다.

《공화국》의 제7권에 있는 동굴의 신화에서 플라톤은 감각적 실체는 대상이 투시된 음영이 대상 자체와 관계되어 있는 관념세계와 똑같은 관계성을 갖는다고 과시한다. 즉 우리의 감각이 우리에게 제공하는 현상(용어 I)에 대한 관계에서 용어 II가 진술한 실체를 구성하는 관념의 세계이다.

2 *T.A.*, pp. 557-558 참조.

플로티노스는 삶과 죽음을 잠자는 것과 깨어 있는 것에 비교한다.

> 진실로 깨어 있다는 것은 육신과 더불어서가 아니라 육신으로부터 진정 깨어나는 것이다. 육신과 더불어 일어나는 것은 이 침대에서 다른 침대로 일어나 가는 것과 같이 어떤 수면에서 다른 잠자는 상태로 들어가는 것이다. 그러나 진실로 깨어나는 것은 육신으로부터 모두 함께 일어나는 것이다.[3]

플로티노스는 세속의 삶을 어떤 게임, 어떤 광경에 비교하여 비판한다.

> 여기 우리의 생활사건에서 실체는 그 안에서의 영혼이 아니라, 여러 곳에서, 사람들이 그네들의 무대를 설치하는 세속에서, 다양한 무대에서 울부짖으며 살아가는 인간의 외적 그림자에 불과하다. 이와 같은 행위는 오직 천한 외연의 생활만 영위할 줄 알고, 아주 진지한 눈물이라 해도 눈물로 연출되고 있다는 것을 알지 못하는 인간의 속성일 뿐이다. 나머지 인간은 장난감이다.[4]

예를 들어 플라톤의 《파이드로스》에서 나타나는 것처럼 용어 I/용어 II의 상반성의 근거에 대한 플라톤의 철학적 체계는 물질세계/정신세계의 대비에서 출발하여, 도출된 대구어의 쌍인 견해/지식, 감각지식/이

3 *Ennéades*, III, 6, § 6.

4 위의 책, II, 2, § 15.

성지식, 육체/영혼, 변화/불변, 복합성/유일성, 그리고 인간성/신성과 의 대비로 이행되는 일련의 가치판단을 통하여 발전한다.[5]

모든 철학적 사유는 체계를 형성하는 일련의 대구적 쌍의 형식으로 제시된다. 이러한 것은 다른 곳에서는 스피노자와 마르크스에서 찾을 수 있다.[6] 거대한 형이상학적 체계의 서구사상에의 영향은 각각의 철학적 대위에 직면해서, 우리는 용어 I 또 용어 II의 위치를 각각의 대위의 속성에 기인하기를 주저하지 않는다는 사실에서 찾을 수 있다. 그러므로 상식은 으레, 수단/목적, 결과/사실(또는 원리), 행동/인간, 돌발/요체, 우연/원인, 상대/절대, 주관/객관, 복합성/제일성, 개별/전체, 특수/보편, 평균/원규, 이론/실제, 언어/사유, 문자/정신과 같은 대위적 쌍으로 표현된다.[7]

그렇지만 어떤 사유의 원류는 곧바로 대위적 용어의 역설을 야기한다. 이러한 역설은 그러나 그 의미를 정당화하는 사유를 지적하는 것이기 때문에, 하나 또는 다른 용어의 수식 없이는 좀처럼 의미를 갖지 못한다. 그러므로 전통적인 형이상학의 성격이 되는 개별/전체의 대위는 역으로 추상/구체의 대위가 된다. 사실상 구체적으로는 혼자인 개인은 전체가 플라톤적 관념으로 어떤 우월한 실체가 아니라 구체적인 것에서 도출한 추상으로 간주될 때 일치된 가치를 갖는다. 그러나 이 경우 그것은 이론/실체의 대위에 상응하여 단지 파생적이고 이론적인 정교성으

5 Platon, *Phèdre*, 247d-248b; *T.A.*, pp. 562-563.

6 *T.A.*, p. 563 참조.

7 *T.A.*, p. 562 참조.

로 이루어진 추상, 즉 실체가 되는 것은 즉각적으로 주어진 것이다.

대위 역설의 또 다른 예는 행동/요체의 대위를 본질(또는 형식)/형성으로 역의미를 부여한 베르그송의 작업에서 찾을 수 있다.

베르그송이 어떻게 그것을 다루었는가를 보자.

> 이제, 삶이란 한 혁명이다. 우리는 견실한 관점으로 어떤 형식을 요구하는 이 혁명의 시대에 관심을 기울인다. (…) 형식은 유동적이지 않으며 실체는 움식이기 때문에, 지금은 형식이 없는 시기이다. 실재하는 것은 끊임없는 형식의 변화이다: 형식이란 변화에 대한 순간적으로 포착되는 관점이다. 연속적인 영상들이 상호 간에 그렇게 크게 다르지 않다면 우리는 그들 모두를 단순한 의미로서의 영상에 대한 찼다 기울었다 하는 잔영 또는 다른 방향에서의 일그러진 영상으로 간주한다. 우리가 실제로 어떤 사물의 본질에 대해 말할 때 또는 사물 그 자체를 말할 때 이러한 의미를 암시한다.[8]

오직 변화하는 것만이 실제이고 구체적이다. 형식은 단지 추상이고 마음의 창조물일 뿐이다.

구체적이고 즉시적인 것에 제일의 수위성을 인정하는 경향은 불가피하게 정신적 구조물로 규정된 실체를 불가피하게 단지 환영과 신비스러움으로 가치절하로 끝나게 한다. 이러한 성향은 실체에 대한 다양성과 반대전망을 하는 형이상학에 의구심을 갖는 사상가들에게서 찾아볼 수

8 H. Bergson, *L'Évolution créatrice*, Paris, 1932, p. 327; *T.A.*, p. 573 참조.

있다. 쇼펜하우어가 그러한 사상가이고 그리고 니체에서는 그러한 성향을 더 많이 찾을 수 있다. 이러한 성향은 오늘날의 실증론자와 실존주의자들이 갖는 현재 사상의 특성이다.

사르트르의 한 구절은 이러한 것을 명쾌하게 나타낸다.

> 현대사상은 존재성을 나타내는 현상 계열에 대한 실현성을 감소시킴으로써 상당한 발전을 이루었다. 존재성을 구현하는 현상들이란 내적인 것도 외적인 것도 아닌 것으로, 그들은 모두 동등한 것이며, 그들은 모두 다른 현상을 말하는 것으로 특권이 부여된 것은 어느 것도 없다. 존재와 현상의 이원주의는 철학에서 더 이상 어떠한 합법적인 위상을 부여받지 못한다. 현상은 전체적인 계열의 외양적 현상을 말하는 것이지 모든 실재성의 존재 그 자체에 함몰되는 숨겨진 실체가 아니다.
>
> 사람들은 본질적 실체로 믿는 정도에서 현상을 순전히 부정적인 것으로 제시한다. 그러나 우리가 니체가 "광경의 이면 세상에 대한 환상"이라는 것을 벗어나면, 그리고 우리가 더 이상 현상 이면의 존재성을 믿지 않는다면, 그때는 그 현상은 완벽한 실증성이 된다. 즉 그것의 요체는 더 이상 존재의 반대성이 아니라 역으로 존재를 측정하는 명백한 출현이 된다. 어떤 실제가 존재하는 것은 그것의 지속적인 현상을 관장하는 법칙의 구현이다. 그렇지만 연계의 원리로서 요체는 현상 그 자체가 되는 연관현상이다. 그러므로 현상적인 존재는 그 자체를 구현하는 것이다. 현상적 존재는 그것의 존재성뿐 아니라 그것의 본질을 실현하며, 그것은 잘 연결된 일련의 존재성의 구현이다.[9]

사르트르는 현상과 실체의 해체, 즉 존재와 현상의 이원주의를 부인하기 위하여 베르그송이 "연계의 원리"와 아주 흡사한 오직 본질적인 "의미"영상을 찾는 데 활용한 것과 유사한 어떤 유추기법을 사용한다. 그러나 그는 베르그송에게는 "되는 것"인 바의 진실체를 확인하는 것을 거부하기 때문에 본질을 위에서 용어 I의 위상에 일치시키지 않는다.

사르트르는 언제나 현상은 결코 속일 수 없다는 주제를 옹호할 수 없었는바, 그렇다면 속이는 현상과 그렇지 않는 현상을 구분하는 것은 무엇인가? 사르트르는 헤겔과 마르크스의 변증법에서 철학적 대위를 차용하여 이 문제를 우회한다. 변증법은 이에 상응하는 것으로 추상/구체의 대위를 사용하는데, 마르크스의 변증법은 추상/구체의 대위에 따라 무한정 지속되는 현상을 개별적으로 평가한다. 이러한 것은 전체적인 지속 현상과의 관계에서 부분이 오직 추상이 되는 부분/전체의 대위를 우리에게 제시한다. 모든 철학적 대위, 즉 모든 이중성을 시종일관 거부하는 체하며 전체로 간주하는, 구체성에 일치시키는 제일의 우선성은 단순히 전체적인 연계와 그것이 개별 요소 간의 구별을 새로운 방식으로 소개하는 것이다. 이는 베르그송의 개념을 회상시키는데, 그의 개념에 따르면 어떤 사물의 진실된 길이는 측정의 이면에 있는 길이가 아니라, 일련의 측정의 결과로서 통계적으로 가장 그럴듯한 크기가 되는 어떤 평균치이다. 존재와 출현 간의 모든 이중성을 거부하는 주장은 과학적 과정에 밀접하도록 한 유형을 다른 형식으로 소개하는 것으로 이중주의의 한 유형을 치지도외하는 것과 다름없다.

9 J.-P. Sartre, *L'Être et le Néant*, Paris, Gallimard, 1943, pp.11-13; *T.A.*, p. 560.

수단/목적의 대위는 쉽사리 현상/실체의 대위에 상응시킬 수 있다. 실제로 어떤 일련의 행위를 선택할 때, 목적이란 단지 외견상 보다 장기적인 목표를 실현하는 수단임을 보여 줌으로써, 바라는 바의 목적을 실제로는 무력화시키기 쉽다. 어떤 행위에 대한 적절한 특성을 판단할 수 있는 기준이 되는 것이 목표이다: 목표의 수단으로의 전환은 수단/목표성의 대위를 목표 추구의 관계로 구현되게 한다. 그러나 이러한 목표는 차례로 아직은 보다 장기적인 목표를 향한 수단으로 무력화될 수 있다. 만약 우리가 이러한 목표와 수단에 대한 변증법을 그만 멈추게 할 최종 목표를 찾아내지 못한다면, 궁극에는 존재의 모든 감각을 상실하는 만신창이 상황의 수렁에 빠지게 된다. 이러한 것에서 우리는 수단/목표의 대위는 "그것"에 대한 영역의 한 부분이 되는 사물에 대한 우리의 태도인 "유용성"에서 도출된다는 부버Buber의 경멸을 이해할 수 있다.

> 체험과 사용능력의 개발은 대부분 인간의 관계 개입의 권력을 줄이는 데서 나온다. 자기 의지적 인간에 믿기지 않는 핵심은 목표를 설정하고 수단을 강구하는 오직 불신과 자기의지를 감지하는 것일 수 있다. 희생과 품위가 없이는 그리고 만남과 구현이 없이는 그의 세계는 조정의 세계를 그는 목적들로 혼란스러울 뿐이다.[10]

이러한 전체적인 전개는 단순히 개인적 관계 — "다른" 인간의 사랑 및 신의 사랑에 직면하여 — 를 사물에 대한 도구적 관계로 대비시키는

10 M. Buber, *Je et Tu*, Paris, Aubier, 1938, pp. 74-95; *T.A.*, p. 580에서 재인용.

것이다. 수단과 목표에 대한 두 용어를 부인하는 것은 개인관계의 가치에 따라 개인이 신과 설정한 신격의 탁월성을 사적인 관계로 모델화한 그것/귀하의 대위를 설정하게 한다. 이 사례에서 수단과 목표의 이중성을 거부하는 것은 유사한 또 다른 철학적 대위로서 사랑과 품위가 없는 삶의 표징을 불신하는 것으로서, 용어 I이 되는 사물의 관계와 인간과의 관계를 설정하게 한다.

해체추론은 착수점에서 현상과 실체의 대치로 특성화된다. 이러한 해체는 누군가가 한 면으로 "명확한" 또는 "환영적"인 것 같은 형용사의 활용과 다른 한 면으로 "실제" 또는 "진실"의 활용을 이용하는 한, 어떤 관념에도 적용할 수 있다. "확실한 평화" 또는 "진정한 민주주의"와 같은 표현의 사용은 "진정한" 평화와 "명확한" 민주주의의 실현이 부재함을 지적하는 것이다. 하나의 형용사는 다른 측면의 반영이다.

현상/실체의 대위로부터 도출된 여타의 대위에 대한 형용사적 언급은 견해/진리, 명목/사물, 인위/자연, 관례/실재, 수관/객관, 문자/정신 등의 대구가 있다. 모두가 동일하게 해체의 구현을 나타낸다.

형용사 의사(의사 무신론자),[11] 유사(유사 복합성),[12] 아닌 것(비철학)[13]과 같은 접두사와 인용부호의 사용은 용어 II가 대문자(존재하는 것), 지시 관사(해결하는 것), 형용사적 독자성 또는 진실성을 지적하는 것임에

11 J. Maritain, *Raison et Raisons*, Paris, Egloff, 1947, p. 161.

12 Sartre, *L'Être et le Néant*, p. 179 참조.

13 E. Husserl, «La Crise des sciences européennes et la phénoménologie transcendantale», in *Les Études philosophiques*, 1949, p. 139.

비하여 용어 I이 쟁점화하는 것을 지칭한다.[14]

모리아크François Mouriac에 대한 연구에서 한 구절을 인용해 본다. 명사적인 철학적 대위에 대한 언급이 없이도 우리가 오직 재구조화하려는 용어 I과 용어 II의 대위 간의 상대성은 저절로 전개된다. 대치용어의 반대가 되는 어휘는 고딕체로 표현하였다:

> 모리아크는 어떤 안하무인격의 그리고 — 아마도 적절하게는 오염되지 않았다고 말해도 좋은 — 개인적인 확실한 고결함, 즉 어떤 지극한 순수함이 있어 세상사나 사회생활의 위협을 받거나 미혹되지 않았다. 그러나 순수하게 사회적 **상부구조**라는 것은 모두 온건한 표현으로 그에게 색다르지 않았다: 우리들은 그가 해악이라고 매도하는 것을 "타당", 타협 그리고 편협한 것으로 보아 왔다. 그는 세습계급 그리고 인위적 집단화를 혐오한다. 세상은 창조주가 조물한 순수한 자연을 **오염시킨다**. 그의 **진정한** 틀은 자유로운 속성이다. 어느 누구도 그럴듯한 겉치레의 작위적인 세상 분위기를 내는 거실이나 술집에 있는 사람들이 모두 갑작스럽게 스스로 거대한 절망감에 압도당하는 느낌을 받는다. 상상이나 하겠는가? (…) 모리아크는 언제나 직접적인 개인 대 개인 관계의 순수성을 위해 거짓에 반하여 **진실되고 그리고 전통에** 반하는 정신을 추구한다. (…) 그리고 이러한 **타고난** 고결함, 솔직한 순수함, 결코 부패하지 않은 **현명함**, 그리고 이러한 대담무쌍한 결의가 가장 진지한 것 그리고 우리들 내부 깊숙이 가슴 고동치게 살아 움직이는 것에 강하게 호소하는 압박과 같은 고

14 *T.A.*, p. 582-587 참조.

동이, 모리아크에 의해 이루어지는 작업은 무엇이든지 **허구화**를 공공연히 탄핵하게 한다. (…) 또한 그것은 이러한 가식 없는 순수함과 대담하고 개방적인 **가면과 허례의** 탈피는 평등과 진솔에 대한 온갖 위대한 감각을 가진 모리아크로 하여금 그의 절대적인 가톨릭주의에도 불구하고 불신자들과 교감하게 한다.[15]

철학적인 대위가 어느 곳에도 언급되지 않은 이러한 문체에서, 우리는 모든 사회적 참여는 우리가 진정한 인격을 재발견해야 하는 이면에 숨겨진 어떤 "가면"과 "허례"로서 단지 표피적이고 작위적인 것임에 비하여 용어 II, 즉 개인적인 것은 내적이고 자연스러운 것이고 진지하고 믿을 만한 것이라고 지칭함으로써 사회적/개인적인 것의 낭만적인 대구 쌍을 재구성하는 데 실패할 수 없게 한다.

작가는 일관성이 없고 동어반복적인, 때문에 그렇지 않으면 아무 의미가 없을지도 모를 그러한 문체에 직면해서, 독자를 위해서 자발적인 해체를 소개하는 어떤 철학적 대위 또는 철학적 용어 중의 하나에 대해서 명시적인 참고점을 만들지 말아야 한다. 사실상 저자에 대해 어떤 선의를 갖고 독자는 저자가 의사소통의 가치가 없는 일관성 없는 관념이나 명제를 고의적으로 주장하여 스스로 즐기지 않는다고 가정한다.

이러한 것은 실러의 다음의 시구에서 예시될 수 있다:

15 N. Cormeau, *L'Art de François Mauriac*, Paris, Grasset, 1951, pp. 183-84; *T.A.*, pp. 586-587에서 재인용.

무슨 신앙을 내가 자백할 것인가? 아무것도 없다.

당신이 말하기를 — 그렇다면 왜 없는가? — 신앙을 위하여![16]

진실된 신앙은 여느 실제적인 종교에의 집착을 허용치 않는다.

또 다른 사례를 콕토Cocteau가 보여 준다.

내가 사용하는 잉크는 백조의 푸른 피다,

백조는 더 생존하기 위하여 그가 그래야 할 때 죽는다.[17]

"상호 배타적으로 보이는 어휘를 결합하여 어떤 반대 주제를 구성하는"[18] 역설주의라 불리는 형식도 역시 해체 작업을 통하여 이해할 수 있다. 그것은 명백한 동어반복으로 칭해지고, 그 의미가 오직 용어 중의 하나를 해체하여 재해석하여 도출해 내는 표현과 똑같다.

그러므로 "소년은 소년이고" 또는 "사업은 사업이다"와 같이 말하는 것은 일상적으로 일어나는 것에 비추어, 어떤 것이 발생하는 것, 즉 어떤 본질에 대한 표현으로 간주되는 것으로 특별한 경우를 설명하는 것이다.[19]

---

16 *T.A.*, p. 588 참조. 또한 C. Perelman, «Perspectives rhétoriques sur les problèmes sémantiques», *Logique et Analyse*, 1974, p. 244.

17 «Plain-Chant», in *Empreintes*, 1950, p. 9.

18 *T.A.*, pp. 589-590 참조.

19 *T.A.*, pp. 292-293.

저자의 실수로 그에 대한 존경이 불가능할 때, 오류에의 직면은 독자로 하여금 더 이상 문자상으로는 구성되지 않는 진정한 의미를 물색하도록 요구한다. 파스칼은 "그것이 진정 진실한 신의 말씀인데 어구상 허위일 때, 그것은 영적으로는 진실이다"[20]라고 썼다. 양립할 수 없는 것에 대한 해결은 문자/정신의 대구를 제공하는 것이다.

스티븐슨Charles Leslie Stevenson이 생각을 유발하는 글에서 "설득적" — 이는 관습상 "진실"을 의미하나 그럴듯한 어떤 고상함은 대비한 나 — 이라 부르는 모든 규정은 규정된 관념의 해체로 설정하였다.[21] 그러한 규정에의 의존은 철학자들의 저서에서 흔한 일로서, 그들은 일상언어에서 포착한 개념을 자신의 체제에 적용할 수 있도록 그것들을 재규정한다.[22] 스피노자는 자신의 개념 규정에 관련하여 이 점을 명시적으로 지적하고, 그것을 일상용법에 따르지 않고 사물의 속성에 일치시킨다.[23] 그것은 문제에 대한 역설적 관념을 제시한 버클리Brekeley에게도 같다. 그는 쓴다.

> 문제란 없다. 만약 그 용어가 마음에 없는 생각되지 않는 실질적 존재를 의미하는 것이라면, 그러나 문제가 어떤 감각적 사물을 의미한다면, 그

---

20 Pascal, *Pensées*, in *Œuvres*, coll. La Pléiade, Paris, Gallimard, p. 1003 (555); *T.A.*, pp. 166-167 참조.

21 C. Stevenson, « Persuasive Definitions », *Mind*, 27, 1938, pp. 331-350.

22 C. Perelman, « Une Conception de la philosophie », *Revue de l'Institut de Sociologie*, Bruxelles, 1940, pp. 11-12; *T.A.*, pp. 590-597 참조.

23 Spinoza, *Ethics*, trans. R. H. M. Elwes, New York, Dover, 1951, Part III, "Definitions of the Emotions", vol. II. p. 261.

것의 존재는 인지되는 것을 구성하고, 그때는 문제가 있는 것이다.[24]

우리가 사르트르의 예에서 보았듯이, 실존주의자들이 모든 유형의 이원주의를 반대하면서도 주저하지 않고 관습적인 의미에 비추어 원시적 의미가 되는 확실한 의미를 칭송하는 어원학에 의지하는 것은 흥미롭다.

우리는 수사학이 행위와 술책으로 생각되고, 낭만적인 전투마의 진지함과 자연스러움에 반하는 것으로 간주되어, 폴랑Jean Paulhan이 "테러리스트"[25]라고 부르는 공격대상이 되어 왔다는 것을 주목하면서 이 장을 마친다. 우리는 그들의 비판은 정적이고 형식적인 스콜라 철학적 수사학에 관한한 타당하지만, 온갖 종류의 청중에게 역동적인 적응을 제공하는, 설득적 수사학에는 그러한 비판이 의미가 없다는 것을 과시하면서 이런 비판에 대답할 수는 없는 것인가?

24 Berkeley, "Three Dialogues Between Hylas and Philonous. Third Dialogue", in *The Works of George Berkeley*, vol. II. p. 261.

25 J. Paulhan, *Les Fleurs de Tarbes, ou, La terreur dans les lettres*, Paris, Gallimard, 1941.

12장

논증의 충만함과 논증력

충만함의 문제는 논증의 특성이다. 충만함의 문제는 명시적 증명의 속성은 아니다. 사실, 명시적 증명이 정확하게 수행되었다면, 논증은 모든 사람에게 타당한 것이다. 똑같은 결과는 보다 절약할 수 있기 때문에, 논증은 보다 간명할수록 더욱 훌륭하게 보인다. 그러나 증명의 가치는 증명의 길이와는 전혀 무관하다. 이것은 논증의 담론에서 진실한 것은 아니다.

논증은 패쇄 체계의 틀에서 전개되지 않기 때문에, 처음부터 그 전제가 청중들에게 받아들여지는지 아닌지를 확신하는 것이 필요하다. 말하는 자는 가능하다면 듣는 자의 마음에 전제의 실제적 존재성을 강화하고, 그 의미를 구성하여 치밀하게 표현하고, 전제로부터의 논증을 화자가 방어하고자 하는 주제에 유리하도록 이끌어야 한다. 누구도 논증을 강요하지 않지만, 전체적으로 각자 논증의 강화에 어떤 공헌을 하고 있기 때문에, 사람들은 담론의 효력이 많은 논증의 기능이라고 믿는다.

그러나 사물에 대한 이러한 낙관적 전망에 맞지 않는 몇 가지 사유는 있다. 논증의 요소들이 상호 작용하고 때로는 고립된 논증의 가치를 상당히 강화하는 것이 사실이지만, 이러한 효과가 항상 발생하는 것은 아니다. 만약 어떤 논쟁이 청중에게 적용되지 못한다면, 그 논증은 부정적인 반응을 야기할 수 있다. 만약 논증이 청중의 마음에 반대 감정을 만연시킨다면, 그 논쟁은 취약해지고, 이 약점은 담론 전체에 반영될 수 있다. 왜냐하면 화자에 대한 이미지가 — 아리스토텔레스가 웅변적 윤리라고 규정하는 것 — 변하기 때문이다. 화자는 변론하는 주제에 우호적인 보다 더 나은 변론을 전개하지 못했으므로 마치 그의 신념이 옳지 않고 그는 신뢰할 만한 가치가 없는 사람처럼 보일지 모른다.

그 이외에 어떤 주제에 우호적인 사유를 제시하는 것은 그 주제가 자명한 것이 아니며 누구도 강제하지 않는다는 것을 의미한다. 만약 신의 존재를 증명할 필요가 있다면, 그것은 그 문제가 쟁점인 까닭이다. 만약 어떤 사람의 정직성과 공명정대함을 입증할 필요가 있다면, 그것은 그것들이 문제가 되기 때문이다. 화자가 한 사건을 인용할 때, 그는 그 사건이 발생했음을 암시하는 것이지만, 만약(역사적 작업은 예외로) 화자가 그 정보가 유출된 원전을 인용한다면 그는 종종 그 정보의 이면에 자신을 위치할 필요가 없다고 시사하는 것처럼 보인다.

논증의 축적되는 이점이 무엇이든 간에, 거기에는 사려분별이 없는 담론의 확신을 제안하는 사회적, 심리적, 경제적인 한계가 있다. 만약 담론이 원고 형식으로 제시한다면, 인쇄하는 데 드는 비용이 편집자에게는 방해 요인이 되며, 또한 너무 긴 내용의 책은 독자들의 의욕을 떨어뜨리게 되는 위험이 있다. 말로써 하는 담론이라면, 청자들의 인내와 집중력이 제한 요인이 되어 지나친 담론은 못한다. 우리가 논증에 참여하면 화자가 쓰는 시간은 다른 사람의 활용시간을 빼앗는 것이라는 것을 잊지 말아야 한다. 이러한 것이 왜 각각의 인간집단과 제도가 때로는 말하는 시간을 엄격하게 규제하며, 자체적인 법칙과 한계를 고려하는 이유이다.

많은 논쟁은 선험적으로 막연하기 때문에 불가피하게 각각의 논증의 **위력**이 갖는 개념을 설정하고, 그것에 의해서 인도되는 어떤 선택을 해야 한다. 이러한 **위력**은 바로 직관력의 방법으로 평가될 수 있지만, 우리가 그것을 보다 정교하게 만들고자 할 때 그것에 대한 생각은 두 개의 성질이 서로 분리될 수 없을 정도로 함께 뒤섞여 있기 때문에 더 혼란스러워 보인다. 이들 두 개의 성질이란 **효력**과 **타당성**이다. 강한 논증이란 효과적으로 설득하는 것인가? 또는 모든 이성적인 마음을 확신하게 하는 것인가? 논증의 효력은 청중에 대한 상대성으로 논증을 제시하는 청중을 평가하는 이상으로 그것을 평가하는 것은 불가능하다. 반면에 타당성이란 합당한 청중, 즉 가장 흔하게는 보편청중에 대한 상대성이다.

논증의 위력은 논증의 전제에 대한 청중의 애착, 전제의 적절성, 전제들이 변호하는 주제의 원근관계, 전제에 반대될 수도 있는 대상, 그리고 논박할 수 있는 방법 등에 달려 있다.

논증의 위력을 확률 용어로 추정할 수 없다면 그것은 청중의 확신과 전통 및 적절한 청중의 추론방법 등 청중에 대한 기능으로 이해될 수 있다. 논증의 평가는 기본적으로 유사한 상황을 똑같은 양식으로 취급하고, 그것을 정당하고 합리적인 것으로 간주하는 형식적인 정의의 법칙을 요구하는 것이 관례이다. 만약 어떤 주어진 상황에서 어떤 논증이 확장되어 퍼져 있다면, 유사하거나 그보다 더 나은 논증이 새로운 상황에서는 성공할 수 있다. 방법론은 각각의 원리맥락에서 수용할 수 있는 입증수단을 알게 한다. 역사과학은 사실을 결정하는 데 사용된 도구에 대한 수용된 이론, 주제에 대한 것뿐만 아니라 추론을 인식하는 기술, 그리고 타당한 것으로 인정되는 논증의 유형을 알 수 있도록 한다. 비슷하게 각각의 철학은 어떤 종류의 논증을 선호하고 다른 것들을 무시한다. 우리들은 결과로서만 공리주의를 오직 타당한 논증으로 간주하고, 반면에 신플라톤주의 철학자들은 실체의 다양한 측면을 위계 서열화하는 존재론에 관련된 유추의 논증을 선호한다.[1]

화자들은 종종 자신의 논증은 과대평가하고 상대방의 논증은 과소평가하는 것이 보편적인 경향이다. 그것은 희망사항이다. 그러므로 기대하는 바에 미치지 못하는 결론을 수용하여 논증의 취지를 제한하는 기술이 효과적이다.

혹자는 화자의 인물에 초점을 맞추어 논증하여 어떤 논증이나 견해의 설득력을 신장하거나 줄이기도 한다. 화자로서 상대방의 재주, 그의 위상과 기술 등 상대방에 대한 칭찬은 그의 논증 위력을 적절히 경감하는 성향이 있다. 그의 담론은 분명 효과적이지만 보다 비판적이고 별로 고무되지 않는 청중에게 타당한 논증을 제시하지 못했음을 암시한다. 칭찬이나 비난을 받는 사람은 말하는 사람의 관습적인 엄격함이나 방자

1 «L'Argument pragmatique», in C. Perelman, *Le Champ de l'argumentation*, pp. 100-110 참고.

함에 비추어 약화되기도 하고 강화되기도 한다.

이미 알려지고 예견되는, 그저 평범한 논증은 상식에 불과한 것으로 독창적이고 새롭게 핵심적인 것보다 강력하지 못하다. 청중은 평범한 논쟁이 그렇지 않아도 반대 주제를 적용하는 상대방에게 알려지지 않을 수 없다는 것을 가정한다. 궤변의 호소는 쟁점을 가치절하한다. 반면 상대방이 그의 쟁점을 취하는 것은 그의 설득력을 인정하는 것이기 때문에 그의 쟁점이 그에게 등을 돌릴 수 있도록 널리 파급시킬 수 있다. 재치 있세 즉답하는 재주는 깜짝 놀라게 해준다는 장점이 있다. 이것은 보쉬에의 논증이 지닌 이점이다. 그들이 많은 아이들을 돌봐 줘야 한다는 논증에서 가난한 아이들에 관대하기를 거절하는 사람들에게 보쉬에는 다음과 같이 반박한다:

> 여러분들이 신에게 자비를 구해야 할 보다 많은 사람을 가졌으므로, 여러분은 보다 풍성한 자애를 베풀어야 할 의무가 부과되어 있다. 여러분이 당신의 자녀를 사랑하다면, 만약 여러분이 그들이 필요한 아버지의 관대함과 사랑을 열어 놓을 수 있다면, 여러분의 선행으로 신으로 하여금 그들을 칭송하게 하라.[2]

상대방의 유추를 확장하여 그것을 자신에게 유리하도록 활용하는 화자는 반대되는 추론을 설정하는 자보다 더 강력한 논증의 배열을 갖는 셈이다.

---

2 Bossuet, *Sermons*, Paris, Garnier, vol. II, pp. 690-691.

어떤 유형의 증명에 호소하는 사람은 그의 합의가 하나 또는 다른 조건의 실현에 달려 있다는 것을 명시적으로 인정하기 때문에 증명에 무게를 둔다. 파업 중인 어떤 영리한 미국 산업노동자는 토론 전에 파업하는 사람들의 불만을 게시판에 적어 놓았다. 이 행위는 협상에 새로운 사항의 소개를 필요하지 않게 하였다.[3]

어떤 사람이 그에게 유리한 때는 논증의 가치를 인정하고 그에게 불리한 때는 논증의 가치를 부인한다면, 정의의 법칙 때문에 좋지 않은 신념으로 간주될 것이다.

만약 명확한 논증들이 일반적이거나 특별한 것이든 그리고 결정적인 것이나 일시적인 것이든, 결론적으로 같은 결론으로 귀결을 하면, 각각의 고립된 논증에 일치하는 가치는 틀림없이 높아질 것이다. 실험 결과 이러한 수렴이 발생하면 부정할 수 없는 경우가 된다. 상이한 방법을 수단으로 똑같은 결과를 얻게 될 때, 귀납적 추론이 이러한 일치에 가장 확고한 근거가 된다. 이것이 몇 개의 상이한 방법으로 아보가드로의 수 nombre d'Avogadro가 일치하는 방법이다.[4]

여러 개의 무관한 증언이 본질에서 일치하면, 아주 근접한 일치는 증언들의 독립성에 의심을 야기하지만, 각 증언의 가치는 아주 높아진다. 만약 어떤 있을 법하지 않은 사건이 발생하면 그것은 우연의 결과일 수 있다. 그렇지만 그러한 사건들이 종종 일어나면 그렇게 있을 법하지 않

3 «Logique et Rhétorique», in C. Perelman, L. Olbrechts-Tyteca, *Rhétorique et Philosophie*, Paris, P.U.F, 1952, p. 20 참조.
4 *T.A.*, p. 624.

은 사건의 연속성을 보다 쉽게 이해할 수 있는 어떤 설명력을 찾아보아야 한다. 만약 한 벌의 카드 중 첫째 카드가 하트의 에이스이고, 두 번째가 킹이라면 그렇게 놀라지 않지만, 세 번째가 퀸이고, 네 번째가 잭이라면, 우리는 그 카드들이 제대로 섞여지지 않았거나 부정한 방법으로 카드를 한다고 말한다. 완전한 일치도 의심을 유발한다. 거의 100%의 찬성률을 보인 국민투표를 신뢰하려고 하지 않는다.

어떤 다양성은 순수함과 진지함의 표징으로, 결과들을 선행히여 배열하지 못하는 증명은 이러한 다양성의 사유 때문이다. 십자가에 처형당할 당시, 예수가 보여 준 연약함은 절대적 진리의 확실성을 설명하는데 유리한 논거가 된다.

사람들은 항상 그들이 변호하는 그 주제에 우호적인 것을 찾고 있는데, 이러한 사실은 그들로 하여금 상식적인 사유에 비우호적인 것을 곁들여서 주장하는 사람, 즉 "패배자"의 칭호를 받는 원인이 된다. 사람들은 왜 그가 상대방의 승리를 원하지 않는가 하고 이상스럽게 여긴다.

논증의 충만함은 물론 청중이 수용하는 수제에 대한 화자의 무시로 설명될 수 있다. 화자는 어느 주제가 효과가 있을지 모르기 때문에, 때로는 보완적인 논거, 심지어 어떤 때는 양립되지 않는 것조차 포함하여 여러 가지 논거를 제시할지 모른다. 이러한 경우는 두 수준에서 작용하는 사실과 법의 이중변론에서 일어난다. 처음에는 그가 기소된 행위를 저지르지 않았다고 부인한다. 두 번째의 경우에는 이러한 행위들이 법이나 도덕에 역행하는 것일지 모른다는 것을 보여 주려고 노력한다. 이러한 이중변론은 하나 또는 다른 논거가 반박할 수 없다면 불필요한 것이 될 수 있다. 그렇지만 이중변론은 사실에 대한 의심을 보다 쉽게 수용하는 합법적 논거를 만든다.

다른 상황에서 두 번째 논거는 첫째, 논거를 지원하는 것이 된다. 그러므로 — 상대방이 실체를 외양의 현상으로 착각하고 있다는 — 잘못을 범하고 있다는 것을 보여 준 이후에, 자신의 판단구성에 얽혀 있는 열정과 관심, 상상력과 편견 등을 유발하여 그의 오류 또는 환상의 연원을 설명하려고 노력한다. 사실상 확실한 논거는 모든 분별력 있는 지식인들이 수용하는 것으로 상대방에게는 효과가 없음을 그럴듯한 방식으로 과시할 필요가 있다.

충만함은 타당한 논거의 제시뿐 아니라 반복과 단일논거의 확대 등에서 기인할 수도 있다. 이러한 강조는 어떤 논거에 대한 현장감을 제시하는 효과를 갖는다. 그것은 때론 유익하지만 사소한 것으로 간주될 위험성도 있다.

논증의 충만함은 논증이 약하고, 부적절하고, 별 관계도 없고, 또는 맞지 않는 논거들로 인도될 위험이 없는 것은 아니다. 어떤 논거가 약하면, 그것은 단지 부수적인 것으로 소개된 것으로 간주해야 한다. 반면 그것이 약해 보이지만 그렇지 않다면, 그것에 모든 것을 걸 수도 있다. 부적절성에 대한 비난은 한 걸음 더 나아가 생각지도 못한 적절성을 과시함으로 논박할 수도 있다.

자화자찬과 같은 부적당한 논거의 사례에서 화자는 상대방이 그것들을 사용하여 그에게 강요하는 상대의 태도를 강조해야 한다.[5] 때로는 논자는 논거를 개진하지 않음으로써 이들 논거에 암시를 주어 자신을 만족시킬 수 있다. **생략** 또는 **과묵함** 같은 많은 수사적인 속성들은 화자가 어떤 논거에 암시를 주어 그것의 개진을 청중의 상상력에 남겨 놓는 기술을 말한다.

논거를 포기하는 것이 이로울 경우도 있다. 상대방에 대한 이러한 양보는 논거의 배열에 자신의 논거들이 압도적으로 풍성한 것을 입증하는 선의의 입증이 되지만 변론하게 될 대의가 확고하기 때문에 논거를 활용하지 않는 것이다. 또 다른 양식의 이양은 상대의 근거, 채택, 요점, 담론의 모든 요소를 따라가는 것이다. 화자는 또 한 걸음 더 나아가 그의 주제에 보다 많은 근거를 보태 줄 수 있도록 상대방의 지적을 용인할 수도 있다. 이러한 것은 우스운 꼴이 될 수 있다:

> 도미티아는 천박함을 비난하는 방식으로 유니우스 바수스가 그녀는 심지어 그녀의 낡은 구두까지 팔았다고 주장하였다고 불평하였습니다. 그는 아닙니다, 나는 결코 그런 말을 하지 않았습니다. 나는 당신이 낡은 구두를 샀다고 말했었습니다.[6]

양립할 수 없는 논증을 활용하는 것을 두려워하는 사람은 그것들의 어떤 것들을 실제 사용하지 않겠다는 결심을 할 수 있다. 그러나 그는 마찬가지로 이러한 것을 남의 탓으로 돌릴 수도 있다. 키르케고르

---

5 Démosthène, *Harangues et plaidoyers politiques*, t. IV, « Sur la couronne », § 3.
6 Quintilien, *Institution oratoire*, vol. II, livre VI, chap. XII, § 74 참조; T.A., p. 648에서 재인용.

Kierkeggard는 다른 필명으로 반대 주제를 변호하는 작업에 활용했었다.

충만함의 문제와 그것이 제기하는 위험은 각각의 논증 상황과 관련하여 검증되어야 한다. 그것들은 화자가 홀로 어떤 주제를 변호하느냐 또는 그 작업을 다른 사람과 나누어 감당하는지 그렇지 않을지, 그리고 그가 상대방의 주제를 반박하는 것에 만족하는가 또는 자신의 대의로써 상대방을 극복하고 승리하는 것을 모색하는지에 의존되는 것으로, 이러한 상황에 따라 다르게 보일 것이다.

13장

담론에서의 논거의 순서

고대에는 "정리", 르네상스 시기에는 "방법"이라는 이름 아래, 수사학과 변증법은 연설 주제의 구성과 논거의 순서를 다루고 있다. 마치 모든 웅변이 그들의 의도가 무엇이든, 청중이 누구든, 이용시간이 어떤 것이든 마치 똑같은 구조를 가진 것처럼, 서설, 증명, 논박, 요약, 맺음으로 구분하였다. 아리스토텔레스는 단지 이러저러한 종류의 웅변을 위해서 전통적인 구별을 해 놓았다. 그에게는 불가결의 두 가지 요소가 있었다. 즉 거기에는 변론을 제안하는 주제에 대한 진술과 그 진술을 증명하는 수단이 있었다.[1] 그렇지만 이러한 해석에서 순서란 본질로 논거들을 늘어놓는 것에 한정될 것이다.

곧바로 순수한 형식증명에서 순서란 아무런 중요성이 없다는 것에 주목해 보자: 형식적 증명은 정확한 추론을 수단으로, 참값을 자명한 이치에 대한 가설로 추정하는 정리로 전환하는 문제이다. 그렇지만, 논증에서 청중의 애착을 획득하는 데 아주 중요하다. 실제로 논거를 제시하

1 이 모든 것과 관련해서 Aristote, *Rhétorique*, livre III, 1414a 30-1414b 19 참조.

는 순서는 청중의 수용조건을 변화시킨다.

서설은 원리상 그 주제가 토론 주제에 부적절할지 모르지만, 거의 모든 수사학의 대가들이 다루어 온 연설의 부분이다. 아리스토텔레스에게 서설은 음악의 서곡들과 비슷하지만 대부분의 경우 그것의 본질적인 역할이 기능적이다: 여기서 기능적이란 화자의 입장에서 흥미와 선한 의지로 청중을 고무 격려하며 청중의 성원을 구성하는 것이다. 시간이 촉박하고, 화자가 청중에 잘 알려져 있을 때 서론은 옆으로 밀려날 수 있다. 서론을 생략하는 것은 연설의 완결성에 영향을 주지만, 연설의 순서에는 영향이 없다. 그 외에 오늘날 서론의 목적은 종종 연사에 대한 사회자의 소개로 대체된다. 서론은 화자, 청자, 주제의 적합성이나 중요성, 또는 상대방에 대한 것이 될 수 있다. 이러한 점을 고려하여 아리스토텔레스는 화자나 상대방에 대한 서론은 화자에 대한 비우호적인 편견을 제거하거나, 또는 상대방에 대한 불리한 편견은 부각시키려 노력한다고 지적한다.[2] 그러나 그는 서론에서 화자에게 좋지 않도록 제쳐 놓으려 할 때, 청중들은 적대감을 갖거나 괘씸하게 생각되는 사람에게는 자발적으로 귀 기울이려 하지 않기 때문에 연설을 그것에 대한 것으로 시작하는 것이 불가피하다고 아주 유용한 표현을 하였다. 그렇지만 그것이 상대방을 짓밟는 것이라면 결론에서 청중들이 그 논거들을 기억할 수 있도록 연설의 말미에 위치시켜야 한다. 우리는 아리스토텔레스에게 논증과 전개의 장소는 기능적이라는 것을 읽을 수 있다. 그것은 목표의 추구와 목표에 도달하는 가장 효과적인 수단에 달려 있다.

---

2 Aristote, *Rhétorique*, IV, 1415a 25-34.

서술, 즉 사실들에 관한 상설은 법정 진행에서 불가피한 것은 이런 이유 때문이다. 과거의 사실이 잘 알려져 있고 미래를 설명할 수 없을 때는 서술은 가끔 어떤 심의 연설로 시행될 수 있다. 칭송이나 비난을 위한 직접 증언하는 여타의 담론에서, 사실에 대한 서술은 사실들이 공중에게 잘 알려져 있는가 또는 그렇지 않은가에 따라 핵심이 되거나 피상적인 것이 될 것이다. 법정에서 검찰은 사실을 판단할 사람들의 목전에 놓칠 수 없는 사실의 현장성을 제시하려고 노력한다. 변호인단은 상대방의 이야기를 반박하지 않으려면 좀처럼 사실을 강조하려 않을 것이고, 무엇이 그들을 정당화하고 면제해 주는지를 강조하게 될 것이다.

논증 그 자체는 지지하려는 주제에 뒤따라야 하는가 선행해야 하는가? 키케로는 논거가 청중을 확신시킬 것인가 또는 청중을 일깨울 것인가에 따라 달라지는 다른 절차를 권한다. 먼저 증명할 주제를 초장에 발표하는 것을 반대할 것은 없다. 그런 다음에 예비논증으로 청중이 준비하게 하고, 종장에 주제를 제시하는 것이 더 납득할 만하다.[3]

논거는 어떤 순서로 제시해야 하는가? 설득력을 강화하는 순서, 설득력을 약화시키는 순서, 그리고 가장 강력한 논거를 시작과 마감에 배열하고 여타의 것은 중간에 남겨 놓는 네스토리안 순서 등, 논거의 설득력에 근거하여 세 가지 순서의 배열이 추천되어 왔다.

설득력을 강화하는 순서가 갖는 난점은 가장 취약한 논거로 착수하여 청중을 외면하게 하고, 화자의 이미지를 흐려 그의 위상을 손상시키

---

3 Cicéron, *Divisions de l'art oratoire (Partitiones oratoriae)*, Paris, Les Belles Lettres, 1924, § 46.

며, 화자에게 기울이는 관심을 경감시킨다는 점들이다. 설득력을 약화시키는 순서는 청중에게 나쁜 인상을 주고, 가끔은 청중이 기억하는 최종의 건수가 되는 가장 취약한 논거로 끝내기를 한다는 것이다. 이러한 이유로 대부분의 고전 수사학도들은 네스토리안 순서를 추천하였었다.

이 접근방법이 갖는 약점은 제시되는 상황과 관계없이 논거의 강제성이 일정하다는 것을 가정한다는 것이다. 그렇지만 이것이 약점은 아니다. 논거의 설득력은 논거가 수용되는 양식에 의존한다. 만약 상대방의 논증이 청중에 각인되었다면, 자신의 논거를 제시하기 전에 소위 상대의 인상을 깨끗하게 씻어 주고 시작하므로, 상대방의 논증을 반박하는 것은 화자의 이해관계에 따른다는 것이다. 반대로 먼저 이야기를 시작할 때, 상대방의 궁극적인 논거에 대한 반박은 변호 주제의 입증을 결코 선행할 수 없다. 거기에는 상대방의 논거에 무게를 실어 주지 않도록 또는 단지 그들의 각성을 강화시키는 현장성을 허용하지 않도록 하는 이유가 있을 수 있다.

우리는 연설이 개진됨에 따라 청중은 변화한다는 연설의 효과성을 망각하지 말아야 한다. 어떤 논거들은 사실 또는 그것에 대한 특별해석이 알려지느냐 아니냐에 따라 다양한 비중을 갖는다. 연설의 목적이 청중을 설득하는 것이라는 점에서, 논증의 순서는 그 의도에 맞추어 적용되어야 할 것이다: 각각의 논거는 최대의 충격효과를 줄 수 있는 순간에 제시되어야 한다. 그러나 어떤 청중을 설득하는 것은 다른 청중을 확신하게 하는 것이 아니기 때문에 적용에 대한 노력은 언제나 새로운 것을 취해야 한다.

청중과는 무관한 불변의 순서는 있는 것인가? 그것은 한편으로는 자연스럽거나 합리적인 순서를 노래하고, 다른 한편 연설에서 오직 예술의 작품을 보려는 사람들이 헌신적으로 모색하는 탐구와 유사하다. 양자의 경우 모두 그들은 과학적 또는 심미적 관점을 고려하여 결정하는 어떤 객관적인 순서를 추구한다.

청중의 애착이 진리의 보증으로, 청중의 중요성을 무시하는 한 방법은 단 한 가지 유형의 청중을 선점하는 것이다. 플라톤에게 철학적 수사는 신리에 근거한 수사학으로 신들을 확신시키는 것이다(Phaedrus, 273e). 그것은 데카르트의 《방법서설》에 있는 것과 같다.

데카르트는 사물의 성격에 근거하기 때문에 인식을 강요하는 유일한 질서가 존재하지 않는지, 그리고 어떤 합리적 담론을 따라야 하는지에 대하여 문제를 제기하는 아그리콜라와 라무스의 노력들을 급진적으로 개혁하여 그의 방법론적 담론을 지속하였다.[4] 그들은 상대적 견해인 사려분별에 대한 방법론에서 "당연히 보다 분명한 것이 선행해야 한다"는 자연 또는 원리의 방법을 거부하였다.

데카르트는 "기하학의 방법"이 모델로서 보다 분명한 것을 거부하는 대신, 보다 명확하지 않은 것을 택하여 개연성을 충족하는 전통적인 수사학과 논증법에 반대하는 입장에 스스로를 위치시킨다. 그는 견해 이상의 어떤 확신을 목표로 하여 《방법서설》의 첫 부분에 다음과 같이 적는다:

---

4 P. Ramus, *Dialecticae Libri duo*, Paris, 1560, livre Il, p. 208 참조; T.A., p. 669에서 재인용.

> 비록 여러 가지 견해 중 하나만이 진실이라 할지라도, 단일 논제에 대해 식견 있는 사람이 유지할 수 있는 다수의 다른 견해를 반영하여, 단순히 진실처럼 보이는 것은 무엇이든지 거의 허위라고 생각하게 되었다.[5]

이로부터 데카르트 방법론의 첫 번째 법칙이 나온다. "내가 분명히 그렇게 될 것을 모르고 있었다는 것은 아무것도 없다는 것을 실로 수용하는 것", 그런 다음 두 번째로 "내가 검증해야 하는 각각의 난점을 가능하고 보다 잘 해결할 수 있도록 많은 부분으로 나누는 것", 세 번째 법칙은 우리의 관심사를 명확하게 취급하는 것으로, 소위 "가장 단순하고 알기 쉬운 것으로 시작하여, 보다 복잡한 지식으로 조금씩 진전시키고, 지식의 대상은 자연적인 선행이 없다는 질서를 가정하여, 어떻게 자기 생각을 순서가 있는 양식으로 수행하는가"이다. 그는 마지막 법칙으로 "논거에서 연결 고리를 완벽하게 만들어, 자신은 그 어느 것도 놓치지 않았다고 확신할 수 있도록 그 모두를 철저하게 검토하도록 이월하는 것"을 첨가하였다.[6]

만약 데카르트가 수학적 담론에 이 법칙들의 적용을 제한하려 하였다면, 이들 법칙이 갖는 잘못을 찾을 이유가 없을지도 모른다. 그렇지만 그는 기하학에서 고무된 법칙들을 보편적으로 적용할 수 있는 것으로 전환하여, 전형적으로 철학적 상상력을 수학적 분석과 혼합하는 모험을 했을 때, 그는 논쟁의 여지가 있는 철학으로 인도한 과감한 변신을 하

---

5 Descartes, *Discours de la Méthode*, in *Œuvres et lettres*, coll. La Pléiade, Paris, Gallimard, p. 130.

6 위의 책, p. 138.

였다. 다음의 구절은 진정으로 합리적 철학을 바라는 그의 희망을 피력한다.

> 기하학이 가장 어려운 증명에 이르는 데 늘상 적용해 왔던, 모든 것이 꽤 단순하고 아주 쉬운, 추론화의 긴 사슬들이 가끔 나로 하여금 인문지식에 대한 모든 가능한 대상은 같은 방식으로 함께 연결되었다고 상상하게 했다. 만약 우리가 실제로는 그렇지 않은 것을 어느 누구도 진실로 받아들이지 않는다면, 그리고 다른 것에서 어느 것을 추론하는 올바른 질서를 유지하였다면, 거기에는 미치지 못할 만큼 그렇게 멀고 찾아내지 못할 만큼 그렇게 감춰진 것은 아무것도 없었다.[7]

데카르트에게 철학의 목적은 모든 사물에서 진리를 발견하는 것이고, 그것의 근거는 "우리가 매우 분명하고 명확하게 생각하는 사물"[8]에 대한 자명한 진리이다. 그의 방법은 한 자명한 진리에서 다른 것으로 진행하는 어떤 진정한 과학인 완전하게 새로운 철학의 산실이 될 수도 있었을 것이다.

그러나 그가 방법으로 모든 사물과 질서에 대한 진리를 알 수 없는 한, 그는 "추론이 나로 하여금 판단을 미루도록 강제하는 동안 내 행위에 우유부단하지 않고 가능한 한 행복하게 삶을 영위하는 질서로서, 나는 자신을 위하여 단지 서너 개의 공리로 구성된 어떤 임시방편의 도덕

---

7 위의 책.

8 위의 책, p. 148.

물을 고안하였다."[9] 이들 공리들은 자명성을 특징으로 합리성보다는 이성적인 것에서 더 많이 도출되었고, 그리고 그 공리의 개수가 셋인지 넷인지 밝히기를 주저할 정도로 불분명하다. 처음 세 개의 공리는 중용, 인내, 그리고 자제(세상의 지배라기보다)에 관한 것으로 보편적 적용성에 대한 것이고, 네 번째 공리는 — 추론을 연마하고 참지식으로 나아가도록 자신의 전 생애를 활용하는 것에 대한 것으로 — 모든 인간이 학구적이고 철학적 생활을 영위하라고 추천할 수 없기 때문에 똑같은 의미맥락을 부여할 수 없다.

수사학도들은 담론 밖에서 자연적 질서에 대해 얘기하면서, 실제상으로는 관습과 전통에 의존하고 관습과 전통이 주의시선을 끌지 못하도록 해야 하는 질서로서의 서술에 적합한 연대기적 질서를 생각하고 있었다. 반면에 대조적으로 데카르트는 기하학에서 영감을 얻은 한 독특한 질서, 즉 언제나 단순한 것에서 복잡한 것으로 이해하는 어떤 질서를 채택하였다. 그러므로 방법론적 문제는 청중에 적응하는 수사학적인 것이 되지 못하고 대신 사물의 속성에 순응하는 과학적인 것이 되어 버렸다.

이러한 관점에서 수사학(라무스의 관점에 따르면)은 더 이상 확신하는 것이 아니라 기쁘게 하는 것이 오락물이 되었다. 수사학은 잘해야 언어와 표현의 마술로 예술적 설득과는 무관한 진리를 보다 쉽게 수용할 수 있게 한다. 이러한 관점에서 개발된 한 성향의 전제는 기존의 수사학에 대한 플라톤적 관념에서 발견된다: 즉 "어떤 담론이란 본질적으로 하나

9 위의 책, pp. 140-142 148.

의 예술작품으로, 즉 자체의 몸과 머리 및 다리를 지닌 한 살아 있는 창조물"[10]로 생각되었다. 이 경우 한 담론의 질서가 존재론에 근거하지 못하고 어떤 심미관에 근거한다 할지라도 — 그러한 곳에서는 그러한 작품을 창조하는 요구를 충족시키는 데 관심을 갖는다 — 동등하게 모든 주어져 있는 청중에게 가장 잘 어울리는 질서인 적절한 수사학적 질서가 구분된다.

질서의 문제를 과학적이거나 심미적 방법으로 전환하는 것은 형식의 문제에서 내용의 문제로 분리하는 것이고, 문제가 되는 적절성을 포기하는 것, 즉 청중에 적용하는 담론의 문제를 버리는 것이다. 애착에 관한 것에서 진리의 문제를 분리하는 것은 오직 의사소통의 단순 기술만으로 파악하자는 것이다. 이는 수사학을 쇠락으로 이끄는 관점이며, 설득의 기술인 고대의 수사학에 대한 차후의 변형을 순전히 장식적이고 기껏해야 문학인 어떤 무늬 수사학으로 인도하는 관점이다.

10 Platon, *Phèdre*, 264c.

14장

수사 제국

철학과 수사학의 관계는 수사학의 운명에 본질이 되어 왔다. 수사학은 다양한 의견들을 능가하여 널리 확산되는 어떤 견해의 형성을 모색하는 것이고, 원래 개별 과학을 포괄하는 철학은 비인격적 진리를 모색한다. 파르메니데스는 그의 유명한 시에서 신성으로 보증되는 진리의 방식을 인간의 방식이 되는 견해에 대한 방법으로 반대하였을 때, 철학자와 수사학의 스승과 경합이 시작된 셈이었다. 오래지 않아 고르기아스의 반응이 있었다. 그는 존재한다는 것이 아니고, 만약 존재한다면 그것은 알 수 없으며, 그리고 이러한 지식이 이미 알려져 있다면 그 지식은 의사소통이 불가능하다는 세 부분의 논증을 보여 주었다. 그렇기 때문에 청자의 애착을 획득하기 위하여 청자의 의지에 작용하는 심리적 기술, 즉 수사학에 대한 중요성이 있다. 유사하게 프로타고라스는 어느 주제든 두 개의 반대 담론δισσοὶ λόγοι이 있다는 것을 보여 주어, 단 한 개의 진실의 존재를 부인하였다. 이러한 관점에서 모든 주장은 논쟁에 빠져들고, 그렇기 때문에 사람은 항상 주장에 동조하거나 반대논쟁을 한다. 결과적으로 탁월성은 의견의 통제자, 즉 수사학도들의 인정을 받아야 한다.

반면에 플라톤은 철학자들이 그 밖의 모든 것에 앞서 모색해야 하는 진리의 각 주제 영역에서 진리를 믿는 정도에서, 소크라테스가 그의 상대방 견해의 내적 불일치를 잡아 낼 수 있는 한 반대자의 견해를 반박하는 데 사용했던 기술인 변증론의 정화 역할을 인식하였다. 그들 스스로 상충하는 견해들은 자동적으로 승인될 수 없으며, 적어도 그들 중의 하나는 진리를 위해 버려져야 한다. 이런 방식으로 소크라테스는 진실을 직관하는 방법을 예비한다. 진리를 감지할 때 철학자는 진실과 소통하고 그의 청중이 진실을 받아들일 수 있도록 수사학적 기법을 사용할 수 있다. 철학자의 가치가 되는 수사학은 단순한 견해가 아니라 진실한 주제의 수용을 모색하기 때문에 자체로 신들도 설득시킬 수 있다.[1] 진실을 무시하는 수사학, 그리고 언어효과, 어휘상의 매력 및 아첨에의 호소를 통하여 청중의 애착을 얻어 내고 유지하는 수사학은 단순히 외양적 현상의 기법일 뿐이다. 그러한 수사학은 운동과 적절한 의료보호로 신체를 유지하는 대신에, 폭음 폭식이 야기하는 재앙의 효과에는 관심을 두지 않고 스스로 미식에 탐닉하는 사람들에 비견할 수 있다.[2] 기쁨을 추구하여 단지 외양에 관계하는 수사학은 실체에 화장하는 것처럼 "색깔"을 적용하는 최고의 선동기법으로, 이것은 진리의 승리에 관심이 있는 모든 사람들이 싸워야 하는 최대의 대상이다. 궤변론자와 같은 수사가들은 의견의 조정자이며, 그렇기 때문에 외적 현상의 조정자이고, 반면

1 Platon, *Phèdre*, 273.

2 Platon, *Gorgias*, 518.

에 철학자와 현자에게 문제가 되는 것은 진리에 대한 지식이며 진리에 순응하는 선의 실천이다. 만약 변증술이 철학자에게 잘못된 견해를 동요하게 하는 것이라면, 진리에 대한 인식은 직관을 통하여 얻어진다. 수사학은 이러한 진리와 의사소통 하게 하고 진리의 수용을 획득하게 하는 서비스를 한다. 이러한 의미에서 수사학은 분명히 철학에 종속된다.

아리스토텔레스의 개념들은 많은 미묘한 의미 차이가 있다. 그는 이론과학으로부터 실천원리들을 분리하여 증명하는 데 똑같은 방법과 수단이 모든 지식영역에서 활용되지 않는다는 점을 강조한다. 우리들은 이미 수학적 증명에 적절한 것은 연설에서는 위치할 곳이 없으며 역으로도 같다는 아리스토텔레스의 예시를 《니코마코스 윤리학》[3]에서 이미 한 구절을 인용하였다.

이론과학에서 원리의 진실을 보증하는 것이 직관이라면, 가능성과 우연성을 심사숙고하여 선택하고 결정하는 실천적인 활동에 합리성을 부여하는 것은 성찰과 토론에의 의뢰이다. 변증학적 추론과 수사학을 통하여, 사람들의 판단에 영향을 줄 수 있으며 그들로 하여금 이성적인 위치를 취할 수 있도록 지도할 수 있다. 아리스토텔레스의 관점에서,[4] 청중 모두는 분명하게 강요되지 않을 때, 종국에는 한 논쟁의 주제가 다른 것을 지배하는 탁월함이 있다는 것을 결정해야 하는 판단자이다. 행위의 범위가 과학적 진실이 지배할 수 없는 우연성의 영역이기 때문에, 변증학적 추론과 수사학적 담론은 어떤 합리성을 개인과 집합의지의 행

3 Aristote, *Éthique à Nicomaque*, I, 1094b, 23-25.
4 Aristote, *Rhétorique*, II, 1391b 7-21.

사를 소개하는 중요한 역할을 한다.

우리는 2장에서 라무스가 분석적으로, 모든 종류의 추론 연구를 어떻게 변증술에 귀속시키는가를 보았으며, 그리고 수사학을 일상적인 것으로부터 장식과 문체의 무늬로 표현하는 형식을 찾아내는 웅변술로 어떻게 전환하는가를 보았다.

그러나 데카르트는 그의 철학에서 모든 수사학을 제거하기 위하여 그의 욕망을 한층 더 진행시켰다.[5]

그의 기학학적*more geometrico* 철학(스피노자에 의해서야 실현되는)은, 하나의 자명한 것에서 다른 것으로 이행함으로써, 어떤 것도 논의해 줄 견해의 여지가 없는 어떤 체계를 구축하는 것이었다. 데카르트는 그의《성찰》의 제1성찰의 시작에서 다음과 같이 말한다.

> 이성이 이미 나에게 명백하게 허위로 나타나는 것들 못지않게 전적으로 확실하지 않고 의심의 여지가 없지 않은 것들을 신뢰하지 않도록 주의해야 한다고 나를 설득하고 있으므로 내가 각각의 경우에 의심이 가는 어떤 근거를 찾을 수 있다면 그들을 모두 거부하기에 충분할 것이다.[6]

그 안에서 이러한 모든 것들이 자명하거나 강제적으로 증명되는 철학을 정교하게 하는 시도는 논증의 모든 형식을 제거하고 철학의 도구

---

5 H. Gouhier, « La Résistance au vrai et le problème cartésien d'une philosophie sans rhétorique », in *Retorica e Barocco, a cura di Castelli*, Rome, Fratelli Bocca, 1955, pp. 85-97.

6 Descartes, *Œuvres et lettres*, coll. La Pléiade, Paris, Gallimard, p. 268.

로서 수사학을 거부하게 한다.

그러한 철학의 사전 가정들은 무엇인가?

첫 번째로 신은 모든 지식의 유일한 원천일 뿐만 아니라 모든 지식의 담지자라는 개념이다. 왜냐하면, "내가 신이 있는지 없는지 그리고 (…) 그가 기만하는 자인지를 조사해야 하고, 내가 이것을 알지 못하는 한 어떤 것도 확실하다는 것을 보지 못하기 때문이다."[7] 데카르트의 방법은 "모든 과학과 지혜의 보고를 담지하고 있는 진정한 신에 대한 이 성찰로부터 모든 다른 존재에 대한 지식으로 우리를 인도하는 어떤 통로"[8]를 발견하는 것이다.

과학지식은 전적으로 완벽하며, 우리가 해야 할 일은 그것을 발견하는 것이다.

오류는 상상과 편견에서 유발되기 때문에 단지 오류로 인도할 수 있는 인간이 주도하는 모든 것에 대해서 의심할 필요가 있다. 과학적 작업에서 인간의 창의성은 완벽하게 무시된다.

완벽하게 합리적이 되는 신성의 개념은 오직 수학적인 것만 그럴 수 있다. 그것들은 홀로 자명한 것으로 특성화되고, 그것은 모든 합리적 존재를 자명함에 따르도록 강요한다. 데카르트의 철학적 상상력 덕분에 그는 수학적 추론의 분석 결과를 일반화하였다. 그는 (아리스토텔레스의 권고와는 반대로) 수학에서 그토록 잘 계승되어 왔던 엄밀함과 똑같은 사항을 다른 모든 영역에 적용할 것을 요구하였다. 이것이 데카르트로 하

7 Descartes, Méditation troisième, 위의 책, p. 286.
8 Descartes, Méditation troisième, 위의 책, p. 301.

여금 견해에 대한 방법론적 의구심을 자아내게 하였다:

> 출생 이후 내가 수용해 왔던 견해에 관한 한, 내 생애에서 한번 그것들을 완벽하게 부인하고, 그리고 나중에 그것들을 복원한 것보다 더 잘했던 것은 없다. 만약 그렇지 않았다면 아마도 그 자리에 그것들이 보다 내가 합리적인 계획으로 어떻게 그들을 짜 맞출 것인가를 결정했을 때 그들의 자리에 보다 나은 것을 아마 수용했을 것이다.[9]

경험과학의 이론가인 베이컨 경은 이전에 수년간 학식 있는 사람들에게 신이 인간에게 자신을 나타낸 자연에 관한 책을 주의 깊게 읽어 볼 것을 권면하며, 그들에게 기독교인의 겸양을 역시 설파하였다. 모든 경험이 분명하게 성스러운 언어로 기록되어 왔던 것처럼, 귀납적인 방법은 자연에 관한 책에서 찾을 수 없었던 주제는 어느 것이든 형성하지 못하도록 사람을 감시해야 한다.

베이컨과 데카르트, 두 사람 모두 과학적 개념의 신학적 개념에 주목하고, 그리고 모든 견해는 수학적 주제로서 똑같은 자명함의 기준에 종속된다는 데카르트 학파의 상상력에 대한 역설적이고 거의 수용할 수 없는 측면을 강조하며, 우리는 데카르트조차 그의 잠정적 도덕성을 위한 견해를 신뢰했어야 함을 지적해야 한다.

그는 합리적 과학을 재구성하기 이전에 잠정적인 도덕성과 도덕의 원리를 수용해야 했었다. 이런 것들의 대한 첫 번째는

9 Descartes, *Discours de la Méthode*, 위의 책, p. 134.

신의 영광으로 어린 시절 이후 내가 자라왔던 곳에서 신앙을 끊임없이 유지해 준 내 나라의 법과 관습에 복종하는 것이고, 그리고 다른 모든 문제에서 내가 거주하고 있는 공동체의 보다 사려분별 있는 실행에서 발견되는 가장 원만하고 가장 지나치지 않는 한 견해를 따르는 것이었다.[10]

우리는 데카르트의 생애 과정에서, 그는 그의 잠정적 도덕성에 만족해야 했음을 알고 있다. 일반화된 자명성에 대한 그의 관심은 어떤 합리적이고 보편적으로 타당한 도덕성에 의해서 전통적인 도덕성—그의 환경에 대한 공통적 견해의 표현—으로 귀결하지 못하였다. 차라리 그것은 그로 하여금 지배적인 견해와 규제를 면밀하게 존중하게 했으며, 그리고 그는 어느 자명하지 않은 사유로 그것들을 수정하는 것을 거절하였다. 역설적으로, 모든 견해 모든 의견의 교환, 변증과 수사의 모든 의뢰에 대해 거부되었던 수학적 합리주의는 법, 도덕, 정치, 및 종교에서 결국 부동성과 순응주의로 인도하였다.

심지어 오늘날에도 과학 교육은 데카르트 학파의 접근 방식으로 영향을 받고 있다. 논쟁이 자유로운 영역에서 이러저러한 학자의 견해에 대한 언급은 관행이 아니다. 가르치는 주제는 참으로 간주되거나 또는 가설로 받아들여진다. 그러나 그것들을 정당화할 필요는 거의 없다.

그러므로 애초에 자명한 것으로 간주되는 수학적 과학에서 공리는 결과적으로 언어의 관례로 제시된다 할지라도, 기본적으로 이러한 관점의 변화가 그러한 공식적 체계가 전개된 방법에 영향을 주지 않았다. 실

10 위의 책, p. 141.

제로 그것은 자명성의 문제가 아니고 가설이나 관례의 문제라면, 왜 다른 것보다 이러한 가설과 저러한 관례를 선택하였을까? 대부분의 수학도들은 그러한 문제를 그네들의 원리상 낯선 것으로 생각한다.

수학자의 영향 아래서 논리가 몇 가지의 공식화된 체계의 형식으로 제시되었을 때, 철학적 관심을 갖는 논리학자들은 몇 개의 다른 종류의 논리를 인정하는 것이 필요한지, 어떤지 또는 모든 공식 체계에 앞서서 어떤 단일의 자연논리가 존재하는지를 물었었다. 만약 어떤 자연논리가 있다면 그것은 다른 체계와 어떻게 구분되는가? 그것은 자연언어의 바로 그 구조에서 도출되는 것인가?[11] 그것은 필요한 방법론적 토론으로 정당화되는가?[12] 우리가 논리선택의 문제와 그것의 정당화 문제를 제기하자마자, 비인격적인 과학은 우리를 그 문제의 철학적 기초와 적절한 인간적 토대로 되돌아가도록 이끌어 준다.

마찬가지로 수세기 동안 자연과학은, 신과 그의 사상 그리고 신이 자연과학을 인간에게 나타냈던 방식을 말하는, 역사와 문화맥락상의 인간언어를 참고하지 않고도 수행할 수 있었다. 성스러운 마음에 포함되고, 그것으로 보증되는 영원한 진리의 존재에 대한 믿음은 오로지 인간의 창의력에 기인되는 오류로서, 과학적 사상으로부터 모든 인간적인 요소들의 제거를 정당화한다.

신이 자명한 것으로 하사한 보증을 철회하자 갑자기, 모든 사상은 인

11 G. Fret, «Die Logik ais Empirische Wissenschaft», in *La Théorie de l'argumentation*, Louvain, Plauwelaerts, 1963, pp. 240-262 참조.
12 P. Lorenzen, «Methodisches Denken», 위의 책, pp. 219-232 참조. 또한 동일 저자의 *Einführung in die operative Logik*, 1955, *Formale Logik*, 1967.

간적인 오류가 되었고 더 이상 논쟁으로부터 보호받을 수 없었다. 모든 과학이론은 경험적으로 주어진 자료가 불가피하게 뛰어나 아주 생산적이고, 그것이 자명하지도 않고 결코 잘못이 없는 것도 아닌, 오직 하나의 인간의 가설이라는 관념은 카를 포퍼가 효과적으로 변호해 왔던 현대적 관념이다.[13] 그러나 모두에게 부과될 수 있는 자명성의 결여가 있을지라도, 수용되어야 할 가설은 똑같은 과학 공동체의 성원들인 다른 사람들에게 인지된 것과 같은, 좋은 사유로 지지되어야 한다. 그러므로 모든 과학사상은 오류일 수밖에 없는 상황에 떨어지고, 그리고 논쟁에 종속되는 인간적인 것이기 때문에, 지식의 위상은 비인격적인 것이 되는 것을 그만두게 된다. 새로운 모든 생각은 그 원리에 적당한 방법론에 합당하고 그 방법론의 용어로 평가되는 논거로 지지되어야 한다.

보편적으로 자명한 지식에 적용 가능한 데카르트 학파의 이상은 수사학과 변증학을 위한 여지가 없다. 그들의 중요성은 증가하지만 지식의 영역은 더 이상 자명성의 기준으로 지배되지 않는다. 결코 강요되지 않는 언어로 주관적인 직관을 의사소통하기를 원하면, 즉 주관적 직관 이상으로 더 나아갈 필요성을 느끼면 즉시 자명성이 사라져 버림으로써, 자명성 관념에 대한 비판[14]은 표현양식의 선택이 임의적인 것이 아니라면 — 그렇지 않은 경우는 드물다 — 논증학과 수사학으로부터 나오는 추론에 영향을 받는다는 것을 나타내는 성향을 갖는다. 필요성과 인

13 Karl R. Popper, *La Logique de la découverte scientifique*, trad. de l'anglais par N. Thyssen, Rutten et P. Devaux, Paris, Payot, 1973.

14 C. Perelman, « Évidence et Preuve », in *Justice et Raison*, pp. 140-154 참조; 그리고 «De l'évidence en métaphysique», in *Le Champ de l'argumentation*, pp. 236-248.

위성 사이에 위치하는 모든 지적인 활동은 논거에 의해 유지되고, 궁극적으로 보통 만장일치에 이르지 않으며, 논쟁으로 명쾌하게 되는 정도에서만 이치에 맞는다.

방법론에 대한 어떤 동의에서 나올 수 있는 것으로, 사람들은 다른 곳에서는 다시 발견할 수 없을지 모르는 어느 시기에 그리고 어느 원리로 만장일치를 획득할 수 있는 것이 정말 일어날 수 있다. 그러나 그것의 무한정한 지속을 보장하는 것은 아무것도 없다. 심지어 확고부동한 것으로 믿어지는 보편인력에 대한 뉴턴 학파의 공식도 그것을 수정해야 하는 충분한 사유를 제시하면 깨뜨려진다.

모든 지식이 부동의 자명성으로 설정되기를 원했던 데카르트 학파와는 반대로, 우리는 구체적 추론의 노선에 근거하는 과학자의 합의는 예외적이라는 것을 보여 주어야 한다.

종교든 철학이든, 윤리학이든 법이든, 다른 모든 영역에서는 복합주의가 법칙이다. 이러한 영역들은 그들의 합리성을 오직 논쟁적인 장치, 즉 각각 제시된 주제를 위하거나 반대하여 제시될 수 있는 훌륭한 추론들에서 도출된다.

헤겔 이후로, 어느 철학이든 역사적으로 논쟁의 상황에 있었으며, 논쟁에 종속되었다는 것을 부인하기는 어렵다. 그리고 이러한 확언은 헤겔적 체계의 이론적 토대로부터 분리하자마자 헤겔적 체계에 적용된다. 이것은 고전적 인식론과 형이상학이 문제가 있다는 것을 의미한다. 우리의 모든 지식이 매달려야 될지도 모를 것에서 필요하고 자명한 첫 진리를 찾으려고 노력하는 대신, 우리들의 철학을 인간의 사회가 상호작용하고, 순수한 그들의 문화와 제도, 그리고 그들의 미래를 책임지는 어떤 전망 — 사람들은 불완전하지만 완전하게 될 수 있는 이치에 맞는 체계를 정교화할 수 있도록 노력하는 어떤 전망 — 에 대한 용어로 개조할 수 있도록 노력해야 한다.

논증, 변증학, 그리고 수사학의 놀라운 영역은 그 안에 가치가 작용하게 되는 영역이다. 플라톤은 경건함piété에 대한 대화에서 변증학의 특권 영역은 계산, 비중, 그리고 측정을 넘어서는 것이고, 정의와 불의, 아름다움과 추함, 선과 악, 그리고 일반적으로 바람직한 것을 다루는 것이라고 보여 주었다.[15]

과학과 구별되는 현대 개념의 철학은 철학 고유의 방법을 만들 때 모든 형식의 논증의 도움을 받고 있다.

정말로 철학은 인지되는 것에 한정할 수 없으며, 그것의 적절한 과제를 위하여 이차적인 것에서 중요한 것, 우연한 것으로부터 본질, 주어진 것에서 구조, 그리고 누구에게도 적절성과 우월성이 강요되지 않는 관점으로부터 모든 것을 분리하는 것이다. 그 때문에 유추와 비유를 활용하는 논증을 통하여 선택한 관점을 지원하는 의무, 그것으로 경쟁자의 관점을 능가하는 관전의 적절성과 탁월함은 과시될 수 있다.

철학자의 추론 형식이 연역과 귀납에 한정될 수 없다는 것은 확실하다. 철학자들이 추론과 활용, 청중을 극복하는 승리, 그리고 모든 사람들이 수용해야 하는 논거의 총체적 비축을 호소하는 정도에서, 설득담론의 이론으로 논쟁기술과 수사학의 합리성을 입증할 수 있도록 그들은

15 Platon, *Euthyphron*, 7.

추론의 개념을 확장하여야 한다.

법리학자들은 인간의 제도를 — 스토아 학파의 선견지명이 되고, 종교를 드러내는 살아 있는 신, 또는 철학자의 합리적인 신이 되는 — 신성한 영감에 대한 자연법칙에 의존하게 만들었고 나중에 조직화된 공동체의 의사합일의 대상으로, "어떤 이성적인 법" 이론을 정교하게 하였다.[16] 우리는 이들 법조인의 세속적 경험으로 우리 시대에 피할 수 없는 이러한 사업에 도움이 되고자 한다.

고대의 수사학에 대한 글들은 이해가 되는 것으로 기본적으로 법조인의 사용을 위해 만들어진 작업이었다. 그러나 이 점에 관련해서 예로서 철학과는 다르게 법은 무한정 연기할 수 없는 분쟁의 해결을 목표로 하는 것을 잊지 말아야 한다. 법에서 어떤 결정이란 법적 선행에 대한 권위의 이점이 성취되도록 해야 된다.[17]

사법적 논증과 마찬가지로 철학적 논증은 우리가 신수사학으로 이해하는 논증에 대한 일반이론의 특정 영역에 적용하도록 구성한다.

어떤 종류의 청중이든, 그들은 지적 정서적 애착을 확보하려고 노력하는 설득담론의 일반이론과 수사학을 동일시하므로, 우리는 비인격적 타당성을 주장하지 못하는 모든 담론은 수사학에 속한다고 확인한다. 어떤 의사소통이 한 사람 또는 그 이상의 사람에게 영향을 주어, 그들의 사고를 지향하고, 그네들의 감성을 자극하거나 안정시키고, 그들의 행

16 C. Perelman, *Logique juridique*, Paris, Dalloz, 1976, § 37, 40, 48, 97 참조.

17 Ch. Perelman, « Cinq leçons suri a justice », in *Droit, morale et philosophie*, p. 56 참조; 그리고 «Ce que la philosophie peut apprendre par l'étude du droit», 위의 책, p. 147.

동을 지도하는 것으로, 그것은 수사학의 영역에 속한다. 변증법, 즉 논쟁의 기술은 이것보다 큰 영역의 한 부분으로 포함된다.

그러므로 수사학은 형식화되지 않은 생각의 광활한 분야를 포괄한다. 그러므로 우리는 "수사 제국"[18]에 대해 말할 수 있다. 튀빙겐 대학의 옌스Jens 교수가 수사학을 "언젠가는 인문과학의 미래 여왕"[19]이 될 것으로 서술한 것은 이러한 정신에서이다.

설득적 의사소통의 이론으로서 수사학은 학자와 철학자들 간에 점증하는 관심을 불러일으키고 있다. 과거 30년 동안 세상은 변화했다. 얼마 전까지만 해도 수사학은 유럽에서 경멸을 당했다. 웅변학과가 많이 있었던 미국에서도[20] 수사학은 학문공동체 내에서 가치평가를 거의 받지 못하였다. 오늘날 수사학은 고대 그리스-로마의 "한 흉측한 탈선"이라고 부른 부르크하르트Jacob Burckhart — 잘 알려진 역사학자 — 의 견해와는 다르게 다시 부활하였다. 1950년대 이후 출판되거나 재간행된 저작들과 연구들을 보여 주고 있는 참고 문헌은 당대의 문화에서 수사학과 논증이 보여 주는 현상의 폭과 시위를 증명해 줄 것이다.

---

18 G. Genette, « La Rhétorique restreinte », in *Communications*, 16, 1970, p. 158 참조.
19 W. Jens, *Von deutscher Rede*, München, Pieper, 1969, p. 45.
20 V. Florescu, *Retorica si reabilitarea ei in filozofia contemporana*, Bucuresti, Ed. Academiei R. S. Roumania, 1969; trad. italienne: *La retorica nel suo sviluppo storico*, Bologne, Il Mulino, 1971; C. Perelman, « The New Rhetoric, a Theory of practical Reasoning », *Great Ideas Today*, Chicago, Encyclopaedia Britannica Press, 1970, pp. 272-312 참조.

참고 문헌

—1950년 이후 출간 및 재간행

Adams, J. Q., *Lectures on Rhetoric and Oratory* (1810), with an Introduction by J. J. Auer and J. L. Banninga, New York, Russell and Russell, 1962.

Agricola, R., *De Inventione Dialectica Libri Tres*, réimpression de l'édition de 1532 (1re éd. 1483), Frankfurt, Minerva, 1967.

Apel, K. O., « Die Idee der Sprache in der Tradition des Humanismus von Dante dis Vico », *Archiv für Begriffsgeschichte*, vol. 8, Bonn, Bouvier, 1963.

______, *Transformation der Philosophie* :

I. « Sparchanalytik, Semiotik, Hermeneutik »

II. « Das Apriori d. Kommunicationgesellschaft », Frankfurt, Suhrkamp, 1973.

Apostel, L., « Rhétorique, psycho-sociologie et logique », in *La Théorie de l'argumentation*, Louvain, Nauwelaerts, 1963, pp. 263-315.

Arumentation, *Revue Internationale de Philosophie*, 58, 1961.

L'agumentation juridique (Die juristische Argumentation), Rapprot des séances plénières du Congrès mondial de Bruxelles sur le raisonnement juridique (1971), Wiesbaden, Steiner, 1972.

Aristote, *Rhetoric and Poetics*, trans. by W. R. Roberts, New York, Modern Library, 1954.

Arnold, C. C., *Public Speakong as Liberal Art*, Boston, Alleyn & Bacon, 1974.

______ & Wilson, J. F., *Public Speaking as a Liberal Art*, Boston, Alleyn & Bacon, 1968.

Auer, J. J., *An Introduction to Research in Speech*, New York, Harper & Brothers, 1959.

Austin, J. L., *How to Do Thins whit Words*, Oxford Unversity press, 1962.

Baird, A. C., *Rhetoric*, A philosophical Inquiry, New York, Ronald, 1965.

Baldwin, C., *Ancient Rhetoric and Poetic* (1925), Interpreted from representative Works, Gloucester (Mass.), Smith, 19592.

______, *Medieval Rhetoric and Poetic* (to 1400)(1928), Gloucester, Smith, 1959.

Barilli, R. *poetica e retorica*, Milano, Mursia, 1969.

Barner, W., *Barockrhetorik*, Tübingen, Niemeyer, 1970.

Barthes, R., « Rhétorique de l'image », *Communications 4*, 1964, p. 40-51.

______, « L'Ancienne rhétorique, Aide-mémoire », *Communications 16*, 1970, p. 172-229.

Baeumer, M. L. (éd.), *Toposforschung*, Darmstadt, Wissenschaftliche Buchgesellschaft, 1973.

Barwick, K., *Probleme der stoishen Sprachlehre und Rhetorik*, Berlin, Akademie Verlag, 1973.

Bau, D. V., *Power, Influence and Authority*, An Essay in Political Linguisics, New York, Oxford University Press, 1975.

Beardsley, M. C., *Writing with Reason*, Logic for composition, Englewood Cliffs, Prentice Hall, 1976.

Behler, E., *Klassische Ironie, romantische Ironie, tragische Ironie*, zum Ursprung dieser Begriffe, Darmstadt, Wissenschaftliche Buchgesellschaft, 1972.

Berlo, D. K., *The Process of Communication*, New York, Holt, Rinehart & Winston, 1960.

Betti, E., *Die Hermeneutik als Allgemeine Methodik der Geisteswissenschaften*, Tübingen, Mohr, 19722(éd. ital. 1956).

Bibliographical annual, Speech Association of America, 1970 et ss.

Biehle, H., *Redetechnik*, Einführung in die Rhetorik, Berlin, New York, de Gruyter, 19744.

Bitzer, L. F., «The Rhetorical Situation», *Philosophy and Rhetoric*, 1968, pp. 1-14.

______ & E. Black (éd.), *The Prospect of Rhetoric*, Englewood Cliffs, Prentice Hall, New York, 1971.

Black, M., *Models and Metaphors*, Studies in Language and Philosophy, Ithaca, Cornell University Press, 1962.

______(éd.), *Rhetorical criticism*, A Study in Method, New York, Macmillan, 1966.

Blair, H., *Lectures on Rhetoric and Belles Lettres* (1783), rééd. par H. F. Harding, Carbondale(Ill.), Southern Illinois University Press, 1965.

Blanché, R., *Le Raisonnement*, Paris Presses Universitaires de France, 1973.

Blass, F., Die attische Beredsamkeit (1887-1898), réimpr. Hildesheim, Olms, 1962.

Bloch, M. (éd.), *Political Language and Oratory in Traditional Society*, London, Academic Press, 1975.

Blumenberg, H. *Paradigmen zu einer Metaphorologie*, Bonn, Bouvier, 1960; trad. fr. D. Gammelin, Paradigmes pour une métaphorologie, Paris, Vrin, 2006.

Bodenhemer, E., «A Neglected Theory of Legal Reasoning», *Journal of Legal Education*, 1969, pp. 373-402.

Booth, W., *The Rhetoric of Fiction*, University of Chicago Press, 1961.

______, *The Rhetoric of Irony*, University of Chicago Press, 1974.

______, *Modern Dogmas and the Rhetoric of Assent*, University of Notre Dame Press, 1974.

Borscheuer, F., *Topik. Zur Struktur der gesellschaftlichen Einbildungskraft*, Frankfurt/Main, Suhrkamp, 1976.

Bosmajian, H. A., *The Language of oppression*, Washington, Public Affairs Press, 1974.

Bowers, J. W. & D. J. Ochs, *The Rhetoric of Agitation and Control*, Reading (Mass.), Addison-Wesley, 1971.

Brandt, W. J., *The Rhetoric of Argumentation*, Indianapolis, The Bobbs-Merrill Co., 1970.

Bremeck, W. L. & W. S. Howell, *Persuasion, A Means of Social Influence*, Englewood Cliffs, Prentice Hall, 1976.

Breen, A., « Giovanni Pico della Miradola on the Conflict of Philosophy and Rhetoric », *Journal of the History of Ideas*, V. XIII, 1952, pp. 384-426.

Brower, R., H. Vendler & J. Hollander, *I. A. Richards, Essays in his honor*, New york, 1973.

Brown, I. A. C., *Techiques of persuasion. From propaganda to brainwashing*, Baltimore, Penguin Books, 1963.

Bryant, D., *Rhetorical Dimensions in Criticism*, Baton Rouge, Louisiana State University press, 1973.

______(éd.), *The Rhetorical Idiom. Essays in Rhetoric, Oratory, Language and Drama*, presented to H. A. Wichelns, Ithaca, Cornell University Press, 1958.

______ & K. R. Wallace, *Fundamentals of Public Speaking*, Englewood Cliffs, Prentice Hall, 1976.

Bubner, R., K. Cramer, & R. Wiehl, *Hermeneutik und Dialektik*, Tübingen, Mohr, 1970.

Buchheit, V., *Untersuchungen zur Theorie des Genos Epideiktkon von Gorgias bis Aristoteles*, Müchen, Hueber, 1960.

Burke, K., *A Rhetoric of Motives*, New York, 1930.

______, *Language as Symbolic Action, Essays of Life, Literature and Method*, University of California Press, 1966.

______, *The Philosophy of Literary Form*, Baton Rouge, Louisiana state University Press, 1941, réimpr. 1969.

______, *The Rhetoric of Religion*, University of California Press, 1970.

Burwick, F.(éd.), *Landmarks in Rhetoric and Public Address*, Carbondale, Southern Illinois University Press, 1967.

Campbell, G., *The Philosophy of Rhetoric*(1776), réédité par L. F. Bitzer, Carbondale, Southern Illinois University press, 1963.

Campbell, K. R., *Critiques of Contemporary Rhetoric*, Belmont (Calif.), Wadsworth, 1972.

Campbell, P. N., *Rhetoric-Ritual*, Belmont (Calif.), Dickenson Pub., 1972.

Canavan, J., *Rhetoric and Literature*, New York, McGraw, 1974.

Caplan, H., « Classical Rhetoric and the Medieval Theory of Reading », *Historical studies of Rhetoric and Rhetoriciams*, ed. by R. F. Howes, Ithaca, Cornell University Press, 1963, pp. 71-89.

______, *Of Eloquence*, Ithaca, Cornell University Press, 1970.

Castell, E. (éd.), *Retorica e Barocco*, Roma, Fratelli Bocca, 1955.

Cavell, S., *Must We Mean What We Say*, New York, Scribner, 1969.

Charleworth, M. J. (éd.), *The Problem of Religious Language*, Englewood Cliffs, Prentice Hall, 1974.

Chevrier, G., « Sur l'art de l'arumentation chez quelques romanistes médiévaux au XIIe et au XIIIe siècle », *Archives de Philosophie du droit*, 1966, pp.115-148.

Cicero, *Rhetorica ad Herennium*, trans. by H. Caplan, Cambrige, Harvard University Press, 1954.

______, *De Oratore*, trans. by. E. W. Sutton & H. Rackham, Cambrige, Harvard University Press, 1959.

Clarke, D. L., *Rhetoric at Rome. A Historical Survey*, London, Cohen & West, 1953.

Clarke, D. L., *Rhetoric in Greco-Roman Education*, New York, 1957.

Cohen, J., *Structure de langage poétique*, Paris, Flammarion, 1966.

Cohen, A. & S. G. Nooteboom (éd.), *Structure and Process in Speech Perception, Symposium on Dynamic Aspect of Speech Perception*, Berlin, Springer, 1975.

Corbett, P. (éd.), *Classical Rhetoric for the Modern Student*, New York, Oxford University Press, 1971.

______(éd.), *Rhetorical Analysis of Literary Works*, Oxford, Oxford University Press, 1969.

Cox, L., *The Art of Crafte of Rhetoryke* (1529?), réédité par Carpenter, Norwood (Pad), Norwood Ed., 1975.

Croissant-Goedert, J., « La classification des sciences et la place de la rhétorique dans l'oeuvre d'Aristote », *Actes du XIe Congrès International de Philosophie*, Amsterdam, North-Holland, 1953, V. XIV, pp. 269-275.

Cronkhite, H., *Persuasion*, Speech and Behavioral Change, Indianapolis, 1969.

Curtius, E. R., *La Littérature européenne et le Moyen Âge latin*, trad. par J. Bréhoux, Paris Presses Universitaires de France, 19622 (éd. allemande 19480).

D'Angelo, F., *A conceptual Theory of Rhetoric*, Cambridge (Mass), Winthrop, 1975.

Darnell, D. K. & W. Brockriede, *Persons communicating*, Englewood Cliffs, Prentice Hall, 1976.

Davidson, H. M., *Audience, Words and Art, Studies in Seventieth Century French Rhetoric*, Columbus, Ohio State University, 1965.

Delaunay, M., *Le Plan rhétorique dans l'éloquence grecque d'Homère à Démosthène*, *Mémoire de l'Académie Royale de Belgique*, Bruxelles, 1959.

Del Monte, A. *Retorica, stilistica, versificazione*, Torino, Loescher, 1957.

Démonstration, Vérification et justification, Entretiens de Liège de l'Institut International de Philosophie, Louvain, Nauwelaerts, 1968.

Derrida, J., « La Mythologie blanche », dans *Marges de la Philosophie*, Paris, Éditions de Minuit, 1972, p. 247-324.

De Strijcker, F., « Platons Ansichten zu einer philosohpischen Rhetorik », *Studia Platonica*, Amsterdam, Grüner, 1974, p. 93-105.

Dialectiques, Entretiens de Varna de l'Institut International de Philosophie, La Haye, Nijhoff, 1974.

La Dialectique, Actes du XIVe Congrès des Sociétés de Philosophie, Langue Francaise, Paris, Presses Universitaires de France, 1969.

Dieckmann, W., *Sprache in der Politik, Einführung in dei Pragmatik und Semantik der politischen Sprache*, Heidelberg, Winter, 1975.

Dijck, J., *Dichtkunst, Deutsche Barockpoetik und rhetorische Tradition*, Bad Homburg, Gehlen, 1966.

Dochhorn, K., *Die Rhetorik als Quelle des vorromantischen Irrationalismus*, Göttingen, Vanderhoek & Ruprecht, 1965.

______, *Macht und Wirkung der Rhetorik*, Berlin, Gehlen, 1968.

______, « Rhetorik und Germanistische Literaturwissenschaft in Deutschland », *Jahrbuch für Internationale Germanistik*, 1972.

Dodds, E. R., *Platos Gorgias. A Revised text with Introduction and Commentary*, Oxford, Clarendon Press, 1959.

Douglas, G. (éd.), *Philosophers on Rhetoric, Traditional and Emerging View*, Skokie(Ill.), Textbook Co., 1973.

Dubois, J. et autres (le groupe m)., *Rhétorique générale*, Paris, Larousse, 1970.

Dumarsais, *Des Tropes ou des différents sens dans lesquels on peut prendre un même mot dans une même langue* (1730), réédité, Genève, Slatkine Reprints, 1967.

Eco, V., *La Structure absente*, Paris, Mercure de France, 1972 (éd. italienne 19683).

Ehninger, D. (éd), *Contemporary Rhetoric*, Glenviwe (Ill.), Scott, Foresman and Co., 1972.

Eisenberg, A. M. & R. J. Smith, *Nonverbal Communication*, Indianapolis, The Bobbs-Merrill Co., 1971.

Eisenhut, M., *Einführung in die antike Rhetorik und ihre Geschichte*, Darmstadt, Wissenschaftliche Buchgesellschaft, 1974.

Eisenson, J., J. J. Auer & J. V. Irwin, *The Psychology of Communication*, New York, Appleton-century Crofts, 1963.

Ekelof, O., «Topid und Jura», in *Le Raisonnement juridique*, Actes du Congrès de Bruxelles, Bruxelles, Bruylant, 1971, p. 43-62.

Enel, F., *L'Affiche, fonctions, langage, rhétorique*, Paris, Hachette, 1971.

Erickson, K., *Aristotle, The Classical Heriage of Rhetoric*, Metuchen (N.Y.), Scarecrow Press, 1974.

______, *Aristotle's Rhetoric, five ceturies of philological research, Metuchen*(N.Y.), Scarecrow Press, 1975.

Fabricius, J. A., *Philosophishe Oratorie*, das ist Vernünftige Anleitung zur gelehrten und galanten Beredsamkeit(1724), Kronberg, Scriptor Reprints, 1974.

Facchi, P.(éd.)., *La propaganda politica in Italia*, Bologne, Il Mulino, 1960.

Fénelon, F., *Dialogues on Eloquence*, transl. with an Introduction by W. S. Howell, Princeton, Princeton University Press, 1951.

Fischer, L. *Gebundene Rede. Dichtung und Rhetorik in der Literarishen Theorie des Barock in Deutschland*, Tübingen, Niemeyer, 1968.

Fisher, W. R. (éd.), *Rhetoric, A Tradition in Transition*, Lansing (Mich), Michigan State University Press, 1974.

Florescu, V., *Retorica si neoretorica*, Bucarest, Éd. de. l'Académie roumaine, 1973.

Fogarty, D., *Roots for a New Rhetoric*, Teachers Collge, New York, Columbia University, 1959.

Fontanier, *Les Figures du discours*(1821-1827), Introduction de G. Genette,

Paris, Flammarion, 1968.

Foucault, M., *L'Ordre du discours*, Leçon inaugurale au Collège de France, Paris, Gallimard, 1971.

France, P., *Rhetoric and Truth in France, Descartes to Diderot*, Oxford, Clarendon Press, 1972.

Frank-Böhringer, *Rhetorische Kommunikation*, Hamburg, Quickborn, 1963.

Friedrich, C. J., *Tradition and Autority*, New York, Praeger, 1972.

Gadamer, H. G., *Wahrheit und Methode*, Tübingen, Mohr, 1960.

______, « Rhetorik, Hermeneutik und Ideologiekritik », in *Kleine Schriften*, Tübingen, Mohr, 1967.

Garin, E. *Medioevo e Rinascimento*, Bari, Laterza, 1954.

______ & P. Rossi, C. Vasoli (éd.), *Testi umanistici su la retorica*, Bari, Laterza, 1961.

Gauthier, D. P., *Practical Reasoning, The Structure of foundations of prudential and moral arguments and their exemplifications in discourse*, Oxford, Clarendon Press, 1963.

Gay, K., *Body Talk*, New York, Scribner, 1974.

Geissner, H. *Rede in der Oeffentlichtkeit: Eine Einführung in die Rhetorik*, Stuttgart, Kohlhammer, 1969.

Geissner, H., *Rhetorik*, München, 1973.

Genette, G., *Figures*, Paris, Seuil, 1966.

______, *Figures II*, Paris, Seuil, 1969.

______, *Figures III*, Paris, Seuil, 1972.

Gerl, H. B., *Rhetorik als Philosophie, Lorenzo Valla*, München, W. Fink, 1974.

Glanformaggio Bastida, L., *Gli argomenti de Perelman: Dalla neutralità dello scienziato all' impartialità del giudice*, Milano, Ed. Di comunità, 1973.

Gillemain, P., « Raison et rhétorique les techniques de l'argumentation et la pédagogie », *Revue de l'Enseignement pédagogique*, 1960, 5, 1961, 2.

Giuliani, A., *Il concetto di prova*, Contributo alla logica giuridica, Milano, Giuffrè, 1961, 19712.

______, «Influence of Rhetoric on the Law of Evidence and Pleading», *The Juridical Review*, 1962, pp. 216-251.

______, *La controversia, Contributo alla logica giuridica*, Pavia, Publicazioni della Università di Pavie, 1966.

Glenn, R., *Black Rhetoric, A Guide to Afro-American Communication*, Metuchen(N.Y.), Scarecrow Press, 1975.

Golden, J. L., G. F. Berqvist, & W. E. Coleman (éd.), *The Rhetoric of Western Thought*, Dubuque(Iowa).

______ & E. Corbett (éd.), *The Rhetoric of Blair, Campbell and Whately*, New York, Holt, Rinehart and Winston, 1968.

Gommel, J., *Rhetorisches argumentieren bei Thukydides*, Hildesheim, Olms, 1966.

Gomprez, H., *Sophistik und Rhetorik. Des Bildungsideal des eÜ Išgein in seinem Verhältnis zur Philosophie des V. Jahrhunderts*, (1912), Darmstadt, Réimpr. Wissenschaftliche Buchgesellschaft, 1965.

Goth, J., *Nietzsche und die Rhetorik*, Tübingen, Niemeyer, 1970.

______(éd.), *Rhetorik, Aesthetik, Ideologie: Aspekte einer Kritischen Kulturwissenschaft*, Stuttgart, Metzler, 1973.

Gottlieb, G., *The Logic of Choice*, London, Allen & Unwin, 1968.

Gouhier, H., «La Résistance du vrai et le problème cartésien d'une philosophie sans rhétorique», in *Retorica e Barocco*, éd. par E. castelli, 1955, pp.85-97.

Grassi, B., *Macht des Bildes-Ohnmacht der rationalen Sprache.* Zur Rettung des Rhetorischen, Köln, DuMont Schauberg, 1970.

Grimaldi, W. M. A., *Studies in the Philosophy of Aristotle's Rhetoric*, Wiesbaden, FranzSteiner, 1972.

Grize, J. B. (éd.)., *Recherches sur le discours et l'argumentation*, Travaux du

Centre de Recherches sémiologiques de l'Université de Neuchâtel, Revue Européenne des sciences sociales, Cahiers Wilfredo Pareto, 1974, n°32, Genève, Droz.

Grünberg, W., *Homiletik und Rhetorik. Zur Frage eines Sachgemäzen Verhältnisbestimmung*, Gütersloh, Mohr, 1973.

Gumbrecht, H. V., *Funkionen politischer Rhetorik in der französischen Revolution*, Müchen, Fink, 1976.

Günther, R., *Antike Rhetorik und deutshe lieraische Theorie im Jahrhundert*, Marburg, Elwert, 1966.

Haberman, F. W. & J. W. Cleary (éd.), *Rhetoric and Public Address: A Bibliogrphy, 1947-1961*, Madison, Unversity of Wisconsin Press, 1964.

Habermas, J., *Connaissance et intérêts*, trad. G. Clémençon & J. M. Brohn, Paris, Gallimard, 1976(éd. allemande 1968).

Hamblin, C. C., *Fallacies*, London, Methuen, 1970.

Hardison, O. B. Jr., *The Enduring Monument: A Study of the Idea of Praise in Renaissance Literary Theory and Practice*, Chapel Hill, University of North-Carolina, 1962.

Harris, R. B. (éd.), *Authority, a Phiosphical Analysis*, Alabama, University of Alabama Press, 1970.

Hawkes, F., *Metaphor*, London, Methuen, 1972.

Hellwig, A., *Untersuchungen zur Theorie der Rhetorik bei Platon und Aristoteles*, Göttingen, Vandenbroeck, 1973.

Henry, A., *Métonymie et Métaphore*, Paris, Klincksieck, 1971.

Hessa, M. B., *Models and analogies in Science*, Notre Dame, Notre Dame Unviersity Press, 1966.

Hochmuth-Nicols, M., *Rhetoric and Criticism*, Baton Rouge, Louisiana State University Press, 1963.

______(éd.), *History and Criticism of American Public Address*, New York,

Longmans & Green, 1955.

Hoffman, M., *Der Dialog bei den Chrislichen Schriftsteller der ersten Jahrhundert*, Berlin, Akademie Verlag, 1966.

Holland, L., *Counterpoint: Kenneth Burke and Aristotle's Theories of Rhetoric*, New York, Philosophical Library, 1959.

Hovland, C. I., *The Order of Presentation in Persuasion*, New Haven, Yale University Press, 1966.

______, I. I. Janis & H. Kelley, *Communication and Persuasion*, New Have, Yale University Press, 1953.

Howell, W. S., *Logic and Rhetoric in England*(1500-1100), Princeton, Princeton Unversity Press, 1956.

______, *Eigheenth Century British Logic and Rhetoric*, Princeton, Princeton Unversity Press, 1971.

______, *oetics, Rhetoric and Logic*, Studies in the Basic Disciplines of Criticism, Ithaca, Cornell University Press, 1975.

Howes, R. F. (éd.), *Historical Studies of Rhetoric and Rhetoricians*, Ithaca, Cornell University Press, 1961.

Hulsmann, H. *Argumentation. Faktoren der Denksozialität*, Düsseldorf, Bertelsmann Universitätsverlag, 1971.

Ijsseling, S., *Retoriek en Filosofie*, Bilthoven, Ambo, 1975.

Isaye, B., « La Justification critique par rétorsion », *Revue Philosophique de Louvain*, 1954, p.205-233.

Isnardi-Parente, M., *Thchne*, Firenze, Nuova Italia, 1966.

« Istituzioni (Le) e la retorica », *Il Verri*, 35/36, 1971.

Jardine, *Francis Bacon: Discovery and the Art of Discourse*, London, Cambridge University Press, 1974.

Jebb, R. A., *Attic orators from Antiphon to Isalos*, New York, Russell and Russell, 1962.

Jehn, P. (éd.), *Toposforschung*, Frankfurt, Athenäum, 1972.

Jens, W., *Von deutsher Rede*, München, Pieper, 1969.

Johannesen, R. L. *Ethics in Human Communication*, Columbus (Ohio), Charles E. Merrill, 1975.

______ (éd.), *Contemporary Theories of Rhetoric*, Selected Readings, New York, Harper & Row, 1971.

Johannesen, R. L., R. Stickland & R. T. Eubanks, *Language is Sermonic, Richard O. Weaver on Nature of Rhetoric*, Baton Rouge, Louisiana University Press, 1970.

Johnstone, H. Jr., *Phiosophy and Argument*, University Park, Pennsylvania State University Press, 1959.

______, « The Relevance of Rhetoric to Philosophy and of Philosophy to Rhetoric », *The Quarterly Journal of Speech*, 1966, pp.41-46.

______, *The problem of the Self*, University Park, Pennsylvania State Unversity Press, 1970.

Johnstone, H. Jr. & M. Natanson, *Philosophy, Rhetoric and Argumentation*, Pennsylvania State University Press, 1965.

Jørgensen, S., « Argumentation and Decision », in *Festschrift Alf Ross*, Copenhagem, Jurisforbundests Förlaget, 1969, p.261-284.

Kahane, H., *Logic and Contemporary Rhetoric*, Belmint (Calif.), Wadsworth, 1971.

Keesey, R. E., *Modern Parliamentary Procedure*, Boston, Houghton, Mifflin, 1974.

Kelling, G. W., *Language: Mirror, Tool and Weapon*, Chicago, Nelson-Hall, 1974.

Kennedy, G.,*The Art of persuasion in Greece*, Princeton, Princeton University Press, 1960.

______, *Quintilian*, New York, Twayne, 1969.

Kennedy, G., *The Art of Rhetoric in the Roman World* (300 BC-AD 300), Princeton, Princeton University Press, 1972.

Kibler, J. & L. L. Barker (éd.), *Conceptual Frontiers ot Speech-Communication*, New York, Speech Association of America, 1969.

Kinneavy, J. A., *Theory of Discourse*, Englewood Cliffs, Prentice Hall, 1971.

Kirschner, B., *Dialektische Rhetorik*. München, Heyne, 19742.

Kofman, S., *Nietzsche et la métaphore*, Paris, Payot, 1972.

Kopperschmidt, T. *Allgemeine Rhetorik, Einführung in die Theorie der Persuasiven Kommunikation*, Stuttgart, Kohlhammer, 1973.

Körner, S. *Prachtical Reason*, New Haven, Yale University Press, 1974.

Kurka, E., *Wirksam reden, besser überzeugen, Einführung in die sozialistische Rhetori*k, Berlin, Dietz, 1970.

Lacan, J., *Écrits*, Paris, Seuil, 1966.

Landerman, C., *Discourse and its Presuppositions*, New Haven, Yale University Press, 1972.

Lausberg, H. *Handbuch der Literarishcen Rhetorik, Eine Grundlegung der Literaturwissenschaft*, München, Hueber, 1960.

Leeman, A. D., *Orationis ratio. The stylistic Theories and Practice of the Roman Orators, Historians and Philosopheras*, Amsterdam, Hakkert, 1963.

Le Guern, *Sémantique de la métaphore et de la métonymie*, Paris, Larousse, 1973.

Lehmann, J., H. Glaser, *Die rede des Politikers*, Bamberg, CC, Buchners, 1975.

Lipps, H., *Untersuchungen zu einer hermeneuishen Logik*, Frankfurt, 1968; trad. fr. S. Kristensen, Recherches pour une logique herméneutique, Paris, Vrin, 2004.

______, *Die Verbindlichkeit der Sprache*, Frankfurt, 19582.

Loreau, M., « Pour situer la Nouvelle Rhétorique », in *Théorie de l'argumentation*, Louvain, Nauwelaerts, 1963, pp.103-129.

______, « La Rhétorique comme logique des sciences humanies », in *Critique*,

221, 1965, p.875-885.

Long, C. C., *The Liberal Art of Interpretation*, New York, Harper & Row, 1974.

Luthe, H. A., *Interpersonale Kommunikation und Beeinflüssung*, Stuttgart, Enke, 1968.

McKeon, R., « Rhetoric in the Middle Ages », in *Critics and Criticism*, Ancient and Modern, ed. by R. S. Crane, Chicago, Chicago University Press, 1952, p.260-296.

______, « The Classical Tradition », in *Literary and Historical Studies in Honor of Henry Caplan*, Ithaca, Cornell University Press, 1963.

Marrou, H. I., *Saint Augustin et la fin de la culture classique*, Paris, Boccard, 19582.

Martin, J., *Antike Rhetorik*, Technik und Method, München, Beck, 1974.

Malton, R. J. & I. R., *Index to Journals in communication studies Through 1974*, Falls Church(Va.), Speech communication Association.

Mehrabian, A., *Nonverbal Communication*, Chicago, Alding, Atherton, 1972.

Melandri, E., *La linea e il circolo, Studio logico-filosofico sull' analogia*, Bologne, Il Mulino, 1963.

Meredith, P., *Instuments of Communication*, Oxford, Pergamon Press, 1966.

Michel, A., *Rhétorique et philosophie chez Cicéron, Essai sur les fondements philosophiques de l'art de persuader*, Paris, Presses Universitaitres de France, 1960.

Morier, H., *Dictionnaire de poétique et de rhétorique*, Paris, Presses Universitaires de France, 1961.

Müller, A., *Zwölf Reden über die Brerdsamkeit und deren Verfall in Deutschland*, Frankfurt, Inselverlag, 1967.

Murphy, J. J., *Rhetoric in the Middle Ages, A History of Rhetorical Theory from St. Augustine to Renaissance*, Berkeley, University of Californie Press, 1974.

Nebergall, R. E. (éd.), *Dimensions of Rhetorical Scholarship*, Norman, University of Oklahoma, 1963.

Neumeister, C., *Grundsätze der forensischen Rhetorik*, Müchen, 1964.

Olbricht, H., *Informative Speaking*, Glenview (Ill.), Scott, Foresman and Co., 1968.

Olbrechts-Tyteca, L., « Rencontre avec la rhétorique », in *La Théorie de l'argumentation*, Louvain Nauwelaerts, 1963, p.3-18.

______, *Le Comique du discours*, Éditions de l'Université de Bruxelles, Bruxelles, 1974.

Oliver, R., *Culture and Communication*,The Problem of Penetrating National and Cultural Boundaries, Springfield(Ill.), C. C. Thomas, 1962.

______, *History of Public Speaking in America*, Boston Alleyn and Bacon, 1965.

Oliver, R. & M. G. Baver (éd), *Reestablishing the Speech Profession : The first Fifty Years*, New York, Speech Association of Eastern State, 1959.

Olson, R., *Scottish Philosophy and British Physics, 1770-1880, A Study in the Foundations of the Victorian Scientific Style*, Princeton University Press, 1975.

Ong, W. J., *Ramus. Method and the Decay of Dialogue*, Cambridge (Mass.), Harvard University Press, 1958.

______, *Rhetoric, Romance and Technology*, Ithaca, Cornell University Press, 1971.

Otto, G., *Predigt als Rede. Vorbereitung and Ausführung*, Stuttgart, Kohlhammer, 1976.

Owen, G. E. L. (éd.), *Aristotle on Dialectics*, Oxford, Clarendon Press, 1968.

Pater, W. A., *Les Topiques d'Aristote et la dialectique platonicienne*, Fribourg, St. paul, 1965.

Perelman, C., *Justice et Raison*, Bruxelles, Presses Universitaires de Bruxelles, 1963, 19702.

______, *Le Champ de l'argumentation*, Bruxelles, Éditions de l'Université de

Bruxelles, 1970.

Perelman, C., « The New Rhetoric, A Theory of Practical Reasoning », in *The Great Ideas Today*, Chicago, Encyclopedia Britannica Press, 1970, p.272-312.

______, « Dialektik und Dialog », *Hegelijahrbuch 1970*, Meisenheim/Glan, Nain, 1971, p. 1-10.

____, « Philosophie, Rhétorique, Lieux Communs », in *Bulletin de la Classe des Lettres de l'Académie Royale de Belgique*, Bruxelles, 1972, p. 144-156.

______, *Droit, morale et philosophie*, Paris, Librairie générale de Droit et de Jurisprudence, 1968, 1976.

______, *Logique juridique, Nouvelle Rhétorique*, Paris, Dalloz, 1976.

______(éd.), *Les Catégories en histoire*, Bruxelles, Éditions de l'Université de Bruxelles, 1969.

______, *Traité de l'argumentation, la nouvelle rhétorique*, Paris, Presses Universitaires de France, 1958; Éditions de l'Université de Bruxelles, 19763.

______ & L. Olbrechts-Tyteca, *Rhétorique et Philosophie*, Paris, Presses Universitaires de France, 1952.

Peters, J. M., *Rhetoriek van de connunicatie*, Groningen, Tjeenk Willing, 1973.

« Philosophical Argument », *Monist*, oct. 1964.

Philosophy And Rhetoric, Revue trimestrielle publiée depuis 1968 par la Pennsylvania State University Press.

Pieretti, A., *L'argomentazione nel discorso filosofico*, L'Aquila, Japadre, 1969.

Plebe, A., *Breve storia della retorica antica*, Milano, Nuova Accademia, 1971.

Plett, H. F., *Rhetorische Textanalyse*, Hamburg, Buske, 1971.

______, *Rhetorik der Affekte. Enlische Wirkungsäthetik im Zeialter der Renaissance*, Tübingen, Niemeyer, 1976.

Pöggeler, O., « Dichtungstheorie und Toposforschung », *Jahrbuch für Aesthetik und Allgemeine Kunstwissenschaft*, 1960, V,, p. 89-201.

Pöggeler, O., « Dialektik und Topik », *Hermeneutik und Dialektik*, V. II, pp. 273-310, 1970.

« Points de vue sur la rhétorique », Le XVIe siécle, n°80-81, 1968.

Pompa, L., *Vico, a study of « the New Science »*, Cambridge, Cambridge University Press, 1970.

Preti, G., *Retorica e Logica*, Torino, Einaudi, 1968.

Probert, W., *Law, Language and Communication*, Springfield (Ill.), C. S. Thomas, 1972.

Priestley, J., *A couse of Lectures on Oratary and Criticism* (1777), ed. with an introduction by V. Bevilacqua & R. Murphy, Carbondale, Southern Illinois University Press, 1964.

Prott, L. V., *Der internationale Richter im Spannungsfeld der Rechtskulturen*, Berlin Duncker und Humble, 1975.

Quintilien, *Ausbildung des Redners*, Lat. deutsche Ausgabe, Wissenschaftliche Buchgesellschaft, Darmstadt, 1972.

Ramus, P., *Dialectique* (1555), éd. Dassonville, Genéve, Droz, 1964.

« Recherches rhétoriques », *Communications*, 16, 1970.

« Rhétorique et philosophie », *Poétique 5*, Revue de théori et d'analyse littéraire, Paris, Seuil, 1971.

Richards, I. A., *The Philosophy of Rhetoric* (1936), New York, Oxford University Press, 1965.

Ricoeur, P. *Le Conflit des interprétations*, Paris Seuil, 1969.

______, *La Métaphore vive*, Paris, Seuil, 1975.

Riedel, M. (éd.), *Rehabilitierung der Parktischen Vernunft*, Freiburg, Rombach, 1972.

Rieke, R. D. & M. O. Sillars, *Argumentation and the Decision Making Process*, New York, Wiley, 1975.

Riposati, B., « Problemi di retorica antica », in G. Bigone (éd.), *Introduzione alla filologia classica*, Milano, 1951.

Rorty, R. (éd.)., *Pragmatic Philosophy*, New York, Doubleday, 1966.

Rosnow, R. L. & E. J. Robinson, *Experiments in Persuasion*, New York, Academic Press, 1967.

Rossi, P., « La celebrazione della retorica e la polemica antimetafisica nel Del principii di Mario Nizolio », in *La crisi dell'uso dogmatico della ragione*, A. Banfi(éd.), Milano, 1953, p.99-221.

Ruette, R. R., *Gregory of Nazianzus. Rhetor and Philosopher*, Oxford, Oxford University Press, 1969.

Rupp, G., *Rhetorische Strukturen und Kommunikative Determinanz: Studien zur Textkonsitution des philosophischen Diskurses im Werk Friedrich Nierzsches*, Bern Lang, 1976.

Sapir, D., & J. C. Crocher (éd.), *The Social Use of Metaphor*, Philadelphia, University of Pennsylvania Press, 1977.

Savigny, E. V., *Argumentation in der Literaturwissenschaft, Wissenschaftliche Untersuchungen zu Lyrikintepretationen*, München, Beck, 1976.

Scaglione, A. G., *The Classical Theory of Composition from its Origins to the Present, A Historical Survey*, Chapel Hill, The University of North Carolina Press, 1972.

Schanze, H. (éd.)., *Rhetorik, Beitrage zur ihrer Geschichte in Deutchland von 16-20 Jahrhundert*, Frankfurt, Fischer, Athenäum, 19.

Schwartz, J. & J. Rycenga (éd.), *The Province of Rhetoric*, New York, Donald Press, 1965.

Scott, R. L. & W. Brockriede, *The Rhetoric of Black Power*, New York, Harper&Row, 1969.

______ & B. L. Brook, *Methods of Rhetorical Criticism*, A Twentieth century Perspective, New York, Harper & Row, 1972.

Searle, J. R., *Speech Acts*, Cambridge, Cambridge University Press, 1969.

Seigel, E., *Rhetoric and Philosophy in Renaissance Humanism*, Princeton, Princeton University Press, 1971.

Semlak, W. D. & R. Jackson, *Conflict resolving Communication*, Dubuque(Iowa), Kendall-Hunt, 1975.

Shaw, W. D., *The Dialectical Temper: The Rhetorical Art of Robert Browning*, Ithaca, Cornell University Press, 1968.

Sheridan, T., *A Course of Lectures on Elocution* (1762), réimpr. New York, Blom, 1968.

Sherry, R., *A Treatise of Schemes and Tropes* (1550), reprod, par Schklar's Facsimiles and Reprints, Gainesville (FI.), 1961.

Shibles, W. A., *Metaphor. An Annotated Bibliography and History*, Whitewater (Wis.), The Language Press, 1971.

______(éd.), *Essays on Metaphor*, Whitewater(Wis.), The Language Press, 1972.

Sider, R. D., *Ancient Rhetoric and the Art of Tertullian*, New York, Oxford University Press, 1971.

Sloan, T. & P. Waddington (éd.), *The Rhetoric of Renaissance Poetry, from Wyatt to Milton*, Berkeley, University of California Press, 1974.

Smith, A., *Lectures on Rhetoric and Belles Lettres* (d'après le cours inédit de 1763), with an Introduction by J. M. Lothian, Carbondale, Southern Illinois University Press, 19712.

Stark (éd.), *Schriften zur arisotelichen und hellenistischen Rhetorik*, Hildesheim, Olms, 1968.

Stechert, J., *Handbuch der Rhetorik*, Komparativ, Berlin, Springer, 1961.

Stewart, C. J., D. J. Ochs & C. Mohrmann (éd.), *Explorations in Rhetorical Criticism*, University Park, The Pennsylvania State University Press, 1973.

Stötzer, U., *Deutsche Redekunst im und Jahrhundert*, Halle, 1962.

Struck, G., *Topische Jurisprudenz*, Frankfurt, Athenäum, 1971.

Symposium sobre la Argumentación Filosofica, Entretiens de Mexico de l'Instiut

International de Philosophie, Mexico, Universidad de Mexico, 1953.

Tagliacozzo, G. & B. White (éd.), *Giambattista Vico, An international Symposium*, Baltimore, John Hopkins University Press, 1969.

______ & D. Verene (éd.), *Giambattista Vico's Science of Humanity*, Baltimore, John Hopkins University Press, 1976.

Tammelo, I., «The Law of Nations and the Rhetorical Tradition of Legal Reasoning», *Indian Yearbook* of International Affairs, 1964, p. 227-258.

Tate, G. (éd.), *Teaching Composition, 10 Bibliographical Essay*, Texas, Christian University Press, 1976.

Thayer, L. (éd.), *Communication: Ethical and Moral Issues*, Londen, Gordon & Breach, 1973.

______, La Théorie de l'argumentation, Louvain, Nauwelaerts, 1963.

Thompson, W. N., *Quantitative Research in Public Address and Communication*, New York, Random House, 1967.

Topliss, P., *The Rhetoric of Pascal*, LeicesterU.P., 1966.

Toulmin, S. E., *The Uses of Argument*, Cambrige, Cambrige University Press, 1958

Turner, G. W., *Stylistics*, Harmondsworth, Penguin Books, 1973.

Ueding, G., *Schillers Rhetorik*, Tübingen, Niemeyer,1971.

Valla, L., *Dialecticae Dsputationes*(1453), réédité par E. Garin dans Opera Omnia, Torino, Bottega d'Erasmo, 1962.

Verga, K. *Rhétorique et Littérature*, Paris, Didier, 1970.

Verga, W., «Toposforschung, ein Forschungsbericht», *Deutsche Vierteljahrschrift für Literaturwissenschaft und Geistesgeschiche*, 1963, J. G., 37, p.120-163.

Varwig, F. R., *Der rhetorische Naturbegriff bei Quintilian*, C. Winter, Heidelberg, 1976.

Vasoli, I. C., *La dialectica e la retorica del umanesimo*, Milano, Feltrinelli, 1968.

Veding, G., *Einführung in die Rhetorik, Geschichte, Technik, Methode*, Stuttgart,

Metzler, 1976.

Viano, C. A., « Retorica, magia et natura in Platone », *Rivista critica di storia della filosofia*, 1965, t. LVI.

______, « Aristotele e la redenzione della retorica », *Rivista di filosofia*, 1967, 4.

Viehweg, T., *Topik und Jurisprudenz*, München, Beck, 19694.

Villey, M., « Nouvelle rhétorique en droit naturel », in *Logique et Analyse*, 73, 1976, p. 1-24.

Volkmann, R., *Die Rhetorik der Griechen und Römer in systematischer Uebersicht dargestellt* (1885), réimpr. Hildelsheim, Olms, 1963.

Wallace, K. R., *Understanding Discourse, The Speech Act and Rhetorical Action*, Baton Rouge, Louisiana State University Press, 1970.

______, « Fr. Bacon on Understanding, Reason and Rhetoric », *Speech Monographs*. 1971, XXXVIII, 2.

Weaver, C. H., *Human Listening, Processes and Behavior*, Indianapolis, The Bobbs-Merrill Co., 1972.

Weaver, R., *Ethics and Rhetoric*, Chicago, H. Regnery, 1953.

______, *Visions of Order, the Cultural Crisis of our Time*, Baton Rouge, Louisiana State University Press, 1964.

Weinberger, B., *Trattati di Poetica e Retorica de 1500*, Bari, Laterza, 1970.

Weller, E., *Die besten Regeln der Rhetorik*, Hamburg, 196910.

Whately, R., *Elements of Rhetoric* (1828), réédité par D. Ehninger, Carbondale, Southern Illinois University Press, 1963.

Wheelwright, P., *The Burning Fountain*, Bloomington, Indiana University Press, 1954.

______, *Metaphor and Reality*, Bloomington, Indiana University Press, 1962.

White, E., *Purita Rhetoric, The Issues of Emotion in Religion*, Carbondale, Southern Illinois University Press, 1972.

Wilder, A. N., *The Language of the Gospel, Early Christian Rhetoric*, New York,

Harper & Row, 1964.

Winterowd, W. R., *Rhetoric: A Synthesis*, New York, Holt, Rinehart & Winston, 1968.

______ & W. Ross, *Contemporary Rhetoric: A Conceptual Background with Readings*, New York, Harcourt Brace, 1975.

Witke, C., *Latin Satire, the Structure of Persuasion*, Leiden, Brill, 1970.

Wittgenstein, L., *Über Gewissheit, On certainty*, ed. by G. E. M. Anscombe and G. H. von Wright, Oxford, Blackwell, 1969.

Wolff, S., *Der rhetorische Charakter sozialer Ordnung*, Berlin, Duncker und Humblot, 1976.

Young, O. R. (éd.), *Bargaining: Formal Theories of Negociation*, Chicago, University of Illinois Press, 1970.

Young, R. E., A. L. Beekes, & K. L. Pike, *Rhetoric, Discovery and Change*, New York, Harcourt Brace, 1970.

Zielke, W., *Rhetorik-Programmiert lernen. Ein Lernprogramm*, München, Mummer, 1972.

Ziman, J., *Public Knowledge, the Social Dimension of Science*, Cambrige, Cambrige University Press, 1968.

Zyskind, H., « Some philosophical Strand in Popular Rhetoric », in H. E. Kefer & M. K. Munitz, *Perspectives in Education, Religion and the Arts*, New York, State University of New York Press, 1970.

옮긴이 후기

본 역서는 카임 페렐만Chaïm Perelman의 *L'empire rhétorique* (2nd édition, Paris: Vrin, 2002)를 한국어로 옮긴 것이다. 카임 페렐만(1912-1984)은 폴란드 태생의 벨기에 철학자 겸 신학자로서 '신新수사학Nouvelle Rhétorique'의 창시자이자 브뤼셀 학파의 대표적인 학자 중 한 명이었다. 페렐만은 폴란드의 바르샤바에서 부유한 유대인 집안의 아들로 태어났으며, 1925년 부모와 함께 벨기에로 이주하여 1936년 벨기에 국적을 취득하였다. 그는 브뤼셀 자유대학에서 철학과 법학을 공부하였고 1934년 법학박사 학위를, 1938년 철학박사 학위를 연속으로 받았다. 특히 그의 철학박사 논문은 고틀로프 프레게Gottlob Frege의 논리학에 관한 것이었다. 제2차 세계대전 중 유대인 레지스탕스의 일원으로 활약한 페렐만은 1945년부터 1978년까지 브뤼셀 자유대학의 논리학, 윤리학, 형이상학 전공 교수직을 역임하였고, 그의 연구 분야는 법학, 수사학 및 논증이론을 두루 포괄하였다. 페렐만의 주저는 뤼시 올브레히츠-티테카Lucie Olbrechts-Tyteca와 공동으로 저술한 *Traité de l'argumentation: la nouvelle rhétorique*(가칭 《논증론—신수사학》, Bruxelles: Éditions de l'Université de Bruxelles, 1958; 개정판 2009)이며, 페렐만은 이 책을 통해 플라톤의 소피스트 수사학에 대한 비판을 무릅쓰고 아리스토텔레스의 수사학을 복원하여 이에 철학적 정당성을 부여하고자 하였다. 페렐만에 의한 논증수사학의 부활은 당시 롤랑 바르트Roland Barthes, 츠베탕 토도로프Tzvetan Todorov, 뮤 그룹Groupe μ 등이 시학과 기호학의 영역 내에서 말무늬figures의 수사학을 탄생시킨 시기와 일치한다. 페렐만의 신수사학은 1970년대 말부터 널리 인정을 받게 되어 그를 당대의 가장 혁신적인 철학자 중 한 명으로 부각시켰다.

페렐만의 《수사 제국L'empire rhétorique》은 사실상 그의 주저 《논증론—신수사학》의 축약본이다. 그럼에도 1977년 최초로 발간된 《수사 제국》에는 1958년의 방대한 《논증론—신수사학》에 비해 새로운 예시들이 추가되었고 보다 최신 문헌들이 인용되고 있다. 《수사 제국》은 고대 그리스, 로마의 수사학이 탄생 이후 겪은 흥망성쇠와 페렐만에 의해 말무늬의 수사학에서 논증의 수사학으로 재탄생한 과정을 제일 먼저 서술하고 있다. 결과적으로 페렐만에 의해 서구 수사학은 논증 기술의 학문으로 자리매김하게 되며, 전통 법학에 의해 도외시되어 온 가치론의 문제에 그 합리적 정당성을 되찾아 주게 된다. 페렐만에 따르면, 서구 철학 또한 신이나 직관과 같은 전통적인 참조 체계를 용인하지 않음으로써 더 이상 수사학을 무시할 수 없는 처지가 되었고, 철학 논증에서 수사적 차원을 인정하지 않을 수 없게 되었다. 윤리학과 정치학의 영역에서도 페렐만의 논증수사학은 모든 폭력을 배제하려는 의지를 표명하며, 타자를 대화의 온당한 상대방으로 인정하게 해준다. 물론, 페렐만도 전통적으로 비난받아 온 수사학의 부작용을 의식하여 현대적 소통 수단을 통한 커뮤니케이션의 조작 가능성에 대해서는 주의를 요청하며, 더 나아가 대화 상대방의 동의를 이끌어 내고 상대방을 설득시키는 각종 장치나 방식에 대해 보다 깊은 이해를 촉구한다. 무엇보다 《수사 제국》은 문학, 철학, 역사 및 법학에서 풍부한 사례들을 바탕으로 논증기법들을 체계적으로 설명한다. 그리고 다양한 유형의 논거들을 그 중요도, 활용 방식, 담화 내의 위상에 따라 분석해 준다는 점에서 매우 유익하다고 하겠다.

끝으로 이 번역서의 제목과 관련하여 약간의 설명을 통해 독자의 이해를 구하고자 한다. 원제 *L'empire rhétorique*은 몇가지 방식으로 번역될 수 있다. 영어 번역서는 *The Realm of Rhetoric*(Notre Dame: University of Notre Dame Press, 1982)이라 함으로써 원제의 'rhétorique'을 명사로 간주하였는데 우리 또한 이 단어를 '수사적' 또는 '수사학적'이라 옮기지 않고 각기 명사인 '수사'와 '제국'을 병치하였다. 한편, 프랑스어 'rhétorique'는 '수사' 또는 '수사학'을 동시에 가리키는데 우리는 페렐만에 의거하여 수사학이 20세기 이후 본격적인 학문으로 자리잡았다고 보기에 이를 '수사'로 번역하였다. 《수사 제국》을 번역하면서 서문부터 제7장까지는 이영훈이, 그리고 제8장부터 제14장까지는 손장권이 담당하였다.

만시지탄晩時之歎이라고들 한다. 이 책의 번역을 의뢰받아 준비한 지 너무나 오랜 세월이 흘렀고, 공동 번역자도 중간에 바뀌는 우여곡절을 겪은 끝에 가까스로 이 역서의 출판을 마무리하게 되었다. 무엇보다 초인적인 인내심을 갖고 독촉과 배려를 아끼지 않은 고려대학교출판문화원에 미안한 마음과 감사의 뜻을 전하고자 한다. 그리고 2002년부터 시작된 한국의 수사학 모험에 역자들과 함께 해준 여러분들, 특히 전성기 선생님께 이 자리를 빌려 존경의 인사를 드린다.

2020년 11월

역자들을 대표하여 이영훈

수사 제국

수사와 논증

수사학총서 · 18

초판 발행 1쇄 2020년 12월 30일

지은이 카임 페렐만
옮긴이 이영훈 · 손장권
펴낸곳 고려대학교출판문화원
www.kupress.com
kupress@korea.ac.kr
(02841) 서울특별시 성북구 안암로 145
Tel 02-3290-4230, 4232
Fax 02-923-6311
찍은곳 네오프린텍(주)

ISBN 979-11-90205-59-7 93800

값 18,000원
※ 잘못 만들어진 책은 바꿔드립니다.